DIÁRIO DE BORDO

Coleção Diário de Bordo

DIÁRIO DE BORDO

[Instrumento de transformação de professores e gestores da Educação Básica]

Volume 1

Ana Lúcia Borges
Cristiano Rogério Alcântara
(Organizadores)

Tradução do prefácio:
Júlio César da Silveira Rodrigues

Tradução do posfácio:
Bruna Heringer de Souza Villar

Phorte editora
São Paulo, 2022

Diário de bordo: instrumento de transformação de professores e gestores da educação básica

Rua Rui Barbosa, 408
Bela Vista – São Paulo – SP
CEP: 01326-010
Tel.: (11) 3141-1033
Site: www.phorte.com.br
E-mail: phorte@phorte.com.br

CIP-BRASIL. CATALOGAÇÃO NA PUBLICAÇÃO
SINDICATO NACIONAL DOS EDITORES DE LIVROS, RJ

D529

Diário de bordo : instrumento de transformação de professores e gestores da educação básica / organização Ana Lúcia Borges, Cristiano Rogério Alcântara. - 1. ed. - São Paulo : Phorte, 2022.
23 cm. (Diário de bordo ; 1)

Inclui bibliografia
ISBN 978-65-88868-13-3 (coleção)
ISBN 978-65-88868-14-0 (v. 1)

1. Professores - Formação. 2. Prática de ensino. I. Borges, Ana Lúcia. II. Alcântara, Cristiano Rogério. III. Série.

22-75709 CDD: 370.71
CDU: 37.02

Camila Donis Hartmann - Bibliotecária - CRB-7/6472
ph2499.1

Este livro foi avaliado e aprovado pelo Conselho Editorial da Phorte Editora.

Impresso no Brasil
Printed in Brazil

Dedicamos este livro, primeiramente, a todas as professoras que acreditaram na proposta de escrever Diários de Bordo! Se, hoje, conseguimos sintetizar este percurso neste livro, muito se deve ao compromisso ético-político-estético-profissional que vocês tiveram para com a proposta de escrita.

Não poderíamos deixar de citar os bebês e as crianças destas Unidades Educacionais; afinal, o material mais valoroso que um Diário de Bordo pode conter são as reflexões acerca dos fazeres docentes, e esses fazeres se revelam nas descrições e nas problematizações das escritas docentes.

Por fim, mas não menos importante, a todos os membros do GCOL: são vocês que nos mobilizam a sermos pesquisadores dos nossos fazeres, a enfrentarmos os nossos não saberes e a aprofundarmos o nosso desejo permanente de sermos melhores naquilo que nos propomos a fazer.

Agradecimentos

Às professoras, diretoras, coordenadoras, orientadoras e crianças das diferentes escolas pelas quais passamos e aprendemos a ser quem somos.

O seu olhar melhora
Melhora o meu
Arnaldo Antunes

(Breve) Apresentação

Desde que Cristiano Alcântara defendeu sua tese, *Diário de bordo: uma construção colaborativa rumo à Pedagogia Cultural*, parecia já ter em mente a organização de um livro como este, com base na experiência que vem acumulando na formação de professores(as) e gestores(as) em torno dessa temática. Isso, porque são inúmeros os desafios enfrentados pelas equipes escolares quando o *Diário de Bordo* é adotado como registro e reflexão sobre o fazer docente ou gestor. A construção do sentido para o uso desse instrumento de trabalho tão potente não acontece de uma hora para outra, mas por meio de um longo processo de implicação e de comprometimento dos(as) profissionais.

Organizamos, neste livro, várias perspectivas de abordagem do Diário de Bordo e as apresentamos em três partes. Na primeira parte, o leitor encontrará o Diário de Bordo escrito no primeiro semestre de 2013 pela Professora Patrícia Marques. Na época, Patrícia trabalhava em uma escola de Educação Infantil da rede pública com uma turma de crianças de 3 anos de idade. O Diário, publicado aqui na íntegra, traz o registro do dia a dia da professora com sua turma e o diálogo travado com o coordenador pedagógico Cristiano Alcântara no próprio Diário de Bordo. Professora e coordenador, numa intensa construção de significados para o fazer pedagógico, em um momento de grande reflexão da professora sobre seu fazer. Patrícia estava desconfiada de suas próprias crenças pedagógicas e tinha necessidade de mudança. A interlocução com o coordenador no momento de deslocamento, de conflito interno, foi valiosa para a ressignificação da prática da professora. Ainda nesta parte do livro, apresentamos os "devaneios" de Luciana Dias Simões provocados pela leitura do Diário de Bordo da Professora Patrícia. Luciana precisou escrever. O leitor e a leitora saberão o porquê logo que adentarem ao universo dessa turma e de suas conquistas. O Diário de Patrícia foi escrito em um caderno brochura à mão e, para tornar possível sua publicação neste livro, Luciana o transcreveu.

A segunda parte do livro contém quatro textos nos quais as autoras abordam aspectos mais conceituais acerca do Diário de Bordo, o instrumento e a experiência de autoria. No primeiro deles, Alessandra Assis e Simony Dotto abordam o Diário de Bordo como instrumento metodológico que organiza o trabalho docente e favorece o acompanhamento e a intervenção pelo coordenador pedagógico, de caráter formativo, na prática educativa docente. São dois aspectos indissociáveis na concepção do Diário de Bordo como instrumento de reflexão: transformação da prática e do desenvolvimento profissional, como é defendido pelo Grupo Colaborativo de Estudos e Pesquisa da Formação Continuada Docente (GCOL).

Rúbia Armelini de Freitas, Matilde Aparecida da Silva F. Campanha e Vanessa Takigami Alves são três coordenadoras pedagógicas que atuam em municípios diferentes. Com base em suas experiências, as autoras discutem três elementos acerca da escrita do *Diário de Bordo: intencionalidade pedagógica, diretrizes dos entes públicos e profissão docente.*

O ato de escrever é um requisito docente ou um processo em formação continuada? Adriana Santiago Silva e Camila Aparecida Lambstain discutem a importância dada pelas professoras ao registro cotidiano e à reflexão sobre o fazer docente. Para essa finalidade, contaram com a contribuição de dez professoras que atuam em escolas de Educação Básica de Educação Infantil e de Ensino Fundamental que aceitaram responder a um questionário sobre essa temática. Estudos do campo da História da Educação permeiam as reflexões das autoras.

Para finalizar essa segunda parte do livro, Andréia Vieira Pereira Braga e Inaiara Vechiatto Silva Kojima discutem o Diário de Bordo como construção autoral. As autoras trabalham juntas na gestão de uma Escola Municipal de Educação Infantil (Emei) de São Paulo e contam como tem sido o processo de ressignificação e de qualificação do fazer da equipe por meio da escrita do Diário de Bordo.

Na terceira e última parte do livro, deslocamos o olhar da escrita do Diário de Bordo como prática docente para mostrar duas experiências de gestores que também escrevem Diário de Bordo. O que ambas as experiências têm em comum é o – por que não dizer – raro diálogo da orientadora pedagógica no Diário dos gestores. A primeira experiência apresentada é a da orientadora pedagógica Edileusa Aparecida da Silva Mammana e a diretora Tatiana Macedo Dias. Ao longo do texto, as autoras mostram as contribuições das narrativas reflexivas na gestão de uma escola de Ensino Fundamental, com implicações na qualidade do trabalho desenvolvido com as crianças.

É interessante destacar que o diálogo por meio das narrativas no Diário de Bordo entre a orientadora pedagógica e a diretora de escola foi motivado por uma experiência anterior compartilhada nos encontros do GCOL, apresentada também aqui no texto de Solange Fagliari e Cristiano Alcântara, sob o título *Diário de Bordo: uma possibilidade de interlocução entre o coordenador pedagógico e a orientadora pedagógica*. Nesse texto o(a) leitor(a) vai encontrar fragmentos das conversas contidas no Diário do coordenador que, depois de algum tempo, são retomadas para refletirem juntos sobre essa experiência. Assim, socializam o percurso formativo e de acompanhamento às práticas docentes e narram a interlocução tecida por meio da escrita entre esses dois atores.

Podemos observar que o livro traz vários aspectos da escrita do Diário de Bordo: o Diário real de uma professora, as experiências nos processos de construção de significados na implantação do uso do Diário de Bordo do ponto de vista dos gestores e dos professores.

Esperamos que nossas experiências aqui compartilhadas contribuam com as equipes escolares para que se tornem também escritoras e leitoras de Diários de Bordo. Pelas nossas crianças.

Ana Lúcia Borges

Doutoranda pela Universidade Estadual Paulista (Unesp). Diretora de Escola no Município de São Bernardo do Campo. Vice-líder do GCOL.

Prefácio

Há séculos, marinheiros utilizam diários de bordo durante suas viagens. São cadernos nos quais, cronologicamente, os capitães dos navios anotam e registram o que foi relevante e marcante ao longo do dia. Esses fatos e ações que eles descrevem provêm da observação do estado dos diferentes elementos atmosféricos e que obrigam a anotar adequadamente os rumos, a comprovação das distâncias percorridas, das diferentes manobras executadas, das velocidades, dos avanços e obstáculos encontrados e das relações e emoções das pessoas que vivem no navio.

Há algumas décadas, na educação, esse instrumento do diário de bordo tem sido reproduzido como uma técnica muito poderosa, em que os adultos envolvidos (professores, coordenadores pedagógicos, gestores, educadoras etc.) descrevem e informam os fatos que acontecem no contexto escolar. Porque a escola, tal como uma viagem, é um ambiente natural em que é garantida a espontaneidade dos atos que são vividos, a autenticidade das relações emocionais que são estabelecidas, a linguagem e o significado social partilhado e as práticas que são observáveis e descritas.

A partir da introdução de métodos de pesquisa educacional, sobretudo nas universidades, o diário de bordo, ou diário de navegação, ou caderneta de registro, tem conquistado grande êxito, como parte dos projetos instrucionais indutivos e também nos processos metodológicos de pesquisa. Da mesma forma, outros instrumentos de registo também têm sido desenvolvidos, embora, por sua versatilidade, esses diários dão uma resposta mais aberta a tudo o que é significativo e perceptível.

O que os diários de bordo realmente coletam são os fatos, as ideias e as impressões que acontecem em determinado contexto educacional, de forma sistemática, para chegar a uma excelente interpretação do que é observado ou ouvido. Eles reconstroem o que aconteceu com precisão, transparência e detalhes.

Na pedagogia, o texto do diário, feito com base na voz de quem escreve, assume grande valor educativo em razão do itinerário que parte da individualidade para o ir em direção ao compartilhar e ao envolver o grupo que ouve e lê.

Célestin Freinet dizia que a criança escreve para ser lida. Um diário de bordo educacional, tal como o diário de bordo dos marinheiros, também é escrito para ser lido e, mais importante, para que se possa refletir sobre ele.

Porque escrever um diário de bordo é um ato de transparência, o desafio particular de pensar a educação a partir da liberdade e da franqueza:

- de registrar os fatos e as experiências com base na memória pessoal;

- de relatar as impressões que causam e produzem os fatos, de exteriorizar a sensibilidade única de cada professor(a), de proporcionar uma percepção subjetiva; e

- de aceitar ou de aceitar-se (n)as mudanças nas próprias perspectivas e crenças pela condição mesmo de aquisição e construção do conhecimento. Porque um professor nunca termina de definir de forma imutável. Ele está sempre em desenvolvimento profissional. E essas mudanças, as transformações se revertem na melhoria educacional e de competências.

E isso é revelado nos escritos da professora Patrícia Marques. Ela inicia seu diário com a adaptação dos primeiros dias na escola, narrando como dá tempo às crianças nesse espaço que é novo para elas, decifrando seu choro e saindo para o parque. É interessante o primeiro diálogo com o coordenador pedagógico porque, sem avaliar a intervenção da professora, ele pede a ela que analise sua ação e, inclusive, que tenha prudência nas interpretações do comportamento de uma menina. Como é importante examinar, avaliar e compreender a própria atitude! A partir dessa primeira análise de sua forma de agir e de sua sensibilidade, percebe que ainda precisa de tempo para atender e acompanhar as crianças com segurança e empatia. E também de autocontrole como educadora.

Os registros posteriores nos mostram uma professora que avança na prática educativa a partir de sua reflexão pessoal, que discute seu planejamento e sua didática, enfim, que entende sua missão educativa – o desenvolvimento integral e harmonioso das crianças – e cresce na visão da infância.

Cabe ressaltar que o retorno sistemático e exclusivo do coordenador pedagógico é essencial para abrir a mente a partir da interpelação, da introspecção e da relação conceitual com o significado de suas ações. O acompanhamento pedagógico orienta na aplicação autêntica do procedimento de observar, interpretar as informações e documentar significativamente a pesquisa e a análise da professora, partindo de uma visão holística para chegar ao pensamento divergente. É nesse percurso que a intencionalidade educativa se orienta por processos cada vez mais criativos e arriscados, mas absolutamente necessários. "Não tema em ousar mais, tente fazer mais dias como esse – e o fundamental, Patrícia – os projetos e as sequências didáticas devem potencializar esse olhar, e não o engessar!", diz Cristiano para Patrícia no mês de março.

Que grande oportunidade ter ao seu lado um mentor que acompanha e ilumina seus passos e suas tarefas com uma comunicação fluida e sistemática! O coordenador pedagógico é a figura com a qual é possível refletir sobre as necessidades das crianças para poder dar a elas as respostas mais ajustadas e personalizadas. É a pessoa que tem uma visão global ("Posso lhe assegurar que poucas (pouquíssimos profissionais) chegam a esse nível de problematização do seu fazer de forma tão consciente! É um trabalho extremamente complexo, que envolve nos despirmos de muitas certezas e conviver sempre com um imprevisto (porém, dentro de uma significação)" [22/04/2013] e instruída ("O primeiro capítulo do livro *As cem linguagens da criança*, de Reggio Emília, pode ser-lhe muito útil. Há um livro sobre desenho da criança (*A criança e seu desenho: o nascimento da arte e da escrita*, do Philippe Greig) que também pode lhe ser muito útil; se quiser, eu lhe empresto!" [14/05/2013]. E o faz com firmeza e delicadeza ao mesmo tempo, pois sabe que o diário de bordo é escrito a partir da fibra íntima do pensamento subjetivo. Ele se aproxima da professora e a lê e escuta, pois o coordenador forma e transforma quem tem a possibilidade de transformar o mundo.

São escritos no diário de bordo os fatos que, para a professora, têm valor e são relevantes, ou os atos adquirem valor porque são escritos? Porque, na primeira parte do livro, os textos revelam, à medida que o calendário avança e de forma admirável, um crescimento na habilidade linguística, na complexidade argumental, na capacidade analítica e na profundidade pedagógica. É a aprendizagem pura de quem ensaia, dia após dia, sua própria observação e representação. É um "crescendo" ávido por conhecer e conhecer-se. A leitura dos textos da professora Patrícia é feita tal como são assistidos os bons filmes, nos quais a intensidade argumental se reflete em cada sequência e as vivências se acentuam em cada plano. E os espectadores, os leitores, tornam-se parte do palco. Eles conhecem/nós conhecemos cada uma das crianças (Raquel, Alice, Heitor V., Miguel, Luca T., Carlos...), cada espaço, cada atividade.

Todo esse clima construtivo foi viabilizado pela grande tarefa de transcrição de Luciana Dias Simões. Seu repensar pedagógico, no segundo capítulo da primeira parte do livro e a partir do manuscrito do diário de bordo da professora Patrícia, é uma grande contribuição para quem não entenda ou não seja capaz de ver o diário de bordo como o instrumento de registro que ele é e o que dele deriva: "No momento de formação docente, colocamo-nos como 'alunos'. Necessitamos aprender... A aprendizagem não é algo que se encerra com a graduação. Diferentemente do galo ou do gato, temos a oportunidade de refletir sobre os caminhos que nos são apontados, mas, muito mais do que reflexão, compreender a importância de levar para a ação!".

Nas partes seguintes do livro, as pessoas integrantes do Grupo Colaborativo de Estudos e Pesquisa da Formação Continuada Docente (GCOL) apresentam-nos, de forma exemplar, o enquadramento conceitual, o aprofundamento e a discussão do diário de bordo como metodologia. É muito interessante a proposta de utilizar o diário de bordo como técnica para compreender, coletivamente e em conjunto com os coordenadores pedagógicos, as ações dos professores e chegar à metacognição sobre o conhecimento, sobre a consciência e a natureza dos processos de aprendizagem. Com essa capacidade de refletir sobre os processos de pensamento, os professores devem manter uma atitude crítica sobre a informação, sobre o conhecimento e sobre suas estratégias de ensino.

Como toda ação educativa, o diário de bordo é uma prática social e cotidiana. Uma prática que implica ser explicada com base em uma perspectiva crítica e subjetiva, em que tanto as certezas como as dúvidas, as sensações e as percepções adquirem uma dimensão de aprendizagem única.

No âmbito da metodologia observacional, como procedimento científico, tudo o que é perceptível pode ser registrado, analisado e interpretado. Referimo-nos, principalmente, aos comportamentos dos meninos e das meninas. Contudo, como é difícil observar a si mesmo! É um trabalho de ourives, no qual é esculpido o metal precioso, o "eu-professor". Olhar-se, ver-se, observar-se. Para realizar essa tarefa, devemos pensar na formação continuada dos professores e das professoras. Porque as formas de registro, mesmo quando têm um espaço limitado em algumas carreiras universitárias, precisamos mostrá-las e trabalhá-las no âmbito das competências docentes profissionais com base na formação continuada. A tarefa educativa na Educação Infantil visa contribuir para o desenvolvimento físico, afetivo, social, cognitivo, linguístico e artístico dos alunos, bem como para a educação em valores cívicos para a convivência. E não importa quanta teoria seja aprendida, se não formos capazes de aplicar e gerenciar os sistemas de registro sobre crianças e sobre contextos de aprendizagem para atingir satisfatoriamente o propósito educacional, então devemos pensar que algo não está funcionando. Talvez devamos, primeiro, aprender a observar, registrar, analisar e interpretar.

Neste livro, Cristiano Rogério Alcântara transmite o empoderamento pessoal e profissional dos professores, conquistado aos poucos, com rigor e sensibilidade. Ele apresenta o diário de bordo como instrumento de observação e registro por meio do qual se dá a possibilidade de conhecer-se e de transformar-se nas intervenções educativas. O diário requer três condições para levar a cabo a observação na prática docente e efetuar as anotações reflexivas: ter autoconfiança, disponibilidade na autopercepção e sistematização na narrativa. Acrescento, ainda: coerência com a imagem da criança que compartilhamos e que projetamos nos instrumentos de observação e nos encontros pedagógicos. Refiro-me tanto entre equipes pedagógicas quanto entre professores com coordenador pedagógico. A reflexão não pode ficar apenas nas ações, deve aprofundar-se até o verdadeiro significado do que é a infância em pleno século XXI, neste mundo e nesta realidade, como nos aproximamos dessa infância, como as crianças aprendem, como as crianças constroem o seu conhecimento...

Tantas questões que implicam outro livro e uma coleção inteira. Certamente, Cristiano vai tornar isso possível.

Tona Castell

Professora Associada na Universidade Autônoma de Barcelona

Novembro/2021

Primeiras palavras

Há exatos 11 anos, ouço: "*Não tem um modelo?*".

Em todos os grupos que coordenei, em todos os grupos para os quais ministrei cursos e aqui estão representados, de todos os profissionais que se aproximaram do Diário de Bordo, sempre veio a pergunta: "*Não tem um modelo para eu saber se estou fazendo certo?*".

De antemão, antecipo: o modelo redentor não chegará por este livro que, agora, você segura em mãos. Contudo, não será mais um livro para cantar em verso e prosa as vantagens metacognitivas de se escrever acerca do seu fazer diário...

Acredito que, colaborativamente, cheguei (em verdade, chegamos) a um meio termo que contemple os gregos e os troianos. Se levarmos em conta que um povo tentava destruir o outro, não é um meio termo a ser menosprezado... (Risos!)

Consegui a autorização da querida professora Patrícia Marques para publicar o seu Diário de Bordo na íntegra (parte dele havia sido publicado em minha tese), porém, à época o nome da Patrícia não estava devidamente registrado (questões da escrita acadêmica) e foi apresentada como "professora Beatriz". Quem desejar entrar em contato com uma escrita mais aprofundada deste percurso, recomendo a leitura do Capítulo 3 da minha tese (*Diário de bordo: uma construção colaborativa rumo à Pedagogia Cultural*), escrito em colaboração com a Patrícia.

Preciso registrar aqui que mais aprendi com a Patrícia do que pude ensiná-la. Voltei ao seu Diário de Bordo, e, sim, a generosidade dela foi tamanha que ela me cedeu o seu caderno, o qual guardo com extremo carinho e, agora, cedo ao mundo. Afinal, suas construções procedimentais não podem – nem devem – ficar circunscritas aos diálogos que tivemos.

Penso no quanto de conhecimento se constrói diariamente nas milhares de unidades educacionais deste Brasil e, por falta de um registro sistematizado, perdem-se. Ou, pior: ficamos reféns de técnicas e procedimentos desenvolvidos além-mar, mas que não podemos contrapor nem mesmo perceber outras possibilidades, por ausência completa do que se colocar em diálogo com o que vem de fora.

Adoro os escritos do livro *A paixão de conhecer o mundo*, de Madalena Freire, que já ultrapassou as 40 edições, e sou partidário deles. Não ouso acreditar que, sozinho, seria capaz de escrever um livro que se comparasse às colocações de Madalena, no entanto, vejo, no Diário de Bordo de Patrícia Marques, potência, compromisso, desejo, empenho e sistemática que não deixam nada a dever aos escritos de 1979 de Madalena.

Acreditei por muito tempo que "só" o Diário de Bordo de Patrícia justificaria a publicação, mas me vinha a questão de não querer ser só um modelo e, mais ainda, de não deixar a quem o buscasse sem outras vozes...

E, aqui, acontece o mais importante ato de desprendimento intelectual que já vivenciei: não poderia escrever nem organizar este material solitariamente. Está no DNA da pesquisa iniciada em 2010 com as instrutoras e professoras da Escola Municipal de Iniciação Profissional Vereadora Aracy de Ângelo, e aprofundada em outras tantas que percorri, que o Diário de Bordo não era para ser uma criação restrita a mim. Não desejo, em hipótese nenhuma, ter a palavra final a respeito do que seja e de como se faz um Diário de Bordo.

Assim, chamei para escrever este livro todas as pessoas que compõem o Grupo Colaborativo de Estudos e Pesquisa da Formação Continuada Docente (GCOL). Nem todas aceitaram o convite, cada qual com o seu momento e o seu argumento, mas muitas aceitaram, o que me prova que é possível chegar longe na colaboração, indo para além do discurso.

Para me ajudar na organização, não poderia ser ninguém menos do que Ana Lúcia Borges, vice-líder do GCOL e a maior responsável para que nossas publicações alcancem o intento de comunicar/apresentar, com os cuidados adequados, tudo o que seja fundamental de estar presente. Ana é peça central tanto nesta publicação como na minha assunção como coordenador pedagógico centrado nas questões da infância; e, neste livro, para garantir, como leitora crítica de todos os textos, que as produções estivessem a favor da melhor forma de se fazer entender por todos.

Ana é uma leitora zelosa, cuidadosa e criteriosa; suas indicações são precisas e sempre nos fazem pensar: "Como não tinha percebido isso?". Sem nunca perder a ternura nos apontamentos, sempre deixa margem para quem não tenha entendido, e, o mais gratificante e inegável, após acolhermos suas sugestões, o texto ganha mais clareza. Um verdadeiro presente ser lido, avaliado e complementado por suas colocações.

Não desejo fornecer um modelo, porém, reconheço a potência de se ver o feito... Se pudesse resumir o propósito deste livro, faria isso assim: ser a oportunidade de se ver um Diário de Bordo bem-escrito, com aprofundamento, disposto a uma entrega ao diálogo ético-estético-político-profissional. E, na sequência, a apresentação de diferentes pessoas ao se aproximarem deste material.

Tive o privilégio, ao longo destes 11 anos, de acompanhar diferentes profissionais na escrita de Diários de Bordo. Este livro é o início de uma coleção em quatro volumes: nos dois primeiros, publicar-se-á dois Diários de Bordo de professoras na íntegra; no terceiro, apresentar-se-á o meu Diário de Bordo como coordenador pedagógico; e, no quarto, trechos de Diários de Bordo de pessoas que não foram coordenadas por mim, mas que se inspiraram em meus estudos para escreverem seus Diários.

Uma excelente leitura! Espero que este livro seja tão útil a quem deseja saber mais acerca do Diário do Bordo como foi para mim, uma vez que me ajudou a consolidar e a compreender melhor o que faço, como faço e por que o faço.

Sigamos...

Cristiano Rogério Alcântara

Doutor pela Pontifícia Universidade Católica de São Paulo (PUC-SP).

Coordenador Pedagógico na Prefeitura Municipal de São Paulo. Líder do GCOL.

Sumário

Parte I

[A materialização do Diário de Bordo]

[1]

O Diário de Bordo da Professora Patrícia (2013)

Patrícia Marques
Cristiano Rogério Alcântara

Diário de Bordo

Professora Patrícia

Interlocutor: Coordenador Pedagógico (CP) Cristiano

Dia 14 de fevereiro de 2013

Primeiro dia de aula. Adaptação: das 15 h às 17 h   17 alunos presentes

A maioria das crianças da sala nunca frequentou a escola.

Arrumei a sala com atividades diversificadas para o acolhimento. Conforme foram chegando, fui direcionando para uma brincadeira. Tive a ajuda da Ana,[1] da Fátima, da Rafa, que foram acolhendo e acalmando as crianças. Luca B.[2] chegou gritando; já tinha vindo à escola em 2012, mas a mãe desistiu da vaga, pois ele chorava muito. Ana deu umas voltas com ele pela escola, e o menino parou de chorar. Raul chorou um pouco e logo se acalmou. Fui sentando com as crianças, conversando, falando meu nome e brincando, iniciando, assim, a construção da confiança.

Fomos ao parque, e as crianças adoraram! Começaram a interagir com os novos amigos.

Tomaram lanche com animação.

Fiz a leitura de uma história. Cantamos. Deixei que falassem um pouco.*

CP: Qual história você leu?

A frase do dia: "A mamãe está chegando?" → **CP: Risos!**

[1] N. do E.: com exceção da Professora Patrícia, do Coordenador Cristiano e da Diretora Ana, os nomes dos funcionários da escola, presentes neste Diário (e ao longo do livro), são fictícios.

[2] N. do E.: os nomes das crianças citadas neste Diário (e ao longo do livro) são fictícios.

Dia 15 de fevereiro de 2013

Adaptação: das 15 h às 17 h 17 alunos presentes

Começamos nossa tarde com a mesma agitação de ontem. Luca B. chorou. Logo, a Dora saiu com ele pela escola, e ele se acalmou.

Kevin, que ficou bem ontem, chorou, gritou, esperneou. Fiquei ao lado dele e, aos poucos, foi se acalmando. Raul chorou também, mas é calmo.

Brincaram no momento de atividades diversificadas, estão se conhecendo.

Fomos ao parque, tomamos lanche, contei uma história e cantamos.

A saída foi bem organizada. As crianças esperaram que eu as chamasse; os pais fizeram fila na porta e esperaram a saída de cada uma.

CP: Qual a história? Qual música?

Dia 18 de fevereiro de 2013

Adaptação: das 15 h às 17 h 18 alunos presentes

Nossa! Que dia! As crianças foram entrando na sala e escolhendo suas brincadeiras. As meninas já entram todas felizes e brincam de "casinha". Raul ainda chora e, como sua mãe, está bem inseguro.

Luca B. entrou novamente gritando e acabou assustando um aluno novo, Miguel, que chorou bastante. Ele já frequentou a creche em 2012.

Carlos fez um escândalo ainda maior. Gritou, jogou-se no chão, chutou, e as professoras de apoio o tiraram da sala, para que não assustasse as crianças. Depois de um tempo, voltou e participou normalmente das atividades.

Acredito que a chuva contribuiu para o tumulto do dia. A cada chuva que caía, um chorava chamando a mãe. Não fomos ao parque hoje.

Depois do lanche, resolvemos levá-los à Biblioteca Escolar Interativa (BEI) e colocamos um DVD de músicas. As crianças se acalmaram, cantaram e ficaram longe da visão da chuva caindo.

CP: Interessante o medo da chuva. Vale uma reflexão!

Novamente, a saída foi bem organizada.

Dia 19 de fevereiro de 2013

Adaptação: das 15 h às 17 h 14 alunos presentes

Não sei se por causa das chuvas da tarde, hoje, faltaram muitas crianças na sala, e o dia foi bem mais calmo.

Luca B. continua com o mesmo comportamento na entrada e, depois, fica bem. Apenas não quer interagir com nenhum colega.

Raul também chorou e, aos poucos, foi se acalmando.

Carlos já faltou hoje.

Muitas crianças já estão dominando o espaço da sala de aula e demonstram estar felizes na escola.

Miguel chorou na entrada, mas logo parou quando anunciei que iríamos ao parque. Ele se soltou todo! → **CP: O parque tem poderes mágicos! (Risos!)**

Dia 20 de fevereiro de 2013

Adaptação: das 15 h às 17 h — 14 alunos presentes

Novamente, hoje, houve muitas faltas.

O aluno Luca B. chorou novamente e, depois de 15 minutos, parou e começou a brincar. Ele conversa com a gente, mostra o que está fazendo, mas ainda não interage com os amigos.

Raul também chora ainda e fica perguntando se vai chover. Conversei com a mãe e descobri que, no período da manhã, ele fica em uma escolinha do bairro. Talvez ele esteja ficando cansado com a rotina de duas escolas, mas, se a mãe precisa, ele vai acabar acostumando. → **CP: Esta é uma afirmação séria, não acha?**

Miguel chorou. Logo, parou e começou a "aprontar". Com o tempo, vai passar a compreender as regras do grupo.

Fomos ao parque e todos ficaram felizes. Nada como tomar um ar fresco e brincar para esses pequenos.

Depois do lanche, voltamos para a sala e coloquei no chão um brinquedo de montar. Dessa maneira, foi possível interagirem e brincarem mais livres. Eles se deitam no chão, escorregam entre um amigo e outro, conversam entre si, mostram suas montagens para a professora.

A saída foi bem tranquila.

Dia 21 de fevereiro de 2013

Adaptação: das 15 h às 17 h — 14 alunos presentes

Hoje, veio, pela primeira vez, a aluna Catarina. Ficou bem.

Luca B. chorou por uns dois minutos. Logo parou e começou a desenhar.

Carlos voltou e gritou. Ana já o levou para se acalmar, e o menino voltou para sala muito bem e feliz. Ele começou a brincar com o Pedro, e, quem sabe agora, com um amigo, ele pare de chorar.

Kevin voltou hoje, gritou, atirou-se no chão, e a Ana o levou para se acalmar (já havia escrito isso).

Fomos ao parque, onde todos ficam bem e brincam com seus novos amigos. Estamos ajudando as crianças a subirem nos brinquedos e vemos como são inseguras com seus movimentos de subir, de escorregar, de equilibrar. Acho que ficam muito dentro de casa.

Hoje, foi possível perceber como já estão se acostumando com a escola. As crianças estão aprendendo a usar o espaço, a seguir a professora na rotina. Por enquanto, todos pedem para ir ao banheiro.

Tomamos lanche e voltamos para a sala. Conversamos, cantamos. Coloquei no chão um brinquedo de montar. Gostam de mostrar o que fizeram: "Olha minha cobra, que grande!", "Prô, fiz, olha, olha!".

Dia 22 de fevereiro de 2013

Adaptação: das 15 h às 17 h | *15 alunos presentes*

Hoje, começou a frequentar a escola um novo aluno, Felipe, vindo do interior de São Paulo. Ele entrou sem chorar e, logo que sua mãe foi embora, chorou. Fomos ao parque, e ele foi se soltando, ficou sorridente e não chorou mais.

Luca B. entrou gritando, sentou e, em um minuto, parou. Carlos faltou novamente!

Percebi que as mães, ou melhor, a maioria está respeitando meu pedido de não ficarem no vidro. Lógico que tem algumas que ficam. Hoje, a mãe da Manuela ficou olhando e acabou comentando algo positivo: "Nossa, como eles estão bem! Vão parando de chorar e brincam. Olha o Luca B., que fica chorando lá fora. Eu ficava com dó dele, mas ele tá bem!".

Raul chorou e pediu para não ir ao parque. Ele tem medo da chuva. Deixei-o com a Rafaela, e ele ficou olhando as crianças pelo vidro. Quando chamei para guardar o brinquedo, a professora Rafaela falou que ele percebeu e pediu para ela levá-lo para mim. Ele falou também que ele chora "porque minha mãe fica lá me olhando".

Fui, hoje, com todos ao banheiro para ensinar como usá-lo e para eu ver se sabem usar. Foi tudo bem. Vitória se recusou a usar o banheiro, parecia estar com medo. Fiquei desconfiada, pois o pai dela ligou para a escola a fim de perguntar se homens trabalhavam aqui, e ele se preocupa com o banheiro. Vou ficar atenta para ver o que acontece, se ele acabou aconselhando a menina a ter cuidado com o banheiro e a amedrontou. Mesmo assim, falei para ela que, quando eu estiver junto ou a Fátima, não precisa se preocupar que a ajudaremos. Vamos ver...

CP: Estranho, não?

Quadro 1.1 – Agenda da semana (de 25/02/2013 a 01/03/2013) → *CP: Quais atividades?*

Horário	Segunda-feira – 25/02	Terça-feira – 26/02	Quarta-feira – 27/02	Quinta-feira – 28/02	Sexta-feira – 01/03
13 h	Acolhimento com atividades diversificadas. "Casinha", brinquedos de montar, desenho com giz de cera. Lembrar das agendas!				**Hino**
13h30	Roda de conversa sobre a escola, a rotina, o uso de papel-toalha.	Roda de conversa sobre o que mais gostam de brincar e o uso do papel-toalha.	Preparação para o lanche.	Rotina, preparação para o lanche.	*Chapeuzinho Vermelho.* Leitura com roda de comentários.
Das 14 h às 14h20	**Lanche e escovação**				
14h30	**Parque**	~~**Parque**~~ Desenho para levar para casa – choveu.	**Parque**	**Parque**	**Parque**
15 h	Ensinar como é o momento "escovação" e como são os cuidados com os materiais.	Ensinar escovação. Leitura: *Movimentos divertidos*.	Escovação. Leitura: *O sapinho divertido*	Conversa sobre o espaço novo. **BEI** Exploração do espaço.	No chão, brinquedo de montar.
15h30	Leitura: *Vamos escovar os dentes*. No chão, brinquedo de montar.	Ir um pouco antes para combinar o uso do espaço. **Brinquedoteca**	Comentários sobre a história. **Ateliê**	Leitura: *O grande rabanete*. **Quadra**	**Quadra ou pátio** com bola. **Brinquedoteca**
16 h	**Quadra/salão** Rolar, relaxar, explorar, engatinhar.	**Brinquedoteca**	Desenho com giz de cera.	Brincadeira com música. Roda de conversa sobre as atividades do dia (do que gostaram?).	Conversa: combinados para a organização.
16h30	**Organização para a saída**				
16h40	**Saída**				

***

Patrícia!

Parabéns pelos registros diários! Consegui acompanhar bem a rotina desenvolvida! Aconselho colocar o nome das leituras que foram e serão realizadas (preparar com antecedência o que será lido facilita muito o nosso trabalho!).

O parque foi central na sua semana de adaptação. Consegue levantar hipóteses do porquê?

Grifei no seu relato do dia 21/02 uma possível causa. Vale a pena aprofundar a questão, confirmando-se sua hipótese. Acho que um projeto com brincadeiras de rua seria maravilhoso para essas crianças.

Como a semana foi de adaptação, compreendo que o foco da descrição ficou no comportamento das crianças. Consegui até saber que o Luca B. saiu de um choro de horas para um minuto... (Risos!)

Agora, se for possível, gostaria que descrevesse um pouco mais sobre o seu fazer com elas.

A comanda que foi dada para a realização da atividade em si.

É importante verificar a reação da maioria da sala, se houve dificuldade de parcela significativa da turma (como você bem observou na hora do uso do parque etc.).

Por fim, o medo da chuva também seria um bom desencadeador de atividades (se não de um projeto, quem sabe, de uma sequência didática!).

Cristiano Rogério Alcântara
25 de fevereiro de 2013

P.S. 1: Desculpe-me se não me fiz claro. O Diário de Bordo deve ficar na minha mesa às quintas-feiras.

Patrícia: Sua sala estava fechada.

P.S. 2: A história da Vitória e o medo do pai devem ser analisados com calma (achei muito estranho).

***

Dia 25 de fevereiro de 2013

Aula normal: das 13 h às 17 h — 20 alunos presentes

Eu estava esperando uma choradeira hoje, mas a entrada foi muito tranquila. Coloquei atividades diversificadas com o objetivo de acolhimento. As crianças foram entrando e escolhendo a brincadeira. Durante 30 minutos, eles trocaram de mesa, circularam pela sala, trocaram de amigo.

Nesse tempo, fui conversando com as crianças, acolhendo, percebendo como se expressam e realmente conhecendo cada um. A maioria ainda fala como "bebê" e, muitas vezes, é preciso pedir para repetir o que falaram.

Miguel está bem animado com a escola. Quer olhar tudo e se admira com as outras salas, com o jardim de inverno e acaba se desgarrando do grupo.

Raul adora conversar, fala bem. Pergunta muito se a mãe tá chegando, mas não chorou nada hoje.

Minha atuação com as crianças, hoje (e se seguirá no resto da semana), volta-se a ensinar o procedimento de uso dos materiais pessoais, da escola e dos espaços. Hoje, foi um trabalho árduo e contei com a ajuda da Fátima. Nessa idade, a mãe e o pai acabam fazendo tudo pela criança e, quando ela se vê diante da mochila, tem que abrir para pegar algo, e acaba ficando perdida. Muitas crianças já conseguem, porém, ouvi muito hoje: *"Num consigo, Patíchia!"*. Tudo foi feito com calma: fui mostrando enquanto falava e ajudando. Heitor L. se recusou a fazer, não quis abrir mochila, nem pegar suas coisas, e já falava bravo: *"Não sei!"*.

Levei as crianças ao banheiro; acompanhei uma turma, e Fátima, outra. Novamente, Vitória se recusou a "fazer xixi", mas não percebi nenhum medo. Falei que, quando ela quisesse, eu a ajudaria. Não "fez xixi" a tarde toda.

No parque, ficaram muito bem, e as meninas brincaram de "mamãe e filhinha". Imitam a mãe, chamam para sair, para tomar banho. A maioria das crianças adora brincar na areia. Precisamos de pazinhas e baldes novos urgentemente!

CP: Anote!

Depois do parque, li a história dos bichos: *Vamos escovar os dentes*. Adoraram! Aproveitei para falar da escovação, sobre como escovar os dentes e pedi para pegarem o copo e a escova. Fomos ao tanque e escovaram os dentes. Mostraram como os dentes ficaram limpos.

A saída foi bem tranquila. As crianças esperam que eu as chame, e os pais e as mães estão esperando a vez. A mãe do Heitor L. começou a chamá-lo pelo vidro, e ele ignorou. Outra mãe falou: "Olha como eles esperam a professora chamar!".

CP: Os filhos ensinando as mães! (Risos!)

Dia 26 de fevereiro de 2013 20 alunos presentes

A rotina com procedimentos de uso de materiais pessoais e de espaços da escola será uma constante. Percebi mais facilidade das crianças com o manuseio de seus pertences.

Hoje, fiz a roda de leitura com o livro *Movimentos divertidos*. Mostrei a capa do livro e perguntei para as crianças o que achavam que havia na história. Foram falando o nome dos bichinhos da capa. Assim, vão já pensando

CP: Você já fazia esse tipo de registro? Percebo que observa bem. Como você registrava/registra?

sobre a história, o que tem no livro, e isso desperta o interesse. "Vamos ouvir a história e ver que bichinhos aparecem e o que estão fazendo?". Ficaram bem interessadas. Li e mostrei as imagens dos bichos. As crianças foram falando o que viam na cena, espantavam-se com o bicho saindo do livro *pop-up*, ficaram ansiosas para ver cada bicho.

Miguel, Manuela e Heitor L. ficaram distraídos durante a leitura: olhavam para fora, rodavam escorregando no chão. Para chamar a atenção, eu os chamava desta forma: "*Olha, Miguel, a minhoca se enrolando!*". Quem sabe não começavam a se interessar pela história?

Apresentei a brinquedoteca, conversamos sobre os cuidados e, depois, sobre como arrumá-la. Especifiquei quais brinquedos estavam liberados. As crianças seguiram bem as orientações, mas sempre temos que reforçar o que foi pedido: a organização do espaço.

Hoje, exploraram, conheceram os brinquedos e brincaram de tudo um pouco.

Dia 27 de fevereiro de 2013 18 alunos presentes

Hoje, fomos ao ateliê, para que conhecessem o espaço. Dei um desenho com canetinha para observar. Muitas crianças fazem garatujas desordenadas, como Miguel, Luca B. e Carlos. Eles exploraram o papel e a canetinha. Carlos, Theo e Miguel seguram a caneta como estaca. Raul, Alice, Henrique, Juliana, Theo, Natália e Cecília já controlam o traçado com movimentos circulares. Bianca faz "sóis", e Raquel já esquematiza a figura humana. Lívia fez zigue-zague e fez de conta que estava escrevendo as letras do alfabeto.

Falei para o Miguel segurar a caneta e ajudei posicionando a mão dele. Também falei "*Você desenha em casa?*", e ele: "*Eu, não. Minha mãe não dá papel e nem caneta*".

CP: Qual intervenção possível?

Durante a atividade, fomos, eu e a Fátima, perguntando o que faziam, e a maioria falou da família, de bichos. Luca B. fez em segundos e foi amassando a folha.

CP: Como desdobrar isso?

Hoje, Pedro não ficou bem depois do lanche: reclamou de enjoo, e a mãe veio buscá-lo.

Dia 28 de fevereiro de 2013 18 alunos presentes

Hoje, apresentei a BEI para as crianças. Falei sobre o espaço e perguntei o que estavam vendo. Todos falaram de livros, de TV e de som. Sei que ainda é difícil para compreenderem a organização por letras, mas falei, mostrei a casa de cada livro. Também falamos como cuidar do livro para não estragar, para não rasgar.

Li uma história, *Pra lá e pra cá!*, e propus que também explorassem os livros. Coloquei as crianças nas mesas e peguei livros de duas caixas. Ainda não deixei pegarem livremente, para que, aos poucos, construam um procedimento de uso do espaço.

Algumas crianças foram trocando o livro sem virar as páginas.

Muitas exploraram todos os livros, folheando as páginas e observando as figuras. Juliana imitou a leitura do adulto com base nas ilustrações. Entretanto, algumas crianças não se interessaram em fazer nada com o livro, como Luca B., Miguel e Felipe. A atividade durou pouco, em virtude do mínimo tempo de concentração dos pequenos.

Raul falou: "Eu nem sei ler" → **CP: Risos!**

Dia 1º de março de 2013 — 17 alunos presentes

A semana foi bem cansativa. Ainda estamos em adaptação, conhecendo as crianças e construindo vínculos. Precisamos falar bastante, mostrar tudo, mas, com certeza, avançaram bastante nesses dias, e muitas já estão incorporando o que é estar na escola, com suas regras e rotinas.

Esta turma tem se mostrado bem tranquila. As crianças são carinhosas, não são agressivas e estão sempre perto de mim e da Fátima.

Algumas crianças são bem dependentes, como Yasmin, Vitória, Theo, Miguel, Cecília e Bianca; outras já estão bem mais soltas, respondem rápido às comandas e compreendem bem o que falamos.

Heitor L. ainda se recusa a fazer o que pedimos e não interage com seus amigos. Fica com cara de bravo. Ele não toma lanche, não escova os dentes, recusa-se a lavar as mãos, gosta de contrariar. Porém, no fim da tarde de hoje, percebi que uma sutil mudança está acontecendo: tem brincado no parque e na brinquedoteca, apesar de sozinho; além disso, mostrou-me a sua escova de dentes e falou: "Olha aqui!", e respondi: "Que linda sua escova! Você pode usá-la para escovar seus dentes na segunda-feira". Eu e a Fátima não valorizamos sua rebeldia, e acho que ele percebeu isso.

Miguel é bem distraído. Não entende muitas comandas, precisamos falar a mesma coisa com ele várias vezes. Na hora da história, fica cutucando os amigos, vira-se de costas, gira e, se chamamos a sua atenção para a história, ele ri como se nada tivesse acontecido.

As crianças, durante esses dias de adaptação, costumavam chamar a gente de "ei". Fomos reforçando que nosso nome não era "ei" e, assim, aos poucos, já nos chamam pelo nome. Hoje, a Alice, que é bem falante e nos chamou muito de "ei", falou, enquanto estávamos no lanche: "Patrícia, você tem certeza que não existe ninguém que chama "ei"?" → **CP: Bárbaro!**

Quadro 1.2 – Agenda da semana (de 04/03/2013 a 08/03/2013)

<table>
<tr><th>Horário</th><th>Segunda-feira – 04/03</th><th>Terça-feira – 05/03</th><th>Quarta-feira – 06/03</th><th>Quinta-feira – 07/03</th><th>Sexta-feira – 08/03</th></tr>
<tr><td>13 h</td><td colspan="2">Brincadeira simbólica: "casinha".
Brinquedo de montar.
Massa de modelar.</td><td colspan="2">Desenho.</td><td>**Hino**</td></tr>
<tr><td>13h30</td><td>Rotina/calendário: o que vamos fazer no dia?</td><td>Rotina.</td><td>Rotina.</td><td>Rotina.</td><td>Dia do brinquedo: na frente da sala.</td></tr>
<tr><td>13h50</td><td colspan="5">**Uso do banheiro**</td></tr>
<tr><td>14 h</td><td colspan="5">**Lanche e escovação**</td></tr>
<tr><td>14h30</td><td colspan="5">**Parque**</td></tr>
<tr><td>15 h</td><td rowspan="4">Leitura: *O leão preguiçoso*, com roda de comentários.
Pedir a algumas crianças para "lerem" aos amigos.</td><td>Leitura: *Beleléu*.</td><td rowspan="3">Leitura: *A bola Quiquica*.
Roda de comentários.
No chão, brinquedo de montar.</td><td>**Parque**</td><td rowspan="2">Leitura: *O ratinho, o morango vermelho maduro e o grande urso esfomeado*.</td></tr>
<tr><td>15h10</td><td rowspan="2">~~**Empréstimo da BEI – Quinzenal**~~
[Não foi feito.]
Roda de comentários: desenho – do que gostou?</td><td rowspan="2">**BEI**
Leitura: *Eram dez lagartas*.
Manuseio de livros.
DVD de músicas: *Casa da Ruth*.</td></tr>
<tr><td>15h30</td><td>**Quadra ou pátio**
Bola: jogar em duplas.</td></tr>
<tr><td>15h50</td><td rowspan="4">Conversa e combinados.
Brinquedoteca</td><td rowspan="4">**Ateliê**
Desenho com canetinha no papel Canson, com interferência (círculo).</td><td rowspan="2">**Quadra ou pátio**
Brincadeira de roda: galinha, gato, pisa no chiclete.</td><td rowspan="4">Conversa e combinados.
Brinquedoteca</td></tr>
<tr><td>16 h</td><td rowspan="3">**Quadra**
Música com dança: *Levantar o braço*; brincadeira de estátua, com música.</td></tr>
<tr><td>16h10</td><td rowspan="2">Relaxamento com música clássica na sala.</td></tr>
<tr><td>16h20</td></tr>
<tr><td>16h40</td><td colspan="5" rowspan="2">**Organização e saída** (Abonada)</td></tr>
<tr><td>17 h</td></tr>
</table>

***

Patrícia,

Parabéns pela qualidade do seu relato! Poucas vezes vi um relato tão claro em pouco tempo de intervenção. Pelo jeito, você já registrava numa perspectiva reflexiva!

Salta aos olhos sua condução didática nos procedimentos para o uso dos espaços da escola e nos materiais que os alunos usarão!

Quando eu "crescer" serei assim também! (Risos!) (Ou farei um estágio com você!)

No seu registro, cita que se sentou com as crianças (nas brincadeiras e nos registros por meio dos desenhos). O que pensa em fazer com esse material?

Não vi no seu relato nenhuma descrição de atividades corporais (a não ser no parque). Vi que, nesta semana, as crianças terão três atividades desse tipo (você teria a chance de ler... Risos!).

Entendi seu critério de escolha das obras a serem lidas. Só me questiono se, além dessas premissas, as obras não poderiam ter algo a mais?

Não vejo necessidade de intervir. Sua rotina/explicação de comanda/controle do fazer em sala está acima da média nesses quesitos. Patrícia, só espero contribuir com o seu planejamento com base nos seus registros e, para tal, às vezes, farei perguntas e problematizações, e não será um problema se não houver resposta nem se sequer tiver pensado da perspectiva mostrada. O problema, na verdade, será não querer pensar de outra perspectiva (que também pode ser questionada e contra-argumentada).

Reconheço seu fazer didático/pedagógico, e seu relato deixa claro seu domínio de classe. Espero ajudá-la a potencializar o que já vejo como excelente!

Cristiano Rogério Alcântara
04 de março de 2013

P.S.: Falei com a Ana sobre os baldes e as pás para o banco de areia.

***

Cristiano,

Eu não fazia registro diário, mas "focava" atividades, para poder detalhar mais e não ficar repetitivo para quem fizesse a leitura.

O registro era feito no caderno de semanário, que eu já aboli.

Com relação à fala do aluno sobre sua mãe não lhe fornecer papel e caneta, costumo conversar na reunião de pais sobre o que podem oferecer em casa para as crianças, sobre a atenção quando elas fazem perguntas, como "*Mãe, escreve seu nome?*" e sobre a valorização das produções delas.

Quando as crianças desenham, procuro conversar sobre o que estão fazendo e gosto de observar, também, a conversa entre elas.

Como ainda não escrevem, o desenho é a forma de registro de suas ideias, que trocam entre si enquanto desenham e as transformam.

Os desenhos que estou propondo para as crianças agora é uma forma de conhecê-las, não só como estão no traçado, mas também as ideias, a oralidade. Assim, torna-se possível pensar melhor no trabalho que farei com elas.

Patrícia

Dia 04 de março de 2013 16 alunos presentes hoje!

A maioria das crianças da turma nunca frequentou uma escola. Assim, estão em contato com novos vírus e bactérias e acabam ficando doentes com facilidade até ficarem com a imunidade melhor. Então, muitas crianças estão doentes, com febre, gripe etc.

CP: *Viva a troca! (Risos!)*

Iniciamos a semana bem, apenas o Luca B. chorou e logo se acalmou com a chupeta.

Depois da diversificada, fiz a rotina com as crianças. Mostrei o calendário e perguntei se alguém sabia o que era. Após um grande silêncio, a Alice (que já frequentou creche) falou: "*É uma lista de números*". Então, fiz todos ouvirem a amiga e perguntei novamente o que havia no calendário. Entre muitas carinhas de não entender nada do que eu estava falando, Raquel mencionou: "*Tem números aí*". Propus contarmos os numerais e foram falando os algarismos comigo.

"Por que precisamos contar e saber estes números do calendário?", perguntei. Ninguém respondeu, mas ficaram me olhando, e fui falando dos dias, do aniversário, do dia em que tem aula, e Raquel e Alice começaram a ajudar, falando outras datas.

Propus encontrarmos o dia de hoje e escrever o "4" na lousa. Acredito que o trabalho com o calendário, apesar de muitos ainda não compreenderem, coloca as crianças com o numeral convencional inserido em sua função social. Aceito sugestões. Nesse calendário, vou marcar os dias nos quais não haverá aula, os aniversários e as outras datas importantes.

Com as atividades de corpo e movimento estou pesquisando, além das que já conheço, novas atividades para os pequenos.

CP: Posso ajudar se quiser.

Hoje, apresentei uma brincadeira com uma música. Primeiro, coloquei um CD com a música *A noite no castelo*, mas fala sobre bruxa, e Heitor L. começou a chorar com medo, então, logo, tirei. Conversei com as crianças, comentando que era uma música apenas, mas criança é cheia de imaginação. Para animar novamente o Heitor L., coloquei uma música animada, para que dançassem. Foram se soltando aos poucos. Quando já estavam alegres e soltinhos, propus a brincadeira com a música *Levantar o braço*, que dá comandas de mexer o corpo e termina com um abraço do amigo. A música vai mudando o ritmo de lento para rápido. Adoraram!

Por fim, trouxe a brincadeira de estátua com música. Na primeira parada da música, as crianças não conseguiram fazer a "estátua", ficaram se mexendo. Falei que estátua não mexe, fica bem parada. Nas próximas vezes que a música parou, elas foram compreendendo a regra e surgiram as "estátuas". Brincamos com elas e, ainda, imitaram bastante a gente, acredito que por falta de repertório.

Dia 05 de março de 2013 17 alunos presentes

Hoje, na roda de leitura, usei o livro *Beleléu*, que conta a história de um monstrinho que adora desorganização e leva embora o que encontra fora do lugar. As crianças gostaram da história do Beleléu e começaram a contar, em roda, como arrumavam os seus brinquedos em casa, que deixam tudo guardado. Raquel comentou: "*Um dia, fiquei sem um brinquedo que não guardei. Acho que o Beleléu levou*".

Todos quiseram comentar e, lógico, falam ao mesmo tempo e querem atenção individualizada. Nessa idade, ainda não conseguem ouvir o amigo. Heitor L., Miguel e Cecília não se envolveram no bate-papo, ficaram rodando no chão, cutucando o amigo. Procuro chamá-los fazendo perguntas.

Na brinquedoteca, as crianças chegaram e começaram a explorar o espaço. Pegaram brinquedos, encheram os carrinhos com frutas e andaram pela sala. Depois, foram fazendo grupos de brincadeiras de "casinha", *de "carrinho". Algumas crianças não se interessam por nenhum brinquedo, mesmo incentivando, mostrando e brincando junto. Acontece com o Luca B., Luca T., Heitor L., Raul, Cecília, Bianca e Miguel, que brincam muito sozinhos. Raquel e Juliana já brincam bastante, simbolizam, falam imitando papéis. Alice também entra nesse grupo.*

Dia 06 de março de 2013

[Falta] abonada da professora.

Dia 07 de março de 2013 *18 alunos presentes*

Hoje, na BEI, li a história Eram dez lagartas. As lagartas vão se perdendo e, no fim, viram borboletas. Antes de chegar ao final, perguntei para as crianças o que havia acontecido com as lagartas. Falaram muitas coisas, como "Não andaram juntas", "Caíram", "Se perderam", e mostrei as dez borboletas. Perguntei por que apareceram as borboletas e falaram "Porque é linda!", "Elas voam", "Apareceram!", e, então, Alice falou: "A lagarta virou borboleta!".

Contei para as crianças como a lagarta virou borboleta. Após descrever, perguntei o que nasce do ovo da borboleta. Raquel: "Pintinhos". Alice falou: "É mesmo, nasceu um pintinho do ovo da borboleta lá em casa". Continuamos a roda de conversa, e levei as crianças a irem pensando sobre o filhinho de cada bicho. Pode ser interessante um projeto com esse tema, porque elas não sabem sobre esse assunto. Acho que o tema Sítio do Picapau Amarelo está vindo das professoras, e não das crianças.

CP: Um bom indicativo de projeto, Patrícia! Ovos: o que nasce deles? Use a Páscoa como desencadeador...

Quadro 1.3 – Agenda da semana (de 11/03/2013 a 15/03/2013)

<table>
<tr><th>Horário</th><th>Segunda-feira – 11/03</th><th>Terça-feira – 12/03</th><th>Quarta-feira – 13/03</th><th>Quinta-feira – 14/03</th><th>Sexta-feira – 15/03</th></tr>
<tr><td>13 h</td><td colspan="4">Atividades diversificadas
Massa de modelar.
“Casinha”.
Desenho.
Jogos de montar.</td><td>Hino</td></tr>
<tr><td>13h30</td><td>Rotina.
Calendário para contar os dias.
O que vamos fazer no dia (com imagens)?</td><td>Rotina.
Calendário para contar os dias.
O que vamos fazer no dia (com imagens)?</td><td>Rotina.
Calendário para contar os dias.
O que vamos fazer no dia (com imagens)?</td><td>Rotina.
Calendário para contar os dias.
O que vamos fazer no dia (com imagens)?</td><td>Dia do brinquedo: na frente da sala.</td></tr>
<tr><td>13h50</td><td colspan="5">Uso do banheiro</td></tr>
<tr><td>14 h</td><td colspan="5">Lanche e escovação</td></tr>
<tr><td>14h30</td><td colspan="5">Parque</td></tr>
<tr><td>15 h</td><td rowspan="4">Leitura: O ratinho, o morango vermelho maduro e o grande urso esfomeado.
Roda de comentários.
Desenho no caderno.</td><td>Leitura: O crocodilo esperto.</td><td rowspan="3">Leitura: O peixinho que gostava de dar sustos.
Roda de comentários.
No chão, brinquedo de montar.</td><td>No chão, brinquedo de montar – clima frio.</td><td>Leitura</td></tr>
<tr><td>15h10</td><td rowspan="2">~~Empréstimo da BEI – Quinzenal~~
Vídeo: Franklin.
Biblioteca</td><td rowspan="2">BEI
Leitura: Porcolino e mamãe.</td><td rowspan="2">Quadra ou pátio
Brincadeira com música.</td></tr>
<tr><td>15h30</td></tr>
<tr><td>15h50</td><td rowspan="4">Brinquedoteca</td><td rowspan="4">Ateliê
Desenho com interferência: “peixinho”.</td><td rowspan="2">Quadra ou pátio
Bola no pátio, em duplas.</td><td rowspan="4">Brinquedoteca</td></tr>
<tr><td>16 h</td><td rowspan="3">Quadra
Música com dança: Pipoca. Brincadeira: pisa no chiclete.</td></tr>
<tr><td>16h10</td><td rowspan="2">Brincadeira com massa de modelar e palitos.</td></tr>
<tr><td>16h20</td></tr>
<tr><td>16h40</td><td colspan="5" rowspan="2">Organização e saída</td></tr>
<tr><td>17 h</td></tr>
</table>

***

Patrícia,

Então, seu registro focado era um sucesso! (Risos!) É muito interessante ver sua prática de se sentar com as crianças ouvindo a conversa entre elas (são muitos os elementos que saem nessas conversas, e estar atenta a eles é fundamental).

Que tal, em relação ao uso do calendário, conversar com elas sobre o fato de que datas, como pagamento, adiantamento etc., vão implicar dias para os pais passearem, irem às compras, pagar contas (elas já viram os pais pagarem contas?), o que traz outro elemento que usa números dentro do seu uso social: DINHEIRO! (Risos!)

Se você quiser pensar numa sequência didática ou num projeto com sua turma acerca do que nasce do ovo, podemos fazê-lo!

Escutar as crianças (e, às vezes, o outro adulto) é um processo difícil para algumas pessoas; se você tem essa habilidade, use-a!

O *Sítio do Picapau Amarelo* pode até ser um projeto, de uma perspectiva de ampliação vocabular, entre outras tantas justificativas, mas não uma demanda das crianças, o que, *a priori*, não é ruim, nem bom. O que será feito e como será feito é que determinará o adjetivo... (Risos!)

Coloquei uma seta no semanário no item "O que vamos fazer no dia?". Como você desenvolve esse tópico na sua rotina?

Cristiano Rogério Alcântara
10 de março de 2013

P.S.: Circulei o nome do Heitor L. para perguntar se ele é o seu aluno que mais demanda atenção ou foi o acaso que o fez ser citado duas vezes.

***

Cristiano,

Quanto ao calendário, concordo que tem que ser usado em sua real função social. Meu problema agora é que não consegui um calendário para mim. Estou usando o da professora Márcia S., e não posso riscar. Caso você tenha algum sobrando...

Vou esperar e terminar de escrever os projetos e as sequências didáticas que estamos planejando. Depois, com o passar do trabalho, penso em fazer algo relacionado ao nascimento e, até mesmo, em explorar esse assunto com o projeto do *Sítio*.

Ainda falam "*O que vamos fazer?*" sem as imagens... Preciso fazê-las!

O Heitor L. tem um comportamento de criança "manhosa", nada fora do normal. Aos poucos, ele vem percebendo que não é o centro das atenções. A mãe dele está grávida, e, talvez, ele já esteja percebendo que o reinado vai acabar em casa também. → **CP: Risos!**

Achei ótima a sua colocação acerca do trabalho com o nome no horário de trabalho pedagógico coletivo (HTPC).

Patrícia

Dia 11 de março de 2013 16 alunos presentes

Hoje, fiz a leitura da história *O ratinho, o morango vermelho maduro e o grande urso esfomeado*, que eu leria na sexta-feira, mas não consegui. Com a chuvarada, o barulho na sala fica grande e é difícil fazer leitura. A história tem várias partes e, apesar de curta, é repetitiva. Percebi que as crianças começaram a se dispersar, mesmo com as minhas intervenções. Eu resolvi encurtar a história, pois a conheço bem e sei as partes necessárias para que as crianças a compreendam. No final, há a pergunta do livro de como o ratinho poderia livrar o morango da fome do grande urso. Elas foram repetindo o que o rato já havia feito, como "esconder no pano", "esconder embaixo da mesa", e ninguém falou em comer o morango. Li o fim da história e o comentamos, porque, assim, o urso não iria mais comer. Acho que uns dois alunos entenderam. → **CP: Risos!**

Após a leitura, ofereci, pela primeira vez, o caderno: mostrei como usá-lo, os cuidados que devem ter com ele, e usarem a folha em que coloquei.

Propus o desenho da história, da parte que mais gostaram ou do urso, do rato. Ofereci lápis de cor. Conforme desenhavam, foram falando do urso que comeu o morango. Algumas crianças ignoraram a história e desenharam outras coisas, e outras ainda desenham pelo exercício motor, explorando o movimento, o lápis no papel. Trata-se de Miguel, Cecília, Henrique e Theo.

Todos usaram o caderno como expliquei nas comandas e adoraram a atividade, ficando nela um tempo maior do que o costume (cerca de 5 minutos): desenharam por uns 15 minutos!

Dia 12 de março de 2013 *17 alunos presentes*

Hoje, fiz a rotina com imagens usando os desenhos da Márcia J. Preciso fazer os meus. Foi muito interessante ver o jeito deles, atentos ao que iríamos fazer. Luca T. ficou bem interessado para ter noção de que hora vai embora. Ele costuma perguntar a tarde toda se está na hora de ir embora. Eles, realmente, durante toda a tarde, olhavam, conversavam entre eles sobre o que faltava fazer e sobre o que já havíamos feito.

Vou ver, agora, o que vai ser mais interessante: rotina com fotos deles ou os desenhos. Vou pedir permissão para a Márcia J., até eu conseguir organizar minhas imagens, de usar as delas.

Achei interessante ver que algumas crianças falavam sobre o dia por meio das imagens. Estão, assim, organizando o tempo, a sequência e a oralidade.

As crianças brincam e disputam brinquedos na brinquedoteca. Alice e Raquel são as que entram no faz de conta, criam situações. Hoje, levaram as bonecas para "a praia" e falaram como se fossem "as mães". Um amigo pegou um brinquedo delas, e Raquel disse: *"Nossa, ele levou o nosso protetor, e agora? Estamos precisando!"*. Depois de recuperado o protetor: "Põe logo na filha, antes que ela se queime" → **CP: Risos!**

Dia 13 de março de 2013 *17 alunos presentes*

A professora Amanda já resolveu o meu problema com as imagens da rotina. Por conta das meninas com necessidades, ela usará fotografias e me emprestará os desenhos.

Fiz a leitura da história *O peixinho que gostava de dar sustos*. Adoraram porque é uma história com os *pop-ups* dos bichos do mar.

Propus um desenho, com interferência, de um peixe (que eu fiz) para complementarem a cena de acordo com a história. As crianças, com base na interferência, preocuparam-se com o tema proposto e fizeram peixes, baleias, tubarões. A maioria colocou olho no meu peixe, pintou e, depois, com minhas intervenções e as da Fátima, desenharam em volta. Os peixes foram feitos com círculos e bolinha dentro, garatujas espalhadas e, também, desordenadas. Luca B. foi o único que começou a falar de mãe no desenho, fugindo da proposta. Perguntei se a mãe dele estava na história, e ele ficou me olhando e respondeu "Não".

Cecília preocupou-se em desenhar, ou melhor, apenas em pintar meu peixe, "direitinho". Apesar de eu pedir para ela fazer outros peixes ou bichos, não quis, ficou só na pintura.

Dia 14 de março de 2013 15 alunos presentes

Também já resolvi meu problema com o calendário. Consegui um para usar na sala com eles. → **CP: Que rápida! (Risos!)**

As crianças adoram chegar à escola e escolher a atividade que vão fazer. Hoje, disponibilizei massa de modelar, desenho, brinquedo de montar e "casinha". A mesa que logo lotou foi a de massinha, porque adoram a brincadeira de picar, de amassar, de enrolar, e vão falando sobre o que fizeram ou estão fazendo: "Olha a minha torta!", "Fiz uma coleira grande.", "A minha tá pequena!". Lívia brincou de dar receita para os amigos da mesa, como as culinaristas na TV: "Agora, pega a bola e vai amassando assim, e passa manteiga". Lembrei da nossa conversa no HTPC sobre receita oral. Eu adorei a ideia! É engraçado como a gente acha que sabe e, de repente, tem mais coisas para saber sobre o que a gente já sabia. (Risos!)

Hoje, faltaram muitos alunos. Esfriou e estava garoando.

Dia 15 de março de 2013 16 alunos presentes

Hoje, iniciou uma nova aluna, Carla.

Chegou muito bem, ficou feliz, rapidamente foi entendendo o movimento da rotina e nem parece que ela nunca havia frequentado uma escola. Porém, por volta das 15 horas, ela começou a chorar e a pedir pela mãe. Liguei, e a mãe veio buscá-la. Achei melhor que as lembranças do primeiro dia fossem agradáveis e não quis deixá-la sofrendo. Pedi para a mãe buscá-la às 15 horas na segunda-feira também.

Eu e a Amanda deixamos as crianças interagirem durante as brincadeiras com os brinquedos de casa. Foi ótimo! Dessa maneira, vão se conhecendo e se enturmando por afinidades de brinquedos. Costumam trocar uns com os outros, porque seu brinquedo já é conhecido, e adoram as novidades dos amigos.

Quadro 1.4 – Agenda da semana (de 18/03/2013 a 22/03/2013)

Horário	Segunda-feira – 18/03	Terça-feira – 19/03	Quarta-feira – 20/03	Quinta-feira – 21/03	Sexta-feira – 22/03
13 h	**Atividades diversificadas** Desenho. Massa de modelar. Jogos de montar. "Casinha". Livros.				**Hino**
13h30	Rotina. Com imagens, ver em que dia estamos e o que faremos.	Rotina. Com imagens, ver em que dia estamos e o que faremos.	Rotina. Com imagens, ver em que dia estamos e o que faremos.	Rotina. Com imagens, ver em que dia estamos e o que faremos.	Rotina. Reunião pedagógica
13h50	**Uso do banheiro**				
14 h	**Lanche e escovação**				
14h30	Massa de modelar – chuva.	Monta-tudo – clima frio.	**Parque**		
15 h	Leitura: *Tem um lobo no meu quarto.*	Leitura: *O ovo.* Situação-problema.	Matemática: leitura de *Beleléu e as formas.* Onde tem círculo na sala.	**Parque**	
15h10	Desenho com o tema: *do que tenho medo?*	~~**Empréstimo da BEI – Quinzenal**~~		**BEI**	**Quadra ou pátio**
15h30		Que bicho saiu do ovo? Registro com desenho.	**Circuito**	Leitura: relembrar o livro *O ovo* e passar início da animação *As aventuras de Sammy* (nascimento da tartaruga).	
15h50		Voltar à discussão e ler final do livro. **Brinquedoteca**	**Ateliê** Registro por meio de desenhos a canetinha: onde tem círculos?	**Quadra ou pátio** Brincar com bambolês dentro e fora do círculo.	**Brinquedoteca**
16 h	**Quadra** Com música, brincadeira de estátua e a "da cobra", com movimento.				
16h10					
16h20				Registro da brincadeira: como brincamos?	
16h40	**Organização e saída**				
17 h					

***

Patrícia,

Acredito que seu movimento de ouvir as crianças seja muito oportuno. Dessa forma, une elementos/situações que podem ajudá-las a entender melhor este espaço escolar.

Vou aproveitar esse seu olhar, sua narrativa e sua escuta, e vou lhe propor um claro desafio. Vejo, nas rotinas de todas vocês, diversas atividades (movimento, leitura permanente etc.), mas quantas atividades conversam claramente entre si?

Vi essa "conversa" na quarta-feira entre o livro do *Beleléu* e o desenho de interferência, contudo, isso não poderia ter sido mais integrado? Por exemplo: na segunda-feira, você ter usado pneus, e, na quarta, bambolês (são objetos circulares)?

Deve existir uma música que verse sobre rodas/círculos/redondos... e assim por diante.

Veja bem, não estou sugerindo que só trate de círculo, mas, sim, que se ofereça repertório aos alunos. Na brincadeira da quadra, nem precisava fazer alusão ao fato de o pneu e a roda serem circulares...

Nas atividades diversificadas, já deveriam sair possibilidades que seriam amarradas ao longo do dia. Percebe que, ao terem tantos rompimentos ao longo do dia, fica complicado interligarem as tarefas, ou pior, parecem que só fazem tarefas? → **Patrícia: Concordo!**

Qual a real necessidade de fazerem tantas atividades num dia? Sei que a concentração das crianças é curta, no entanto, tratar de outro assunto pode ajudá-las a compreenderem melhor?

Não tenho uma resposta fechada a esses questionamentos, porém, acho-a capaz de me ajudar a problematizar essa situação!

Cristiano Rogério Alcântara
17 de março de 2013

P.S.: Nem deu tempo de eu encontrar um calendário para você!

***

→ **Patrícia: Já encontrei! Obrigada!**

Cristiano,

Concordo muito com você sobre o excesso de atividades truncadas em um mesmo dia. Isso também sempre me incomodou, mas já foi pior! A cobrança pela qual passamos da própria rede nos levou a isso. Eu, com muito esforço, desde 2011, tenho tentado me livrar da "alucinação". Muitas vezes, fui sozinha, mesmo numa luta difícil, pois a impressão que dá é a de que não estamos trabalhando. *"Cadê o papel? A folhinha de xerox?"*

Com a vinda da Ana para a escola, conseguimos evoluir, sair do "limbo" da técnica e fazer as crianças mais felizes!

Acredite: muitas crianças choravam por causa das atividades. Ficávamos enfiadas na sala com mil atividades gráficas!

Que bom que você vai ajudar nessa evolução! Aceito sugestões e críticas. Ainda não trabalhei com o *Beleléu e as formas*, só li a primeira história para introduzir o personagem. Já gostei da sua sugestão com corpo e movimento e coloquei na escrita permanente do ensino da matemática.

Espero que, durante o ano, possamos caminhar para uma rotina de atividades melhor para as crianças.

Patrícia

***

Patrícia,

Obrigado pelo voto de confiança! Espero conseguir colaborar!

Patrícia: *O ovo*, de Milton Célio de Oliveira Filho.

Cristiano

***

Dia 18 de março de 2013 — 18 alunos presentes

Apesar do frio e da garoa, vieram muitos alunos, e quem estava doente voltou, como a Manuela que ficou duas semanas afastada.

Hoje, na roda, fiz leitura com o livro *Tem um lobo no meu quarto*. É uma história um pouco mais longa, na qual os personagens das histórias que a mãe lê saem dos livros durante a noite, no sonho do menino, que é o personagem principal. O livro é em *pop-up*, o que as crianças adoram.

Ao ler a história, para prender a atenção deles, vou fazendo perguntas e suspense. Eu consigo a atenção da maioria. Raquel é uma criança que está sempre a tentar tudo o que falo, participa muito. Ela é a mais velha da turma e já vai fazer 4 anos em abril.

Terminei de ler a história e conversei com eles sobre sonhos, pesadelos e medos. Adoram, ou melhor, a maioria gosta de falar. Alguns ficam calados e falam alguma coisa quando solicito. Raul, Davi, Bianca, Cecília, mas Miguel fala quando solicito fora do assunto. Heitor L. responde: "Não sei".

Fecharam os olhos, imaginaram um sonho "de medo" e propus um desenho no caderno, com canetinha, sobre o tema. Fui a cada mesa conversando, perguntando o que foi desenhado. Percebi que realmente fizeram, mas ficaram ligados no lobo da história.

Raquel desenhou: "Eu, na minha cama, sonhando com o lobo".

Miguel: "São bolas". Perguntei sobre o seu medo, e ele respondeu: "Não sei".

Raul: "Não sei o que fiz" e "Tem riscos aqui".

Alice: "Eu sonhei com monstros".

Felipe: "Nada". Ele ainda se preocupa com o tema, explora o material. Pintou com a canetinha até rasgar a folha, pintou à mão.

Brincamos, hoje, com música e movimento. Ficaram bem animados. Fizemos a brincadeira de estátua e a "da cobra", com música. Com a "da cobra", fizemos com o corpo os movimentos de subir e descer imitando o referido animal. Após as brincadeiras, fizeram um relaxamento com música mais lenta, respirando fundo, deitados.

Dia 19 de março de 2013 21 alunos presentes

Nossa! Sala lotada hoje!

Fiz uma roda de conversa antes da leitura da história *O ovo*. Conversei com as crianças sobre quais bichos que elas achavam que nasciam do ovo. Falaram da galinha, e só. Resolvi ler o livro que vai falando de outros bichos que nascem do ovo: dinossauro, pinguim, cobra, pintinho. A cada bicho, fomos falando da mamãe que bota ovo e do filhote que nasce. Quando mostrei o pintinho no livro, perguntei quem era a mãe dele, e Raquel respondeu bem rápido: "A pintinha!". Então, expliquei que o pintinho é o filhote e indaguei como se chama a mãe, grande, que botou o ovo. Alice respondeu: "A galinha!".

Fui fazendo suspense sobre quem estava dentro do ovo e, antes do final, aparece o. ovo quebrado. Perguntei: "Que bicho nasceu?". Citaram os que haviam aparecido na história. Fui falando outros bichos que nascem do ovo e, para eles, só falei novidade. "E a gente nasce do ovo?", perguntei. Muitos falaram que sim, mas os mais "antenados" já falaram que nascemos

CP: Essa clareza é fundamental!

CP: Excelente, Patrícia, um gancho contextualizado!

da barriga da mamãe. Retomarei esse tema conforme trabalharmos os bichos do sítio e os da cidade.

Não li o final do livro sobre qual bicho nasceu do ovo. Pedi que imaginassem que bicho seria e propus o registro do filhote no caderno. Foram desenhando e falando sobre o desenho. Fizeram o ovo (fácil, né?) e o bicho. Fui perguntando para cada um, e falaram "macaco" (Miguel e Henrique), "pintinho", "cobra", "passarinho". Raul, Felipe e Natália falaram "Não sei".

Depois juntei as crianças e, com suspense, li o final. Conversei sobre como as tartarugas nascem. Já pensando em outras relações, usando essa história, colocarei, na BEI (quinta-feira), o início da animação *As aventuras de Sammy*, para verem o nascimento da tartaruguinha na praia.

Dia 20 de março de 2013 20 alunos presentes

Agora, estou atenta a não perder a rotina truncando em meras tarefas. Tenho procurado relacionar os conhecimentos ligando as atividades. Hoje, li a história *Beleléu e as formas*, relembrando antes quem é o Beleléu, como ele é e o que gosta de fazer. Fiz a leitura e, conforme as formas geométricas foram aparecendo no livro, antes de eu ler, fui perguntando. Raquel sabia de todas, inclusive o retângulo. Lívia também falou o nome do círculo e do quadrado. As outras crianças ficaram olhando, atentas à leitura. Miguel fica mexendo no sapato, fala sozinho, gira e procuro colocá-lo sentado perto de mim para que tenha mais atenção.

Após a leitura, procuramos, na sala, coisas que têm a forma do círculo. Raquel, Alice e Lívia participaram com muito interesse, falando do ventilador, do relógio, do buraco no teto, da garrafa do filtro. Dessa forma, ampliei a pergunta para o que, em suas casas, tem esse formato. Algumas crianças começaram a compreender melhor do que eu estava falando e participaram falando de mesa, copo, prato, e Theo falou roda do carro.

Encerrada a roda, fomos ao circuito e aproveitei, enquanto falava sobre a atividade, para mostrar o que tinha com o formato de círculo e perguntar a respeito disso. Foram falando do túnel, do bambolê e do pneu.

CP: MUITO BOM!!!

Depois do circuito, fomos ao ateliê, e propus um registro, por meio de desenho, dos objetos que têm a forma do círculo que conversamos anteriormente. Todos fizeram, nomearam e seguiram a comanda. Foram falando enquanto desenhavam, fui perguntando para cada um. Mesmo quem não falou de objeto fez movimentos de círculos na folha. Theo, ao terminarmos a atividade, falou: "Patrícia, o planeta é redondo". E Alice completou: "É o planeta Terra". Olha, que lindos, estão pensando sobre a aula!

CP: Graças ao seu trabalho preocupado com a continuação.

Dia 21 de março de 2013 20 alunos presentes

Hoje, na BEI, coloquei o início do desenho *As aventuras de Sammy*, que mostra como nasce a tartaruga. Relembrei a história *O ovo*, e a maioria participou do resgate. Gostaram de ver o início do desenho com as tartaruguinhas nascendo, saindo do ovo, do buraco e indo para o mar. Alice, quando desliguei o DVD, falou para si mesma: "Tartaruga nasce da barriga da mãe? Nem pensar!". Então, perguntei a ela "É mesmo? Como ela nasce então?", e Alice: "Sai o ovo, nasce do ovo!".

Depois, mostrei para as crianças como explorar os livros, escolhê-los, lê-los, guardá-los. Ficaram empolgados, pegaram livros, deram uma olhadinha e logo guardaram para trocar. Lívia "imitou" leitura; Luca B. não se interessou pelos livros, precisei insistir para pegar. Natália também. O restante das crianças viu as ilustrações.

Brincamos com bambolês no salão. As crianças adoraram a brincadeira de dentro e fora de bambolê, tipo "duro ou mole" e "vivo ou morto". Expliquei a brincadeira, e demoraram um pouco para entender a regra. Aos poucos, a maioria foi compreendendo. Algumas brincaram seguindo o movimento do grupo, ou seja, entrar e sair do bambolê quando eu dava a ordem. As crianças se divertiram bastante, riram e pularam. Depois da brincadeira, deixei que brincassem com o bambolê.

Dia 22 de março de 2013

Reunião pedagógica.

***

Patrícia,

Deixei a folha atrás porque deduzi que seu relato do dia 21 de março não havia acabado! (Risos!)

Parabéns por sua reflexão e condução do seu fazer amarrando situações, e não preso a uma grade.

Sei que o caminho é difícil. Por vezes, haverá questionamentos (tanto seus como dos outros). Será esse um caminho seguro de apreender?

Mais importante: a certeza de estarem apreendendo, Patrícia, a meu ver, é estarem significando!

Quando Theo e Alice dizem que a Terra é redonda, e isso é pura ressignificação, usam do novo conhecimento, um círculo, e com a imagem que têm da Terra, esse fenômeno cognitivo supercomplexo é elaborado!

É necessário frisar que só foi possível de ocorrer por causa da qualidade de sua intervenção!

Creio que esteja indo pelo caminho correto! Não tema em ousar mais, tente fazer mais dias como esse, e – o FUNDAMENTAL, *Patrícia – os projetos e as sequências didáticas devem potencializar esse olhar, e não o engessar!*

Cristiano Rogério Alcântara
25 de março de 2013

***

Cristiano,

Vou trabalhar para conseguir sair das tarefas para cumprir a grade e relacionar mais as atividades. Por favor, faça muitas sugestões! O circuito relacionado ao círculo, sua ideia, foi bem interessante mesmo!

Acredito que realmente temos que ousar para mudar, e sem muita ansiedade. Aprendi que, com calma, a gente se organiza, consegue pensar melhor e aproveitar o que o outro tem para oferecer de bom. Estou aproveitando muito dos seus conhecimentos, de sua cultura invejável.

Agora, o desafio será trabalhar com o teatro. Já estou pensando em como fazer isso de forma interessante para as crianças.

Quadro 1.5 – Agenda da semana (de 25/03/2013 a 29/03/2013)

Horário	Segunda-feira – 25/03	Terça-feira – 26/03	Quarta-feira – 27/03	Quinta-feira – 28/03	Sexta-feira – 29/03
13 h	**Atividades diversificadas** Massa de modelar. Monta-tudo. Desenho. Livros. "Casinha".				**Hino**
13h30	Calendário e rotina do dia com imagens.				
14 h	**Lanche e escovação**				
14h30	**Parque**	Chuva. Língua Portuguesa: nome – para que serve? Uso da roda de conversa. Achar nome com música (isenta o uso de caderno).	**Parque**		
15 h	Leitura: *Emília*.		Matemática: leitura de *Beleléu e as cores*. Conversa, comentários.	**Parque**	
15h10	Língua Portuguesa – projeto *Sítio*: caixa-surpresa com Emília para introduzir, ver se conhecem. Conhecimentos prévios, desenhos, registro.			**BEI** Leitura: exploração de livros.	**Quadra ou pátio**
15h30		**Empréstimo na BEI – Quinzenal** Apoio à escolha das crianças.	**Circuito**		
15h50		**Brinquedoteca**	**Ateliê** Pintura com tinta guache e pincel; duas cores, para observar a mistura.	**Quadra ou pátio** Dança com a música *Bolinha de sabão*.	**Brinquedoteca**
16 h	**Quadra** Com música, brincadeira de estátua e a "da cobra", com movimento.				
16h10	Integração com a turma do Infantil IV – professora Márcia S.			Desenho com interferência: *Bolinha de sabão*.	
16h20					
16h40	**Organização e saída**				
17 h					

Feriado: Sexta-feira Santa

Dia 25 de março de 2013 18 alunos presentes

Iniciei hoje o projeto do Sítio com roda de caixa-surpresa. Coloquei o fantoche da Emília na caixa e falei que, dentro da caixa, tinha uma surpresa, alguém que a gente iria conhecer. Deixei que falassem livremente o que poderia ter na caixa e até "baleia" apareceu. Então, abri a caixa e mostrei a boneca. "Quem é essa?", perguntei. A Raquel logo falou: "A Emília, do Sítio do Picapau Amarelo!". Fui puxando a fala das outras crianças, mas apenas a Alice também demonstrou conhecer um pouco da história: "Tem a 'Puca' lá". Perguntei quem era a "Puca", e ela "Aquela que é um jacaré". E, então, falei para a Alice que o nome certo é "Cuca". O restante da turma demonstrou não conhecer as histórias e os personagens. Desse modo, fui pedindo, com a ajuda da Raquel, que me falassem sobre o fantoche da personagem, o que era, como estava vestida. Li a história adaptada sobre a Emília. Nas próximas aulas, vou ler trechos das obras originais, para enriquecer a personagem.

As crianças fizeram desenho, registrando como é a Emília. Miguel, Luca T., Heitor L. e Felipe, quando fui intervindo nos desenhos por meio de perguntas, demonstraram não estar preocupados com o que foi pedido. Eles ainda não estão preocupados com a exploração do material e, no caso do Miguel, com a destruição. Ele chupa as canetinhas, aperta até a ponta afundar.

As outras crianças desenharam a boneca e contaram onde ela estava, o que estava fazendo. Acredito que, agora, devo contar mais sobre a Emília, ler a obra original (partes) e algumas de suas aventuras.

CP: Sim! Isso dará repertório!

Hoje, eu e a Márcia S. iniciamos a atividade com integração. As crianças adoraram! Fizemos uma roda intercalando as crianças para misturar as turmas. Os alunos da Márcia S., que já eram da escola, animaram os meus. Dançamos músicas que sugerem o movimento corporal: Levantar o braço, Olá, como vai?, brincamos de estátua, e, também, fizemos duplas misturando os alunos. Todos, ou melhor, quase todos se divertiram muito e ficaram bem felizes. Luca T. "brincou" de estátua o tempo todo, sério, de cara feia. Heitor L., que não costuma participar das atividades com música e movimento, foi contagiado e, meio timidamente, dançou e sorriu muito.

CP: Há uma música que fala da Emília. Seria um bom "*hit*" futuro... (Risos!)

Dia 26 de março de 2013 18 alunos presentes

Hoje, iniciei a atividade com o nome. Fiz uma roda de conversa, seguindo suas sugestões da abordagem do uso social do nome. Perguntei o nome de cada um, quem escolheu o nome e quando ganharam o nome. Sempre as mesmas alunas participam: Raquel, Alice, Lívia. Falaram que quem escolheu o nome foi o pai e a mãe. Raquel logo falou: "Ganhei o nome quando eu nasci". A conversa progrediu para "A gente tem que ter nome para saber quem é".

Fiz uma situação-problema de sala de espera do médico. Insisti, fiz de conta que eu era a mãe e estava com uma filha no hospital cheio de crianças. Falei, falei, falei... As crianças falaram: "Chama!", e eu perguntei: "Quem? O que o médico fala?", e elas responderam: "Toca o sinal no hospital". Então, segui problematizando toda a fala delas: "Entra todo mundo com o sinal?". E Raquel falou: "O médico chama o nome da gente". Conversamos sobre o nome na escola, nos pertences e da sua importância.

Coloquei o nome deles no meio da roda, com a música Se eu fosse um peixinho. Dessa maneira, fui chamando cada um para tirar o nome "do mar". Apenas a Sofia, a Raquel, o Carlos e a Juliana identificaram a escrita do nome.

Após a brincadeira, cada um escreveu o seu nome com o apoio da etiqueta no caderno e com lápis grafite. Fiz essa atividade para eu ter uma visão de como estão com relação ao nome, o que sabem sobre a escrita. Apenas o Miguel rabiscou toda folha sem se preocupar com o nome. Todos tentaram fazer o nome com tentativa de letras, garatujas, zigue-zague, letras do nome, e Carlos e Raquel copiaram o nome convencionalmente.

CP: Agora não seria uma boa pedida a certidão, além da pesquisa sobre quem e por que escolheu o nome? No tema "avó", por exemplo, na certidão, haverá o nome de duas avós e dois avôs... (Risos!)

Dia 27 de março de 2013 18 alunos presentes

Fiz a leitura do livro Beleléu e as cores hoje e parei na parte em que o personagem Beleléu começa a bagunça para misturar as tintas dos pintores que sempre usavam a mesma cor para realizarem suas obras. As crianças ficaram bem curiosas. No ateliê, relacionando uma atividade com a outra, propus uma pintura com as duas cores que o Beleléu misturou, azul e vermelho. Mostrei a ilustração dessa parte da história.

Foram, com o pincel, pegando as cores e pintando na folha, falando da história, do que estavam pintando, como arco-íris, flor ou, simplesmente, a experiência de pintar e de ver as cores se misturando. Conforme foram pintando, fui perguntando o que estava acontecendo com a mistura, que surpresa o Beleléu havia aprontado com as tintas, "quem já está descobrindo...", e a Raquel logo respondeu: "Olha, está ficando roxo! Nossa!". E "A Raquel falou que misturando vermelho com azul está ficando outra cor". Todos, então, começaram a perceber a mistura: "Olha, o roxo!", "É mesmo!".

Depois da descoberta e do encerramento da pintura, li a parte em que o Beleléu misturou e descobriu o roxo. "E agora? Os pintores vão gostar?". E a história vai continuar com a mistura de outras cores.

Adoraram!

Interessante. Fiz a rotina e falei que iríamos hoje ao ateliê fazer uma pintura. Enquanto eu lia o livro *Beleléu e as cores*, a Raquel, que está sempre atenta tudo que falo, logo expôs: "Ah, já sei! Vamos fazer a pintura com a tinta da história do Beleléu".

CP: Será que mais crianças começarão a estabelecer essa relação se você compartilhar a descoberta da Raquel?

CP: Neste momento, ou num resgate em sala, traga pintores que escolhem essas cores ou técnicas. Isso não poderia ter enriquecido mais o trabalho? Até mesmo, é possível pegar uma artista como a Tomie Ohtake[3] e problematizar: "e se ela tivesse misturado as cores?".

Dia 28 de março de 2013 — 17 alunos presentes

A dupla Palavra Cantada tem um CD com a música Bolinha de sabão. Retomando o círculo, em roda, conversamos sobre a brincadeira de bolinha de sabão. Todos adoraram falar sobre a brincadeira, que pretendo passar um dia para elas na escola. Vou ver se os potes que temos estão em boas condições de uso.

Após a conversa, coloquei a música para escutarem, que é calma, lenta e faz estouros da bolinha com um estalo da língua, quando seria para falar "sabão" em alguns trechos. "Nossa, parece que a bolinha estourou!". Adoraram a música, cantaram-na, pois a letra é de fácil memorização.

Depois da música, propus o desenho da brincadeira na música e fizeram muitos círculos na folha de caderno e, enquanto desenhavam, falavam onde brincaram disso: "Vi bolinha saindo do xampu". As crianças se preocuparam com o movimento circular do desenho para parecer bolinha. Bom para as crianças das garatujas.

Dia 29 de março de 2013

Feriado da Sexta-Feira Santa.

[3] N. do E.: artista plástica japonesa, naturalizada brasileira, que produziu diversas obras que brincam com a geometria, várias delas monocromáticas.

***

Patrícia,

A qualidade de problematização do seu registro é exemplar. Mostra uma profissional que resolveu assumir a compreensão do seu fazer.

Atendendo a pedidos, puxei um pouco mais de possibilidade de *links* que poderia/poderá estabelecer com as crianças.

O encadeamento das atividades será mais natural quando conseguir ver os espaços da escola servindo aos seus objetivos, e não o contrário.

Reconheço que essa afirmação é complexa e – mais ainda – difícil de se operar, mas a vejo hoje como a professora mais capacitada para fazê-lo.

Percebi que, em seus relatos, não houve "cortes" do que era proposto para usar os ambientes: ou deixou de ir, ou resolveu omitir os cortes.

Tal estratégia dá conta de uma ou duas semanas, mas e depois? Depois, é necessário haver ligação entre os espaços. Por exemplo: na BEI, você poderá pesquisar a questão do nome; na quadra, brincar de peixinho; na brinquedoteca, brincar de sala de espera do médico; na leitura, de um texto que trate de nome (o *Sítio do Picapau Amarelo* já dá conta etc.).

Quando o assunto parece que já está virando um tema gerador (o que não é), vá para a especificidade de cada área, assinatura de obras de arte etc.

Cristiano Rogério Alcântara
1º de abril 2013

***

Cristiano,

Realmente as relações como você coloca, dependendo de como serão feitas, pensadas, parecem tema gerador. Porém, entendi como não virar tema gerador quando há um significado em estar fazendo as ligações e quando sabemos o que queremos. Dá um pouco de dor de cabeça pensar nisso, tentar organizar as ligações acreditando que serão importantes para o trabalho. Vou continuar com o exercício de fazer desta forma e truncar menos as atividades. Nesse momento penso que fizemos muitas escritas de projetos e sequências didáticas. Por exemplo, matemática poderia estar ligada a outra, assim como arte. No projeto do *Sítio* poderia ter áreas diferentes. Bom, como tempo podemos analisar melhor e ir vendo o que poderia estar onde.

CP: Patrícia, isso é MUITO IMPORTANTE!

Li suas observações e colocarei algumas em prática, como de artes, nome e aos poucos vamos desenvolvendo melhor essas ideias e acrescentando nas escritas dos projetos, ficará mais fácil quando estivermos com as escritas nas mãos.

Quadro 1.6 – Agenda da semana (de 01/04/2013 a 05/04/2013)

Horário	Segunda-feira – 01/04	Terça-feira – 02/04	Quarta-feira – 03/04	Quinta-feira – 04/04	Sexta-feira – 05/04
13 h	**Atividades diversificadas** Jogos de montar. Desenho. Massa de modelar. "Casinha".				**Hino**
13h30	Calendário e rotina do dia com imagens.				
14 h	**Lanche e escovação**				
14h30	**Parque**				
15 h	Projeto de Língua Portuguesa: ler trecho do livro que descreve o lugar do *Sítio*. Roda de comentários sobre onde moramos, a cidade. Registro por meio de desenho.	Leitura: *A vaca que botou um ovo.*	Leitura: *Cadê minha mamãe?* Roda de comentários.	**BEI** Leitura: *Macaco danado* (mãe-filho). DVD da dupla Palavra Cantada: *Eu.* *Bolinha de sabão.*	Leitura: *Porcolino e mamãe.*
15h10					Dia do brinquedo.
15h30		~~**Empréstimo na BEI – Quinzenal**~~ Conversa sobre os animais que botam ovo e os que "nascem da barriga".	Com quem me pareço? **Circuito**		
15h50		Registro: desenho sobre como nascemos. **Brinquedoteca**	**Ateliê** Registro por meio de desenho: com quem me pareço?	**Quadra ou pátio** Música e movimento: *História da serpente.*	Parceria com Márcia S.: dança e interação.
16 h	**Quadra** Jogar bola em dupla.				
16h10				Conversa sobre a brincadeira.	
16h20					
16h40	**Organização e saída**				
17 h					

Dia 1º de abril de 2013 20 alunos presentes

Com o projeto do *Sítio do Picapau Amarelo*, propus a leitura de um trecho da obra *Reinações de Narizinho* com o foco em descrever o lugar, o sítio. Mostrei para as crianças o fantoche da Dona Benta e li a descrição de sua casa. Após a leitura, fui tentando fazer, na roda de conversa, a diferenciação entre sítio e cidade.

Perguntei como é onde moram, o lugar, como se chama, o que há nele. Perguntei se alguém já viu um sítio, o que tem etc. São sempre as mesmas crianças que participam e, quando faço perguntas direcionadas a uma criança que está "viajando", ela responde "Não sei". Essa foi a roda inicial, e as crianças ficaram bem perdidas. A ideia do sítio ainda é distante para elas. Vou começar a trazer imagens de filmes ou de desenhos para construir em repertório.

Hoje, levei a conversa para falarem da casa, onde fica, como é por fora. Após a conversa, propus o registro por meio de desenho de como é a casa delas. Fui intervindo para que pensassem na casa, fui elogiando, pedindo porta, janela, rua.

Luca T. começou a chorar e falou que não sabia fazer. Incentivei, e acabou fazendo no sofrimento. Fez formas circulares com janela. Elogiei muito. Raquel fez a casa dela: ela e a avó fora com sol de cenário. Apenas Miguel não se preocupou com a comanda; ainda está explorando o papel e "destruindo" as canetinhas, apesar das minhas orientações. Muitas crianças representaram a casa com uma forma circular e colocaram outras formas dentro para janela e porta (que fui pedindo).

CP: Ter ido até o parque e visto uma casa de lá? (O melhor era ir até a calçada... O que acha?) (Risos!)

Dia 02 de abril de 2013 19 alunos presentes

Continuando as discussões sobre *O ovo*, "de onde vem o filhote", nesta semana, selecionei livros sobre mãe e filhotes. Hoje, li a história *A vaca que botou um ovo*, na qual há uma vaca deprimida, e as galinhas, querendo alegrar a vida dela, durante a noite, colocam um ovo perto de onde a vaca dorme. Ao acordar, a vaca leva um susto, mas fica feliz, porque vaca não bota ovo, e ela é especial. No final do livro, nasce um pintinho, e a vaca fica feliz e o cria como se fosse seu filho.

Da história, surgiu a discussão sobre quais bichos nascem do ovo e quais nascem da "barriga" da mãe. Que confusão eles fazem! Por exemplo, a Sofia falou que "A vaca tem um pintinho" ou "O pintinho é filho da vaca" e, ainda, "A tartaruga nasce da vaca". Como disse a Fátima, tenho que garimpar muito para que saiam coisas mais coerentes, até que Lívia falou que o "bezerro toma leite da vaca". A conversa foi e voltou, e cheguei na pergunta "Como a gente nasce?"; muitos responderam que "do ovo da galinha". Fui colocando sentido nas falas, falando das mães que estão esperando bebê, e, finalmente, chegou: "A gente nasce da barriga da mãe". Para encerrar a roda, perguntei quem sabia o nome de bichos que nascem da barriga da mãe. Após alguns minutos de silêncio – e eu estava quase desistindo –, a Sofia falou: "cavalo", então, para a minha alegria, veio leão, elefante, porco!

Propus um registro que deveria conter "como nascemos". Fui a todas as mesas, conversamos, e a maioria falou e fez "dentro da barriga da mãe". Raul fez um ovo e falou que nasceu do ovo. Conversei um pouco com ele, para retomar a roda.

Agora, o encaminhamento é trazer livros de Ciências com imagens de textos de bichos, de filhotes, como nascem, associando aos bichos do sítio e aos da cidade também. As crianças estão gostando do assunto.

Vou colocar a animação *Spirit*, o início, para verem o potrinho nascer. Durante a semana, lerei mais histórias sobre mães e filhotes.

CP: Uma mãe grávida?

Dia 03 de abril de 2013 16 alunos presentes

Seguindo o plano da semana na leitura de histórias com filhos e filhotes, li *Cadê minha mamãe?* O pintinho sai pelo sítio procurando a mãe entre os animais. Os bichos vão falando o porquê de não poder ter uma galinha onde estão. Aproveitei para, depois da história, comentar sobre a semelhança entre mãe e filhote, o que o pintinho tem que parecer como a galinha e o galo, que não parece com porco, carneiro, vaca.

Após essa conversa, perguntei com quem eles parecem, com a mãe ou com o pai. Cada um foi falando, e, realmente, falaram com quem se parecem, pois conheço muitos pais. Também acredito que devem ouvir na família esse tipo de comentário. Registraram no caderno com o título: *Com quem eu pareço?*, e fui perguntando para cada um.

CP: Sim!

Aproveitei para incentivar a melhoria do desenho deles, pedindo para colocarem olho, nariz, boca, braço e perna. Assim, estou vendo o desenho deles avançar aos poucos, ou melhor, apenas o Miguel fica na garatuja.

Luca T., apesar de fazer cara de sofrimento, não chorou, e fez um desenho da figura humana com detalhes, além de fazer chão e um sol (eu sugeri). Elogiei novamente e falei que ele desenha muito bem.

Percebi que as crianças estão conseguindo falar melhor na roda, organizar o conhecimento que estão construindo desde o começo das nossas conversas.

Dia 04 de abril de 2013 17 alunos presentes

Na BEI, fiz a leitura da história *Macaco danado*, na qual o macaco se perde da mãe, e a borboleta o ajuda a encontrá-la. O macaco fala para a borboleta as características físicas da mãe, mas a borboleta acaba mostrando o bicho errado, e o macaco fica bravo. Nesse percurso, falam de animais que nascem do ovo, de pelos, de penas, de bicos, de patas e de onde vivem.

No final, a borboleta explica que seus filhotes não se parecem com ela. Nesse ponto, resgatei a história *Eram dez lagartas* com eles e como são as fases por que passa o inseto, desde o ovo até a borboleta. Raquel, Alice e Carlos relembraram. Mostrei a música *Eu*, que fala de onde o cantor veio (Palavra Cantada).

Acredito, como escrevi ontem, que as crianças avançaram dos seus conhecimentos prévios, já conseguindo fazer relações com ideias de filhos, de mães, de pais, de bichos, de nascimento. Agora, é só continuar a focalizar os bichos do sítio e da cidade e a aprofundar nas características etc.

CP: SHOW!

Dia 05 de abril de 2013

[Falta] abonada da professora.

***

Patrícia,

Como já lhe escrevi diversas vezes, acho esse seu movimento muito interessante, o questionar-se constantemente sobre o seu fazer, e a sacada de que os projetos e as sequências didáticas deverão se agrupar é fruto dessa reflexão com certeza!

Não sei se o livro *A vaca que botou um ovo* foi a melhor escolha... Por quê? Esse livro, que eu adoro, brinca com um conceito (um mamífero botar um ovo, que suas crianças ainda estão construindo...), tanto, que eu acredito que, lá pelo fim do ano, você deva voltar a ele... Já a escolha do *Macaco danado*, de que também gosto, foi certeira!

O raciocínio para o desenho da casa é igual ao do uso do ateliê: quais critérios quero alcançar e quais os repertórios oferecidos? Vamos marcar de observar, da calçada, as fachadas das casas, depois, apresentar quadros com essa temática (que serão contrapontos às cenas rurais; desse modo, novamente, conseguimos abordar rural *versus* urbano). (Risos!)

Imagino que deva ser difícil sempre ouvir ou contar com as mesmas crianças o tempo todo para nos socorrer... Pense em momentos em que outras crianças conseguiriam falar com os amigos e com o grupo de forma significativa e valorize essas colaborações!

Cristiano Rogério Alcântara
08 de abril de 2013

P.S.: As relações dos conteúdos se tornam mais indicadas conforme vamos enxergando o mundo dessa maneira.

***

Cristiano,

O livro *A vaca que botou um ovo* divertiu muito as crianças. Concordo que, para algumas crianças possa haver alguma confusão, no entanto, procurei discutir com elas o fato de que vaca não bota ovo, dá "mamá" para os filhotes e, assim, o bezerro cresce na "barriga" dela. Alguns demonstraram ter compreendido a história, a *Pegadinha das galinhas*, na qual as galinhas fazem uma "pegadinha" com a vaca. Foi com essa história que percebi que estão começando a construir o conhecimento sobre nascimento, mães e filhotes. E, agora, o trabalho continua...

Sabe, também pensei na casa para trabalhar no ateliê, levar repertório de imagens de fotos e, até mesmo, de obras. Vou estruturar melhor o planejamento.

Muitas crianças realmente se mostram apáticas na roda, mas percebo que, como elogio muito, bato palmas, estão se esforçando para falar algo; também elogio e valorizo. É muito engraçado ver que alguns alunos que estão sempre brincando, olhando para o parque, mexendo com um amigo, de repente, mostram que, alguma coisa, estão aprendendo. Miguel, de vez em quando, faz dessas coisas. Quando você entrou na minha sala para falar do ovo, ele rapidamente retomou para você a história *O ovo*, falando que a tartaruguinha que estava dentro do ovo.

Patrícia

Quadro 1.7 – Agenda da semana (de 08/04/2013 a 12/04/2013)

Horário	Segunda-feira – 08/04	Terça-feira – 09/04	Quarta-feira – 10/04	Quinta-feira – 11/04	Sexta-feira – 12/04
13 h	**Atividades diversificadas** "Casinha". "Médico"/"Sala de espera do médico". "Bichos". Desenho. Massa de modelar.				**Hino**
13h30	Calendário e rotina do dia com imagens.				
14 h	**Lanche e escovação**				
14h30	Arrumar crachás! **Parque**				
15 h	Leitura: restante da história da Emília. Roda de conversa e desenho com interferência (boneca Emília).	Roda de conversa sobre o passeio: como será? Combinados: tema. Registro no caderno: o que será que vou ver? (Ajudar nas escolhas.)	Passeio ao Sesc (licença médica)	Separar livros: sítio e fazenda.	Roda de conversa sobre o passeio: do que gostamos? O que vimos? Registro do que mais gostaram. Compartilhar em caderno. Brincar de roda.
15h10	Cabeça com olhos – para completar.		Circuito	**BEI** Leitura e DVD: *Menina bonita do laço de fita*. Leitura por eles.	**Quadra ou pátio** Dia do brinquedo.
15h30		**Empréstimo na BEI – Quinzenal**			
15h50		**Brinquedoteca**	**Ateliê**	**Quadra ou pátio** Bolinha de sabão	Corpo e movimento integrando as crianças das turmas Infantil III e IV.
16 h	**Quadra**				
16h10	Conversa: Emília, boneca de pano.				
16h20	Música: *Boneca de lata*.			Registro com interferência: círculos das bolinhas de sabão.	
16h40	**Organização e saída**				
17 h					

Dia 08 de abril de 2013 17 alunos presentes

CP: MUITO BEM!

Fiz, com as crianças, a leitura de um trecho da história da Emília, mostrei as ilustrações que estão no livro. Não sei se sou eu ou se são os alunos, mas não senti interesse deles pelo *Sítio do Picapau Amarelo* e não acho que, para o projeto, esse deva ser o tema principal, mas, sim, fazer parte como repertório para o tema rural e urbano. Quando o projeto estiver escrito, vou ver o que eu posso modificar para a minha turma. Estão gostando muito é dos bichos, do sítio e da fazenda de forma geral.

CP: EXCELENTE TER ISSO CLARO.

Depois que li, conversamos sobre a Emília, fiz a proposta de um registro da boneca e coloquei como interferência a cabeça com os olhos. Apenas a Alice e o Heitor L. ignoraram a interferência e fizeram um desenho ao lado, mas foi da Emília. As outras crianças completaram a cabeça com a boca, o nariz, o cabelo e o esquema do corpo. Miguel, que sempre rabisca toda a folha com garatujas e explora o material, preocupou-se em fazer a Emília, continuando da cabeça, e ficou todo feliz com os elogios que ganhou.

Depois da atividade, propus a brincadeira com a música *Boneca de lata*. Dançamos duas vezes, foram desamassando corpo e todos participaram com muita animação e risos. Pedi que escolhessem um amigo, formando duplas, e, sem a música, só com a minha comanda, foram "desamassando" o amigo (fazendo massagem). Peguei o Miguel para "desamassar", e ele também me "desamassou". Foi muito divertido! Permitiu que um tocasse o outro com a massagem, interagindo entre si. Amaram!!! Terminei a brincadeira com grande abraço. Uns mais recatados, outros nem tanto, mas todos participaram com vontade.

Hoje, foi o aniversário da Raquel. Ela fez 4 anos e é a mais velha da sala. Cantamos *Parabéns*, ela apagou as velas imaginárias do bolo desenhado na lousa. Ganhou um ímã de geladeira em formato de bolinho para levar para a casa. Que felicidade ela ficou! E foi difícil explicar que só leva o bolinho no dia do aniversário. Todos queriam! Esses pequenos!

CP: Pode imã? (Risos!)

Dia 09 de abril de 2013 18 alunos presentes

Fiz uma roda de conversa com as crianças hoje, para a preparação do passeio ao Sesc. Perguntei o que achavam que iria acontecer quando chegassem à escola, e logo falaram do ônibus. Antes, falei: "*Para sairmos da escola, vamos precisar de uma coisa muito importante*". Então, mostrei os crachás que a Fátima estava organizando. Perguntei o que eram e, rapidamente, lembraram do crachá usado no início do ano. "*Tem o nome da gente*". Perguntei por que teriam que usar o crachá para ir ao passeio *se eu e a Fátima já sabemos o nome deles. Como ninguém respondeu, criei uma situação com o monitor do lugar e, logo, a Alice respondeu "O moço lá não sabe o nosso nome e tem que ver no crachá". Também criei uma situação dramática: "E se o Miguel ficar olhando para o outro lado e se perder da gente? Como vão saber que ele é meu aluno?". A Raquel falou em seguida: "É só ler o crachá, que tem o nome dele e da professora". E, assim, seguiu nossa conversa com os combinados sobre como devemos nos portar no Sesc.*

Propus, então, um desenho com o registro sobre "O que quero ver no passeio ao Sesc?". Antes do desenho, conversei sobre o tema da visita. As crianças registraram suas brincadeiras preferidas e, enquanto desenhavam, foram falando do ônibus, do lanche, das brincadeiras.

CP: Percebe como uma situação real se volta ao pedagógico?

Dia 10 de abril de 2013 — *14 alunos presentes*

Não fui ao passeio com os alunos, pois estava em licença médica. Que pena!

Fátima e Giovana descreveram a nossa visita, ou melhor, a da turma como ótima. As crianças se comportaram muito bem, seguiram os combinados feitos no dia anterior, mas muitas faltaram: Raul, Theo, Raquel, Juliana, Cecília e Lívia. As mães ficaram preocupadas.

Dia 11 de abril de 2013 — *17 alunos presentes*

Hoje, conversei com as crianças sobre a visita ao Sesc, mas não me aprofundei, por não ter conhecimento sobre o local. As crianças gostaram muito.

Na BEI, coloquei um DVD com a história Menina bonita do laço de fita, *que fala sobre um coelho que queria ser pretinho como a menina e, por isso, ficou perguntando para ela qual era o seu segredo. No final, fala da questão de nos parecermos com as pessoas da família. Retomei com eles as histórias lidas com o tema e percebi como se apropriaram bem do assunto. Quanto aos outros encaminhamentos, aconteceu o estudo dos bichos da cidade e do sítio, relacionando os seres vivos.*

Como já estava em falta no plano de trabalho, seguindo o assunto das bolinhas de sabão, passei essa atividade na quadra, para brincarem na prática. Amaram! Fizeram as bolinhas, cantaram a música Bolinha de sabão, *que aprenderam enquanto brincavam. Assopraram, estouraram, seguiram as bolinhas.*

Depois das brincadeiras, desenharam no caderno muitas bolinhas coloridas. Enquanto faziam as bolinhas, foram falando da variedade de tamanho: "Eu fiz uma bem grande!", "Eu fiz uma pequenininha" e, também, "A minha voou lá bem alto do céu!".

Dia 12 de abril de 2013

Não foi feito registro por ser um dia dedicado a muitas brincadeiras.

***

Patrícia,

Como sempre, seu relato é um primor! Parabéns! Acho muito interessante você sempre começar o relato da semana me respondendo. É uma curiosa forma de estabelecer um diálogo. Consigo saber que você parou e refletiu sobre as minhas colocações, mesmo que não concorde com elas... (Risos!) Isso é um bom sinal!

Quando você se questiona "não sei se sou eu ou se são os alunos" a respeito do Sítio do Picapau Amarelo*, temos uma clara reflexão. Você já apontava desde o início do projeto que achava o tema mais a cara dos professores do que dos alunos. Sua resolução de tratar do que é do interesse de seus alunos, adaptando o projeto à realidade deles, é, com certeza, a mais apropriada.*

Havia entendido que só poderíamos dar as crianças ou o cartão ou a coroa feita por eles. Cuidado para o imã não render mais do que ele é!

Adorei suas condições iniciais sobre a questão do Sesc! Foi uma das melhores condições que li até agora para a valorização do nome! Uma situação real, em que o nome (tanto o das crianças quanto o seu) era significativamente considerado!

Creio que um resgate mais cuidadoso deveria ser realizado acerca do passeio. Se você não conseguir ir num final de semana para o Sesc (seus filhos vão adorar!), creio que uma conversa com outra sala e com a presença de uma professora que foi seria bem interessante. "Pedrinho no Sítio"... (Risos!) É mestre em inventar brincadeiras diversas, bem como Emília, ou, mesmo que você não deseje abordar o Sítio*, as brincadeiras que são tratadas na exposição, bem como as crianças que lá estão retratadas, são de áreas mais rurais do que urbanas.*

As nomenclaturas que utilizam para designar as bolhas de sabão são excelentes exemplos de como uma atividade lúdica pode significar conceitos matemáticos complexos!

Figura 1.1 – *Bolhas de sabão*, de Edina Sikora.[4]

Veja a obra original colorida.

https://peregrinacultural.wordpress.com/2011/10/12/dia-12-de-outubro-dia-das-criancas-e-como-elas-brincam/[5]

Dê uma olhada nesse link. Tem tudo sobre brincadeiras. E essa obra sobre bolhas de sabão pode ajudar!

Cristiano Rogério Alcântara
15 de abril de 2013

[4] N. do E.: artista plástica e arte-educadora paulistana.

[5] N. do E.: Peregrina cultural. *Dia 12 de outubro*: dia das crianças e como elas brincam! 12 out. 2011. Acesso em: 25 nov. 2021.

***

Cristiano,

Adorei a apresentação do Jairo sobre teatro. Tudo muito claro, organizado e coerente com o nosso trabalho, com o que é possível na Educação Infantil. Foi um ótimo começo para mim. → CP: **Ainda bem!**

Achei o filme *Amor*[6] triste, mas é uma história que acontece muito na vida real. Temos vários exemplos de pessoas que passam por isso, com pais, filhos. É um drama da vida real. Com certeza, não daria para os meus pais verem. Achei ótima a sua iniciativa de trazer um filme para a reunião – e com pipoca. Quem assiste a muitos filmes está sempre preparado para todos os tipos de história. Eu assisto a muitos filmes; reconheço que, muitas vezes, não tão cultos, mas o meu repertório é grande. Um filme que me chocou muito, e não posso nem ver a capa do DVD, foi *Menina de ouro*.[7]

CP: **Interessante!**

Com relação ao cartão dos aniversariantes, havia entendido que a professora poderia escolher. O bolo é como um cartão, é a forma de um *cupcake*. O imã, eu tinha em casa e acabei achando legal. É bem simples, mas, se houver problema para o grupo, posso abolir. É como um cartãozinho.

A professora Giovana acompanhou as crianças ao Sesc. Já pedi para ela resgatar com elas a respeito do passeio, e ela concordou. Mesmo assim, vou tentar levar minha filha no fim de semana, pois fiquei curiosa para conhecer a exposição.

CP: **Vai adorar, garanto-lhe!**

Vou olhar o *site* sugerido por você e ver o que pode render mais para o trabalho com as crianças.

Continue sugerindo e ajudando a ampliar as possibilidades de relações entre as áreas e os temas trabalhados.

CP: **Meu trabalho SEMPRE! (Risos!)**

Patrícia

---

[6] N. do E.: película de origem francesa, austríaca e alemã, vencedora da Palma de Ouro em Cannes e do Globo de Ouro e do Oscar de Filme em Língua Estrangeira, trata da relação entre um casal de idosos quando a esposa adoece. O filme aborda os conflitos do pai com a filha nessa situação sensível. O desfecho do filme traz à tona um tema polêmico.

[7] N. do E.: vencedor do Oscar de Melhor Filme, entre outras estatuetas importantes para a premiação estadunidense, essa película trata da relação sensível – profissional e pessoal – de um treinador de boxe veterano com uma boxeadora que almeja obter vitórias em sua carreira. A parte final do filme, bastante dramática, trata de uma temática considerada polêmica, como o filme *Amor*.

Quadro 1.8 – Agenda da semana (de 15/04/2013 a 19/04/2013)

Horário	Segunda-feira – 15/04	Terça-feira – 16/04	Quarta-feira – 17/04	Quinta-feira – 18/04	Sexta-feira – 19/04
13 h	**Atividades diversificadas** "Casinha". Desenho. Massa de modelar. Feira. Jogos de montar.				**Hino**
13h30	Calendário e rotina do dia com imagens.				
14 h	**Lanche e escovação**				
14h30	**Parque**				
15 h	Leitura: livros de fazenda – Ziraldo: *A fazendinha maluca.*	Leitura (livro *pop-up*): *Fazenda.*	Leitura: retomar *Beleléu e as cores.*	**Parque**	Leitura: *Dorminhoco.* Comentários sobre o lugar (sítio) e os bichos.
15h10	Roda: os bichos da fazenda.	Lista dos animais da fazenda e do sítio que aprendemos (para recordar).	Falar dos pintores – foco no van Gogh. Roda sobre o artista, com apreciação de imagens.	**BEI** Leitura: ver com as crianças. DVD: *Bebê mais bichos: Bichos da fazenda.*	Dia do brinquedo.
15h30	Registro por meio de desenhos.	Expor lista na sala. ~~Empréstimo na BEI – Quinzenal~~	**Circuito**		
15h50		**Brinquedoteca**	**Ateliê** Foco em uma imagem para desenho, com destaque para o sol (campo, fazenda). Tintas: amarela e vermelha.	**Quadra ou pátio** Imitar bichos. Seu mestre mandou.	Corpo e movimento integrando as crianças (turma do Infantil IV).
16 h	**Quadra** Cantar e imitar bichos: música *Seu Lobato.*				
16h10				No chão, brinquedos de montar.	Brincadeira de estátua. *Olá, como vai?* (em duplas). Mexendo o corpo.
16h20					
16h40	**Organização e saída**				
17 h					

Dia 15 de abril de 2013 — 18 alunos presentes

Esta semana, planejei fazer a leitura para as crianças de livros sobre o sítio ou a fazenda e propor comentários sobre o que foi lido, elementos que aparecem, imagens etc.

Hoje, fiz a leitura do livro A fazendinha maluca, do Ziraldo, em que há o Menino Maluquinho. A história que fala, de forma "simples", do lugar, que é a casa da Vovó (como o sítio da Dona Benta) e os bichos que lá habitam. Após a leitura, falaram do lugar, das árvores, dos bichos que vivem no sítio. Ampliei a conversa e fui perguntando se, além daqueles do livro, lembravam de bichos do sítio. Para a minha surpresa, falaram dos bichos que já havíamos comentado em outras rodas: coelho, porco, cavalo, vaca, pintinho, galinha, boi, pato, peixe. Lógico que apareceu "elefante", "girafa", mas foi a Manuela que falou, e outras crianças chamaram a atenção dela: "Não tem! Isso tá lá no zoológico".

Durante a roda, lembrei do programa Cocoricó, que traz muitas coisas de sítio também, e vou incluir em algumas aulas. Os clipes musicais e as músicas são interessantes para o tema.

Após a roda, pedi um registro por meio de desenho de algum bicho do sítio e falei que precisamos escrever, outro dia, para não esquecermos mais. Durante o desenho, fui conversando com eles. Poucas crianças não desenharam com relação ao pedido, e fui questionando o porquê. Felipe fica mudo ou fala "Não sei". Mesmo assim, percebo muita evolução do traçado do desenho e na organização das ideias, ainda que seja perceptível só oralmente.

Brincamos com a música Seu Lobato e imitamos os bichos do sítio com o corpo e a voz. Adoraram! Vou repetir a brincadeira mais vezes.

CP: Excelente!

CP: Lindo!!!

CP: Com certeza, e os episódios são interdisciplinares!

Dia 16 de abril de 2013 — 18 alunos presentes

Fiz a leitura do livro Fazenda (em pop-up), que é bem ilustrado, mas cujo texto é fraco. Então, eu o usei mesmo para explorar as imagens do lugar e dos bichos. Novamente, conversamos sobre como é o lugar em que fica o sítio ou a fazenda: as árvores, a terra, a grama, as flores e, também, a grande quantidade de bichos. Depois que li o livro, fui retomando as ilustrações e foram falando sobre o que já aprenderam. Conversamos sobre o nome dos locais em que ficam os bichos, como galinheiro, chiqueiro, "cavalero" (segundo a Raquel, é o lugar dos cavalos). Falei do estábulo. Viram nas imagens que tem lago, rio onde tem peixes, sapos e patos.

CP: Risos!

Para não esquecermos, "precisamos escrever o nome dos bichos do sítio que a gente já aprendeu". Peguei duas folhas grandes e perguntei o que eu preciso para escrever, e responderam "caneta", "tinta", "papel", e fui perguntando mais: "O que eu faço com a caneta?". As crianças: "Escreve!". "O que eu preciso para escrever com a caneta?", e o Carlos logo respondeu: "As letras!".

Então, as crianças foram ditando os nomes dos bichos da fazenda ou do sítio, e eu fui escrevendo. Após a escrita da lista, fizemos a leitura, e falei que, se lembrássemos de mais algum, escreveríamos. Fixei na sala, para usarmos em futuras consultas.

A atividade tomou bastante tempo, e os alunos ficaram bem interessados em participar. Conforme as crianças falavam, fui dizendo: "Mais devagar! A prô precisa escrever!", e percebi que a maioria participativa percebeu e foi fazendo um ditado para mim. → **CP: Isso que eu chamo de uma atividade de reflexão do código bem conduzida!**

Dia 17 de abril de 2013 — 19 alunos presentes

Retomei, hoje, com as crianças, a história *Beleléu e as cores*. Focalizei os pintores, o nome e o que está na história. Lembrei com eles do "Vicente", e falei sobre ele, que era um artista que pintava quadros, que eu tinha um livro e umas imagens dos quadros dele. Mostrei a fotografia do livro com o van Gogh jovem e imagens de suas pinturas. Gostaram muito dos girassóis. Acredito que esse foi o primeiro contato das crianças com uma obra de arte do tipo e com ela como expressão. Com a prática, acredito que vão participar mais, compreender a linguagem e ampliar repertório.

Depois da nossa conversa sobre van Gogh, voltei para a história do Beleléu que mistura as cores preferidas do "Vicente" e do "Cláudio" (Monet).

Como interferência, colei na folha um círculo laranja e perguntei o que era:

– Bola.

– Redondo.

– Círculo.

– É mesmo! É essa forma, mas o que tem essa forma de círculo, o que pode ser este círculo?

– Bola.

– Cabeça.

E Lívia: "Um sol".

Perguntei: "Quando a gente vê o Sol, ele é em forma de círculo?", e todos concordaram. Perguntei qual a temperatura do Sol, e a maioria respondeu: "Quente". E a conversa começou a ir para a praia, com calor. Após a conversa, propus que fizessem um desenho usando a mistura do Beleléu, vermelho e amarelo, e que me falassem quando descobrissem a cor que formou. Pintaram com muita vontade, adoraram!!! Foram falando sobre o que faziam, demoraram um pouco, e Sofia falou que ficou "roxo", relembrando a outra atividade. Alguns amigos mais, que costumam repetir apenas, começaram a falar do roxo. Logo, fui retomando, e os mais ligados corrigindo os amigos: "Não, foi do outro com azul". Raquel olhou para mim, pensou e respondeu "ficou laranja". E fui mostrando para cada um o laranja que haviam feito com a mistura. Catarina usou o círculo como cabeça e pintou uma figura humana. Raquel usou como sol e fez a pintura de uma pessoa. As demais crianças exploraram as tintas, misturando para ver o laranja.

Na próxima aula, vou fazer o trabalho com "humor negro", repetindo a apresentação do artista, do livro, das obras e da mistura de cor.

O caminho para o trabalho com a arte, relacionado ao projeto, vai ser bem significativo. Já acrescentei na escrita e já vêm surgindo algumas ideias que possibilitam tal relação. É a exploração com significado e coerência.

CP: PARABÉNS AO QUADRADO! (Risos!)

Dia 18 de abril de 2013 18 alunos presentes

Na biblioteca, li o livro *Dorminhoco*, sobre um cachorro que está dormindo, roncando e atrapalhando o sono dos bichos da fazenda (vaca, porco, carneiro, gato). Para tentar acordar o cão, eles fazem ruídos das suas vozes. Depois da leitura, as crianças falaram dos bichos, e chamei a atenção para as imagens do ambiente do sítio ou da fazenda.

Depois da história, coloquei o DVD *Bebê mais bichos*, na parte dos bichos da fazenda. Aparecem imagens reais dos animais e do ambiente onde vivem. Foram comentando durante o DVD, falando que o cavalo é bonito, e a vaca, grande.

Quando terminou o DVD, Theo falou: "Patrícia, eu adorei ver esse DVD".

Agora, preciso organizar uma pesquisa sobre cada bicho, suas características e imagens diversas para perceberem e construírem repertório.

CP: SIM, SIM!

Para completar nossa aula, brincamos de "seu mestre mandou", e dei comandas para imitarem os bichos da fazenda, com o movimento e o som que emitem.

Adoraram a brincadeira e foram relembrando o que aprenderam nas aulas, nos DVD, nos livros. Lembrei da aula do Jairo sobre pesquisa dos movimentos e fazer papel de bicho ser mais fácil para as crianças.

Dia 19 de abril de 2013

Não foi feito registro por ser um dia dedicado a muitas brincadeiras.

***

Patrícia,

Espero que tenha escrito no livro o que mudei, esse seu maravilhoso movimento reflexivo! Consegue perceber que todos os seus relatos terminam sempre com uma clara reflexão do seu fazer diário? Com a sua constante preocupação de interligar o vivido pelas crianças e a significação dos atos rotineiros?

Posso lhe assegurar que poucas (pouquíssimos profissionais) chegam a esse nível de problematização do seu fazer de forma tão consciente! É um trabalho extremamente complexo, que envolve nos despirmos de muitas certezas e conviver sempre com um imprevisto (porém, dentro de uma significação).

Parabéns! Esse movimento é muito gratificante, tenho a sensação de dever cumprido! Fico feliz por saber que as intervenções do Jairo tenham dialogado com o seu fazer, era a proposta! Os filmes, tanto o que eu trouxe como o que você assistiu, têm mesmo essa dimensão, de mexer com nossos sentimentos e de nos provocar a pensar na vida!

Viu como o registro é importante? Saber claramente quais foram os avanços das crianças em relação à nomeação dos animais do sítio é fundamental, e mais legal ainda é o aumento de repertório vocabular, ESTÁBULO, por exemplo. Em muitos projetos, vocês falam de ampliação de vocabulário, mas não fica claro quais vocábulos vão apresentar!

O *Cocoricó* pode ser um excelente disparador de muitas atividades interdisciplinares! Vou tentar separar alguns episódios em que eu consiga ver essa interdisciplinaridade.

Entendo quando faz uso das imagens do livro de *pop-up*, e adorei ver a sua problematização sobre o texto ser fraco. Então, questiono-me, por que não tratou só das imagens e deixou o texto de lado. Ou por que não inventou uma história junto com as crianças. Sugestão... (Risos!)

Patrícia: Ótima ideia!

O fato de vocês escreverem uma lista de animais e você descrever todas as atividades envolvidas para realizar a escrita é uma excelente atividade de reflexão do código, porém, se essa lista for uma de animais que pesquisaremos, será dado um salto para apenas servir como reflexão do código! Consegue perceber a diferença? A princípio, não há problema em fazer uma atividade de reflexão do código, mas podemos avançar...

Sua percepção de que o projeto de Artes será significativo é bárbara! Essa preocupação que vejo perpassa todas as intervenções é incrível, Patrícia, parabéns! Conseguir usar uma das dicas do Jairo em tão pouco tempo demonstra essa sua preocupação!

Patrícia: Usarei a lista como registro para o trabalho de Ciências, sim. Obrigada pela devolutiva!

Cristiano Rogério Alcântara
22 de abril de 2013

***

Quadro 1.9 – Agenda da semana (de 22/04/2013 a 26/04/2013)

<table>
<tr><th>Horário</th><th>Segunda-feira – 22/04</th><th>Terça-feira – 23/04</th><th>Quarta-feira – 24/04</th><th>Quinta-feira – 25/04</th><th>Sexta-feira – 26/04</th></tr>
<tr><td>13 h</td><td colspan="4">Atividades diversificadas
Feira.
Desenho.
Recorte e colagem.
Jogos de montar.</td><td>Hino
Porcolino; Cocoricó; boneco Júlio; cores.</td></tr>
<tr><td>13h30</td><td colspan="5">Calendário e rotina do dia com imagens.</td></tr>
<tr><td>14 h</td><td colspan="5">Lanche e escovação</td></tr>
<tr><td>14h30</td><td colspan="5">Parque</td></tr>
<tr><td>15 h</td><td rowspan="4">Leitura: Sítio do Picapau Amarelo.
Emília grande e sua história.
Desenho no caderno com observação da Emília (roupa, cabelo, cores etc.).</td><td rowspan="2">Leitura: Sítio do Picapau Amarelo.
Ler trecho do livro Caçadas de Pedrinho (original).
Pedrinho gostava de brincar.
Brincadeiras preferidas.</td><td rowspan="2">Leitura: Sítio do Picapau Amarelo.
Como Emília foi feita? (Ler original.)
Roda de comentários.</td><td>Parque</td><td>Leitura: Sítio do Picapau Amarelo.
Dona Benta (vovó).
Roda de conversa sobre a vovó de cada um: "O que ela faz de legal?", entre outras.</td></tr>
<tr><td>15h10</td><td rowspan="2">BEI
Filmar as crianças lendo.
Assistir a episódio do Sítio do Picapau Amarelo (conversa).</td><td rowspan="2">Dia do brinquedo.</td></tr>
<tr><td>15h30</td><td>Empréstimo na BEI – Quinzenal</td><td>Circuito</td></tr>
<tr><td>15h50</td><td rowspan="4">Brinquedoteca</td><td rowspan="4">Ateliê
Retomar cores (Monet).
Azul e amarelo.
Roda de conversa: apreciaram a ponte? Pintaram com azul + amarelo = verde?</td><td rowspan="2">Quadra ou pátio
Bola: passar por cima, passar por baixo, rolar.</td><td rowspan="4">Corpo e movimento em dupla, com a turma do Infantil IV.</td></tr>
<tr><td>16 h</td><td rowspan="3">Quadra
Corda: alto, baixo, passar por cima, passar por baixo, pular.</td></tr>
<tr><td>16h10</td><td rowspan="2">Registro por meio de desenho da brincadeira com a bola.</td></tr>
<tr><td>16h20</td></tr>
<tr><td>16h40</td><td colspan="5" rowspan="2">Organização e saída</td></tr>
<tr><td>17 h</td></tr>
</table>

Dia 22 de abril de 2013 20 alunos presentes

Na sexta-feira, recebi um aluno novo, Heitor V. e, hoje, mais um, o Mateus. O Heitor V. veio três dias no período da manhã, e Mateus veio de casa. Heitor V. ficou bem e está se adaptando sem problemas aos movimentos da rotina. Hoje, o Mateus ficou bem, mas permaneceu na escola só até às 15 horas. Estou ajudando, mostrando nossa rotina e peço ajuda para os amigos, assim, ele começa a interagir com o grupo e a fazer amigos.

Trouxe de Diadema[8] (da minha outra escola) uma Emília do tamanho deles, bem bonita, bem boneca de pano. Logo que viram a Emília, já foram falando quem era. Aproveitei para falar das características dela, das cores da roupa, do cabelo e sobre como ela foi feita: da lã, do pano, do recheio, da pintura do rosto. Adoraram e ficaram doidinhos para colocar a mão, apertar; eu deixei. Pedi para cada um ficar em pé ao lado dela, e algumas crianças realmente são do mesmo tamanho. Relembrei com as crianças a história da boneca, como ela fala. Gostaram muito, também coloquei a música da Emília para escutarem.

CP: Medir a boneca? Medir as crianças?

Depois de todo esse encantamento, pedi para me ajudarem a desenhar a Emília na lousa. As crianças foram falando as partes do corpo, as cores, relembrando da boneca.

Após o meu desenho, propus que cada um desenhasse a Emília. Eu fiz a cabeça, para ajudar. Apenas Natália e Heitor L. não seguiram a comanda. Os demais fizeram uma boneca, uns com mais detalhes, e outros com a figura mais esquematizada.

Essa Emília trouxe mais realidade à personagem, e algumas crianças se envolveram tanto que falaram com a boneca, fizeram carinho e deram "tchau" quando a levei para a sala da Amanda.

Dia 23 de abril de 2013 21 alunos presentes

Hoje, iniciou uma aluna nova, Eliane, que nunca frequentou escola. Como, agora, não tenho mais a Fátima, que foi alocada para ajudar outra professora, e só eu e Deus, foi uma loucura na entrada. As mães "antigas" não se ligam, ou sei lá o que dizer, e me veem "louca" com uma aluna nova chorando no meu colo e querem conversar sobre algo que, geralmente, não escuto. O Mateus, novo aluno, que começou ontem, não chorou e logo foi procurar com quem brincar. A mãe da aluna nova estava angustiada, sofrendo (e eu

CP: Desculpe-me, mas impossível não rir ao ler!

[8] N. do E.: município da Grande São Paulo.

entendo), mas pedi para ela ir embora, que eu acalmaria a menina. Fechei a porta e coloquei as mães para correr e sair da "vitrine". Ufa! → **CP: Risos!**

Acalmei a Eliane, e as próprias crianças foram acolhendo a nova amiga, que ficou bem até às 15 horas, quando a mãe veio buscar. Espero que ela entre bem amanhã.

Mateus ficou bem, lógico que ainda se perde na rotina, então, peço para os amigos ajudarem. Os mais "descolados" o levam ao banheiro, ajudam com a mochila, dão a mão. São ótimos!

Hoje, li a história do Pedrinho, e, "inventando" histórias sobre as brincadeiras preferidas dele no sítio, do que ele mais gosta de fazer, como é o sítio para brincar, o espaço, as árvores e o rio, perguntei para as crianças se, na cidade, tem rio, e, rapidamente, responderam que tem. Eu perguntei: "Dá pra nadar no rio perto de casa?", e, logo, Heitor V. respondeu: "Não, é sujo e fedido!", e Miguel: "Tem muito cocô nele, xixi!". Os dois moram no cortiço de uma rua próxima, local cortado por um rio. Falamos da poluição da cidade, do lixo, e que, no sítio, tem poucas casas e muitas árvores. Óbvio que, com o decorrer do projeto, ampliarei essas ideias com os alunos.

Após essa conversa, perguntei às crianças do que elas mais gostam de brincar em casa, e foram falando dos brinquedos. Agora, o assunto também será explorado nas próximas aulas referentes a brincadeiras.

Dia 24 de abril de 2013 — *21 alunos presentes*

Hoje, o aluno Mateus, novo na sala, chorou na entrada, e fui acalmá-lo. Enquanto acalmava, as mães foram se juntando na porta, ficaram esperando que eu pegasse cada um para falar "oi" a elas. Ficaram mal-acostumadas, pois, quando eu tinha a Fátima, ela ia organizando as crianças, e eu, recepcionando. Outro nível de acolhimento, mas... Acabou. De dentro da sala, acalmando os novos, falei "deixa as crianças entrarem e pode ir embora, gente!"

Depois desse momento de estresse, Mateus se acalmou, e Eliane também se entrosou com as meninas. Mateus ficou todo o período e, por volta das 15h30, começou a perguntar pela mãe, cansado de estar na escola. Ele ficava com a mãe e sente falta mesmo... Espero que amanhã não chore tanto na entrada. Eliane saiu às 15 horas.

Apesar da semana tumultuada, estou fazendo a filmagem da rotina para mostrar na reunião de pais e explicar o trabalho desenvolvido com as crianças na escola. Com a filmagem, as mães percebem bem o desenvolvimento da rotina, a reação das crianças e suas interações no grupo.

Com relação à atividade de circuito, as crianças gostam bastante de brincar. Antes de começarem a brincar, peço para alguma criança demonstrar como passar pelos obstáculos. Procuro não padronizar, mas, como são iniciantes na escola, precisam aprender a brincar no circuito. Com relação ao banco, por exemplo, pedi para mostrarem como podemos passar por ele. Foram falando, e pedi para alguma criança demonstrar: em pé, de "bumbum", sentado, arrastando-se deitado de costas, de frente. Em geral, o circuito tem sido mostrado de forma a propiciar o trabalho com conceitos matemáticos (por cima, por baixo, dentro, fora), além das possibilidades de movimento (agachar, arrastar, rolar, pular, engatinhar etc.). Quando faço a demonstração do circuito com as crianças, vou falando os nomes dos movimentos, peço que falem, e, durante o circuito, também vou orientando. Em alguns obstáculos, crio situações de "faz de conta", o que deixa a brincadeira mais interessante: no escorregador, "subir a montanha"; equilibrar na corda para não cair no "rio"; passar pela "caverna" etc.

Hoje, passaram pelo banco, por baixo da mesa, pelos bambolês e engatinhando, seguindo as comandas do chão. Não me preocupo que sigam a ordem dos obstáculos e percebo que algumas crianças voltam e repetem no mesmo brinquedo mais de uma vez, pulam o obstáculo que tem mais gente, mas passam por todos. No final do circuito de hoje, Theo falou: "Patrícia, eu 'gosti' muito disso".

Dia 25 de abril de 2013 19 alunos presentes

Hoje, a entrada foi bem mais tranquila. As mães entregaram as crianças e foram embora logo (entenderam o recado). Para minha alegria, a Fátima veio ver as crianças, matar a saudade, e me ajudou na entrada. Os meus dois alunos novos não choraram, ficaram ótimos. O universo conspirou a meu favor!

CP: Risos mil!!!

Brinquei com as crianças no salão com bola, fazendo brincadeiras com regras. A primeira, fiz uma roda e tinham que passar a bola para o amigo ao lado. Elas se atrapalharam bastante no começo, ficaram distraídas e não perceberam o movimento da bola. Depois, conforme foram percebendo melhor a brincadeira, coloquei mais três bolas na roda. O negócio ficou engraçado! As crianças que perceberam a brincadeira, chamavam o amigo que estava a seu lado: "Pega a bola, amigo".

Posteriormente, sentaram-se em roda e propus a brincadeira "batata quente". Contei uma história em que a bola era uma batata bem quente, que não podia ficar muito tempo na mão, senão queimava.

Expliquei, fizemos bem devagar, sem eu falar o "queimou". Entraram na brincadeira e testaram, a fim de ver se a bola estava quente mesmo.

Fui acelerando o ritmo e entrei com o "queimou". Adoraram, riram, mas eu não tirava da roda.

Na sala, propus o registro da brincadeira e me surpreendi com os desenhos. Fizeram cabeças em círculo, círculo mesmo, e bolas, várias crianças, uma ao lado de outras, que eram os amigos. Enquanto desenhavam, falaram sobre a brincadeira, e percebi que adoraram mesmo.

CP: MARAVILHOSA ATIVIDADE!!

Algumas crianças não queriam parar de desenhar. Vou expor no vidro para os pais. Luca T. queria levar para a casa, de tanto que gostou do seu desenho.

Dia 26 de abril de 2013

Não foi feito registro por ser um dia dedicado a muitas brincadeiras.

***

Patrícia,

Deslumbrante o seu registro desta semana, mesmo "sofrendo" com a separação da Fátima... (Risos!) Contudo, deu conta, com absoluta certeza!

Na apresentação da Emília, o tamanho da boneca apareceu algo bem importante, tanto para as crianças como para você. A "santa" fita métrica não teria sido oportuna? Claro que ainda dá tempo de ela aparecer... Uma comparação: quem é maior ou menor do que a Emília? O contorno da boneca? Depois, o dos alunos?

Quando você afirma que "essa Emília trouxe mais realidade à personagem", creio que podemos aproveitar essa concretização e ampliarmos possibilidades de ligação entre os temas tratados, não acha?

"Conversar sobre algo que, geralmente, não escuto"... (Risos!) Isso foi um desabafo megassincero, porém, temos o dom de soltarmos torrentes de falas em cima de pessoas que, no momento, não nos podem ouvir!

Patrícia, a chance de os meninos falarem e, quiçá, começarem a compreender melhor o seu meio desprovido de adequado saneamento básico é muito importante! A sala da professora Rafaela narra tristes experiências de enchentes. Converse com ela, e pensem numa roda.

Gosto muito quando leio suas entradas: "explorado nas próximas aulas", pois sei que o assunto será novamente tratado e com o adequado aprofundamento! Parabéns!

Conseguir olhar que, no circuito, há mais do que atividades de corpo em movimento é muito gratificante! Viu como a interdisciplinaridade acontece sem segmentação ou temas geradores? Creio que essa seja uma construção de seu olhar, que você conseguiu efetuar bem rapidamente! Excelente!

Hoje, fui contemplado por dois depoimentos que me permitiriam sair desta escola feliz por ter contribuído com o fazer de vocês, Patrícia, e, sem dúvida, você ousar propor que os alunos registrem a brincadeira da batata quente por meio do desenho é uma delas! Percebe o que está em jogo nessa proposta? Você está ensinando que o que é vivido pode ser registrado! Hoje, usam desenho; daqui a três anos, poderão usar letras! O importante é que percebam que o vivido pode ser registrado!

Cristiano Rogério Alcântara
29 de abril de 2013

***

Cristiano,

Ótimas as suas ideias quanto à Emília! Vou tentar resgatá-las, para ampliar a exploração com as crianças. É bom ter alguém para trocar ideias e ganhar possibilidades de avançar no trabalho com as crianças.

Muito bom ver que você lê além do pedagógico e percebe até mesmo as angústias pelas quais passamos no dia a dia. Lembrando do filme Na natureza selvagem,[9] não só a felicidade, mas todo sentimento ganha sentido, significado quando compartilhado. Assim, aqueles que não são bons podem ser superados e vistos com olhos diferentes; isso diminui a gravidade que colocamos neles.

Patrícia

Observação: As mães adoraram ver os desenhos das crianças sobre a brincadeira da batata quente no vidro.

CP: O registro com aquele duplo significado. (Risos!)

[9] N. do E.: o filme retrata a história (real) de um homem que decidiu abandonar a vida confortável e financeiramente segura propiciada pela família e seguir outros rumos, viajando por ambientes selvagens, após doar o dinheiro que tinha para a caridade.

Quadro 1.10 – Agenda da semana (de 29/04/2013 a 03/05/2013)

Horário	Segunda-feira – 29/04	Terça-feira – 30/04	Quarta-feira – 01/05	Quinta-feira – 02/05	Sexta-feira – 03/05
13 h	**Atividades diversificadas**				**Reunião de pais**
13h30	Calendário e rotina do dia com imagens.				
14 h	**Lanche e escovação**				
14h30	**Parque**				
15 h	Leitura: *Bom-dia, todas as cores.* Escutar a música do CD *Mil pássaros* (Palavra Cantada), relacionado à Ruth Rocha. Registro por meio de desenho: a cor preferida.	Leitura: *As cores e os dias da semana* (Ziraldo). Filmar. Folha colorida para desenhar com giz preto.	Feriado	**Parque**	
15h10				**BEI** DVD. Reunião com rotina.	
15h30		~~**Empréstimo na BEI – Quinzenal**~~	**Circuito**		
15h50		**Brinquedoteca** Brincadeira para filmar.	~~**Ateliê**~~	**Quadra ou pátio** Bambolê.	
16 h	~~**Quadra**~~				
16h10	No chão, brinquedo de montar.			Brinquedo de montar.	
16h20					
16h40	**Organização e saída**				
17 h					

Dia 29 de abril de 2013 — 20 alunos presentes

Para esta semana, planejei ler histórias relacionadas ao tema cores. Hoje, separei a história *Bom-dia, todas as cores*, de Ruth Rocha. O camaleão sai, e os bichos ficam dando palpite sobre a cor que ele está. Enquanto eu lia, percebi que a maioria das crianças não estava muito interessada. Acho que por causa de a história ser um pouco mais longa. Quando percebi, fui ajudando a pensarem e prestarem atenção na história, fazendo perguntas. Terminada a leitura, fui retomando com eles as partes da história e nomeando as cores do camaleão. Coloquei para escutarem a música do CD *Mil pássaros*, da dupla Palavra Cantada, sobre o camaleão, inspirada na história.

Perguntei na roda qual a cor preferida de cada um, e fizeram um desenho usando a cor, de canetinha. O desenho foi sem tema, com a proposta apenas do uso da cor que escolheram, cada um a sua.

Raquel ficou pedindo o que desenhar com outras cores também, pois, na verdade, ela gosta de todas as cores.

Percebi que as crianças foram repetindo propostas que já foram feitas em outros momentos, usando o repertório construído. Desenharam-se, desenharam os amigos; umas desenharam os bichos que vimos nas histórias lidas. Também apareceu o desenho de brincadeiras e de brinquedos de que mais gostam.

Dia 30 de abril de 2013 — 17 alunos presentes

Fiz uma roda com as crianças e perguntei sobre a história que foi lida ontem. Luca T. logo respondeu que foi sobre o camaleão e as cores. Perguntei o que havia acontecido com o camaleão, e Raquel: "*Ele mudava de cor porque os outros mandavam*". Fui resgatando a história até o final, quando o camaleão decidiu que usaria a cor de que gostasse. Esse final, não consegui tirar deles, não compreenderam essa tomada de consciência do camaleão. Mesmo assim, eu mesma falei: "O camaleão vai usar a cor de que ele gosta, e não a que os outros mandam".

Anunciei, então, a leitura de outra história sobre cores: *As cores e os dias da semana*, de Ziraldo. A leitura é mais simples, ficaram mais atentos ao que aparecia. Após a leitura, fui perguntando sobre as cores das maçãs, para que nomeassem. A proposta de registro foi o desenho da casa deles na folha colorida, cuja cor foi escolhida pela própria criança (cor-de-rosa, roxo, verde, amarelo e laranja). Adoraram escolher a cor da folha!

Desenharam-se dentro da casa fazendo alguma brincadeira de que gostam ou com alguém da família. Foram, também, experimentando a cor da canetinha no papel. Quem gosta de cor-de-rosa pegou a canetinha dessa cor para desenhar e viu que ficou apagado, então, teve de buscar uma cor mais forte.

Depois dessa semana, ainda com uma proposta de cor na quinta-feira, pretendo ampliar para o Sítio com as cores das roupas dos personagens e desenhos registros com interferência das roupas. Por exemplo, o vestido da Emília.

Percebi, com as histórias de perguntas sobre as cores, que muitas crianças ainda não nomeiam as cores, como Henrique, Miguel, Heitor V., Eliane, e outros, que se calam. Falar sobre as cores com as histórias, roupas de personagens é um bom caminho para memorizarem.

→ **CP: Eu diria "contextualizarem".**

Dia 1º de maio de 2013

Feriado do Dia Mundial do Trabalho.

Dia 02 de maio de 2013 — 16 crianças presentes

Acho que algumas mães acabaram emendando o feriado, porque tive muitas faltas hoje.

Na biblioteca, assistiram à filmagem de si próprias na rotina, que será mostrada na reunião de pais.

Gostaram de se ver e de ver os amigos nas situações de rotina da escola, riram deles falando. Conforme foram assistindo, descreviam o que faziam, demonstrando como a rotina e os movimentos de trocas do uso dos espaços da escola já estão bem incorporados.

Depois, pretendo mostrar para as outras crianças que faltaram e propor um registro do momento da rotina de que mais gostam aqui na escola.

→ **CP: Por que não da perspectiva do registro pictórico, precedido pelo escrito? Pedir para registrarem três momentos (ou, pelo menos, dois), "obrigando-os", assim, a colocarem muitos detalhes para se lembrarem depois.**

Patrícia: Boa ideia!

Dia 03 de maio de 2013

Reunião de pais

Na reunião de pais, tive apenas quatro faltas, e apenas uma não justificou por que não compareceria à escola.

Como a grande maioria nunca havia frequentado a escola antes, estavam com a mamãe em casa, o tema foi sobre a rotina, o que as crianças fazem na escola. Nada mais prazeroso para mães, avós do que ver a criança, então, usei uma filmagem.

Iniciei a reunião com os informes e levei a turma para a BEI, a fim de assistir à filmagem. Antes, falei da importância de as crianças estarem frequentando a escola, a diferença da relação que têm em casa e na escola, com um grupo grande de outras crianças. Também o que de importante se aprende nessa interação para toda a vida.

Coloquei o filme e, conforme foram aparecendo os espaços, fui explicando o que acontecia em cada um, os objetivos das atividades.

As mães e as avós ficaram admiradas vendo as crianças organizadas, seguindo comandas, brincando com os amigos, conversando etc. Algumas mães falaram: *"Nem parece meu filho! Olha, tão bonzinho!"*, *"Eu estava com medo da Natália vir pra escola e eu só ter reclamação dela. Em casa ela é terrível!"*. A mãe da Bianca falou: *"Vou filmar ela em casa para você ver que não tem nada a ver com ela. Ela bate no irmão grande!"*.

Elogiei as crianças. Todas são carinhosas e acolhedoras com os amigos. Não há crianças agressivas.

Não houve muita pergunta nem questionamento sobre o trabalho. Senti que ficaram satisfeitas com tudo o que mostrei. A maioria conversou comigo sobre o filho no fim da reunião.

CP: Quando você falou dos projetos?

Quadro 1.11 – Agenda da semana (de 06/05/2013 a 10/05/2013)

Horário	Segunda-feira – 06/05	Terça-feira – 07/05	Quarta-feira – 08/05	Quinta-feira – 09/05	Sexta-feira – 10/05
13 h	**Atividades diversificadas** Massa de modelar. Jogos de montar. Desenho. "*Kit* médico"/"Médico"/"Sala de espera do médico".				**Hino**
13h30	Calendário e rotina do dia com imagens.				Ver quem faltou para desenho
14 h	**Lanche e escovação**				
14h30	**Parque**				
15 h	Leitura: *Qual é a cor do amor?* As cores da roupa da Emília. Fantasia da brinquedoteca. Desenho com interferência: vestido.	Leitura: *Bebê em forma de gente.* Interferência: completarem o bebê.	Leitura: *Cores.* Conversa sobre a cor das coisas da foto.	**Parque**	Leitura: *Gato.* Conceitos matemáticos: em cima, embaixo, explorar com eles brincando.
15h10				**BEI** DVD: *Bebê.* Escolha de mais cores. Leitura de livros.	**Quadra ou pátio** Dia do brinquedo.
15h30		~~**Empréstimo na BEI – Quinzenal**~~	**Circuito**		
15h50		**Brinquedoteca**	**Ateliê** Retomar o tema das cores. Colagem de papéis coloridos e picados (azuis, amarelos e vermelhos). Compor cena.	~~**Quadra ou pátio**~~ Roda de conversa sobre o Dia das Mães, com desenho. Presente.	Música integrando turmas. ~~**Brinquedoteca**~~
16 h	~~**Quadra**~~ No chão, brinquedo de montar.				
16h10					
16h20					
16h40	(Abonada) **Organização e saída**				
17 h					

Dia 06 de maio de 2013 20 crianças presentes

Li, hoje, a história *Qual é a cor do amor?*, mas, antes da leitura, perguntei às crianças o que é amor, e, logo, várias responderam que é quando a gente gosta de alguém. Então, perguntei de que cor é o amor. Os alunos ficaram olhando para mim, com uma pergunta tão subjetiva como essa, e ficaram quietos. Raquel, por fim, falou que "*o amor é quando gosta e, então, é rosa*". Desse modo, eles começaram a falar aleatoriamente nomes de cores.

Parti para a leitura da história, na qual o elefante quer saber a cor do amor, sai perguntando para os bichos, que, por sua vez, vão falando cores e comparando com cores de coisas reais, por exemplo, "verde, como a grama" e "azul, como o céu". Fomos ao jardim ver se a grama está verde, e o céu, azul. As crianças constataram, mas perguntei se o céu está sempre azul, e Luca T. respondeu: "*Não, já vi preto, quando tá noite*", e Raquel: "*Fica branco quando está cheio de nuvens*". E fui lendo a história e vendo outras cores que apareceram.

Após a leitura, passamos a falar das cores de várias coisas, e peguei (Dora me deu a ideia) um vestido de fantasia da Emília, que estava na brinquedoteca. Viram as cores do vestido e da peruca, e falaram as cores de suas próprias roupas também. Propus um desenho com interferência com base em um vestido da Emília colado no caderno. Falaram o que faltava ali para "aparecer" a Emília: as partes do corpo. De vinte crianças, apenas três ignoraram o vestido e fizeram a Emília à parte. O desenho delas tem evoluído bastante no traçado. Mateus e Theo fizeram garatujas. Pela primeira vez, Cecília fez a figura humana esquemática e comentou, toda feliz, pois percebeu o resultado do seu próprio desenho: "*Olha, hoje, eu consegui, né?*" Elogiei muito, e ela ficou mais feliz ainda.

CP: Isso não tem preço! (Risos!)

Dia 07 de maio de 2013

[Falta] abonada da professora.

Dia 08 de maio de 2013 22 crianças presentes

Na roda da leitura de hoje, li um livro com fotografias com foco nas cores. Não tem texto, só o nome da cor. Conforme eu virava as páginas, as crianças falavam a cor e também comentavam sobre as fotos. Ficaram bem interessadas. Percebi que alguns alunos ainda não nomeiam as cores, mas a maioria sabe todas. No final do livro, aparece o colorido. Mostrei a parte do livro com as fotos coloridas e perguntei: "*Que cor é essa?*". Foram falando as cores individualmente, mas falei: "*Não, quero saber todas as cores juntas!*", ao que Carlos logo respondeu: "*Colorido!*".

Propus uma colagem colorida. Ofereci papéis coloridos cortados e cola. Cada um fez sua colagem, explorando o material, a cola e a combinação das formas de cores.

Algumas crianças colaram os papéis de forma aleatória, espalhando-os na folha. Outras foram colando e falando que estavam fazendo casa, castelo, carro. Alice fez uma fileira com os papéis; Cecília colou os papéis um sobre o outro. A maioria das crianças nunca havia colado antes, por isso, auxiliei-as quanto ao uso da cola. Até que foram bem!

Ficaram bem entretidas com a atividade proposta. Quando foi se encerrando, em razão de já estar próximo da hora de ir embora, muitas reclamaram que queriam colar mais. Prometi repetir a atividade.

Dia 09 de maio de 2013 22 crianças presentes

Na biblioteca, fiz, com as crianças, uma roda de conversa sobre a mamãe, porque o Dia das Mães estava chegando. Pedi para falarem algo que a mamãe faz e que elas gostam muito, sobre as brincadeiras, os passeios e a comida mais gostosa que a mãe faz.

Durante a conversa, foram falando, uns alunos repetem o que o amigo fala e, no meio da conversa, Pedro falou: "*Tá chegando o Papai Noel*". Engraçado como eles saem do assunto rapidamente. E imagino, dentro da cabeça deles, as ideias vindo, indo, misturadas.

Fiz a leitura do *Macaco danado*, já feita anteriormente, que fala do filhote que perde a mãe na floresta. Na sala, propus cada um desenhar a mãe para dar de presente a ela. Antes do desenho, como uma orientação, fiz a minha mãe na lousa; pedi ajuda, e foram falando as partes do corpo. Poucos fizeram só garatujas. A maioria foi falando da mãe enquanto desenhava.

Dia 10 de maio de 2013

Não foi feito registro por ser um dia dedicado a muitas brincadeiras.

***

Patrícia,

Fico muito gratificado em saber que minhas proposições são acolhidas e significadas por você, afinal, você é a única professora que dá um retorno imediato às minhas sugestões; as demais, vou deduzindo se aceitam ou não o que aponto... (Risos!) Você tem uma excelente regularidade no tamanho dos seus relatos. Por esse motivo, achei estranho dois deles nem terem dado uma folha. Fique atenta: a regularidade é tudo! Passar do tamanho médio, tranquilo, mas menos do que ele, não!

O fato de as mães adorarem o registro dos desenhos é excelente, é pura significação das crianças! Isso dialoga com sua reflexão de que, ao serem chamados a desenhar de forma livre, recorrem ao repertório que já desenvolveram com você. Viu como ainda é uma fase importante de fornecer mais exemplos e menos desenhos livres?

Conseguir resgatar a história do camaleão até o final... sinal de que eles ao fim prestaram atenção! O grande final: serem livres para escolherem a cor que desejavam é bem abstrato. Dá para compreender o porquê de não conseguirem fazê-lo! Quantas situações de escolhas eles vivem normalmente? E quais são mesmo escolhas? Ou, como você bem observou, é o uso do repertório recém-adquirido?

Memorizar as cores seria um trabalho bem diverso a meu ver, professora. Você está lendo, dando opções de escolha de cor, de papel, de material etc., buscando lincar com a Emília. Eu diria que você está contextualizando as cores para as crianças, muito mais do que ajudando-as a memorizar as cores! Pense numa música com arco-íris, como um trecho do filme *O Mágico de Oz* (começa em preto e branco e, depois, fica colorido!). Fotos antigas em preto e branco; borboletas coloridas e monocromáticas. Você não desenvolveu o conceito de colorido? E de monocromático? (Risos!)

O registro pictórico é o conteúdo mais importante que suas crianças têm a desenvolver neste ano, Patrícia. O primeiro capítulo do livro *As cem linguagens da criança*, de Reggio Emilia, pode ser-lhe muito útil. Há um livro sobre desenho da criança (*A criança e seu desenho: o nascimento da arte e da escrita*, do Philippe Greig) que também pode lhe ser muito útil; se quiser, eu lhe empresto! A felicidade da Cecília de se ver capaz de realizar a comanda é bárbara! Parabéns!

O desejo de continuar a colar mostra como a exploração de novas possibilidades é importante para as crianças! Na reunião de pais, você falou sobre os projetos? Quando você pensa em usar as contribuições que os pais podem dar para os projetos?

Ajudar as crianças a significar o que as mães fazem por elas já é meio caminho andado para um trabalho de integração, não acha? (Risos!)

Cristiano Rogério Alcântara
14 de maio de 2013

***

Cristiano,

Nossa! Achei muito interessante suas colocações sobre o trabalho com as cores; a diferença entre simplesmente memorizar e contextualizar. As ideias colocadas por vocês são muito boas, e nunca havia pensado dessa perspectiva de trabalho. Realmente, a criança aprende de verdade quando os conceitos estão contextualizados.

Tenho os livros que falam de Reggio Emilia, *As cem linguagens da criança* e os sobre projetos. Aceito o seu livro sobre desenho para ler, caso seja diferente desses. Quando li sobre a importância do registro pictográfico, do seu real significado para as crianças, logo aderi à ideia. Fiz essa descoberta nesses livros citados.

Na reunião de pais, falei sobre os projetos de forma breve e pretendo aprofundá-los na próxima reunião, na qual lerão os relatórios para entenderem o contexto dos relatos.

Vou pensar em que ponto encaixar a participação dos pais dentro do trabalho que estamos desenvolvendo com as crianças.

Com relação às escolhas, as crianças não têm muita oportunidade de fazê-las. Acontece mais no momento das atividades diversificadas. Gostei da ideia que vocês deram de as crianças escolherem, entre duas ou três opções, o que farão na rotina. Vou inserir essa proposta quando montar a rotina do dia com elas.

O tamanho do registro me preocupou também quando fiz. Eu percebi que ficou pequeno, mas acho que, nesses dias, as palavras, as ideias não estavam fluindo. Vou ficar mais atenta e não perder a inspiração.

Patrícia

Observação: a Ana tem falado sempre, desde que começou na "nossa" escola, sobre os princípios do trabalho na Educação Infantil. Venho incorporando-os em minha vida desde então, com muita calma, desenvolvendo ideias, avançando, ficando em dúvida etc. Li livros, reli e compreendi melhor coisas que achava sem sentido. Eu vivi com intensidade, quando era "TOP 10", o trabalho de tematização do sistema alfabético. Fizemos mil cursos que propuseram as atividades de cruzadinha, forca, nome, achar palavra nos textos memorizados etc. Eu só escolhia turma de 6 anos, porque eu era "alfabetizadora". Não fiz o curso do Programa de Formação de Professores Alfabetizadores (Profa), e, de repente, falaram-me: "Você não pode mais pegar 6 anos porque não fez o Profa". Assim, não era mais alfabetizadora... Desde então, quando voltei aos menores, fui percebendo os exageros com o código, mas...

Depois de uma longa caminhada, chegamos aqui, com ideias que acho que fazem muito sentido, e, agora, vou ampliar meus conhecimentos nelas.

Escrevi tudo isso para deixar registrado que faço parte desse time, e é sempre bom ouvir você e a Ana, com a clareza e a propriedade do que falam. Gostei muito do HTPC de segunda-feira, dia 13/05. Já ouvi a Ana falar, mas é sempre rico ouvir novamente, pois cada vez entendo melhor e ressignifico o que eu já aprendi. Vocês são muito inteligentes e poderosos no dom da palavra!

Patrícia: Bonito isso! (Risos!)

Dia 13 de maio de 2013 18 crianças presentes

Para esta semana, planejei ler as histórias do Cocoricó que envolvem personagens que vivem no sítio/na fazenda. Antes de começar a leitura, perguntei se alguém conhecia os personagens, e falaram do Júlio. Então, contextualizei falando que ele mora na fazenda com a avó, assim como os personagens do *Sítio do Picapau Amarelo*, e que também muitos animais moram lá. Li a história, que fala sobre um bolo de milho que a vovó fez, e todos comem.

CP: Fazer o bolo

Após a leitura, analisei as imagens do livro com as crianças, retomando como é o ambiente da fazenda/do sítio (rural). Elas já se apropriaram de muitas das características já discutidas anteriormente, como "*tem muita terra e grama*", "*não tem prédios*", "*é grande*", "*tem muitas árvores*", "*tem casa*". E também falaram sobre os animais que vivem nesse ambiente e apareceram na história do Cocoricó: cavalo, galinha, vaca, porco.

Como continuidade, perguntei o que sabiam sobre a galinha (conhecimentos prévios). Fui direcionando a fala dos alunos com perguntas, como "o que cobre a pele da galinha?", e tive as respostas: "*Tem pelos!*" (Luca B.) e "Não, ela tem penas!" (Raquel). "*É, ela tem penas*"; algumas crianças confirmaram a fala da amiga. E continuei perguntando sobre as demais características, como cabeça, boca, patas. Foram falando até com algum conhecimento, como "*tem bico*", "*dois pés*", "*tem asas*", "*come bichinhos*". Na fazenda ou no sítio, logo lembraram que a galinha vive no galinheiro. Como já trabalhei com eles o assunto ovo, todos responderam que esse animal nasce do ovo e que o filho da galinha é o pintinho. Falei que o papai é o galo. Com base nessa roda inicial, vou pesquisar com as crianças sobre a galinha e levar conceitos científicos para elas por meio de texto informativo e de imagens de espécies de galinhas. → **CP: Quer dissecar uma galinha?**

Para hoje, propus o registro pictográfico com a comanda "o que eu sei sobre a galinha". Conforme desenhavam, falavam sobre o animal. Luca B. foi desenhando e me perguntando várias características: "Prô, a galinha tem nariz?", "Ela tem olhos?"; fui respondendo, e ele, desenhando. A maioria desenhou a galinha e os ovos. Alguns começaram a tentar fazer o cenário com sol e chão. Felipe, Eliane e Mateus não desenharam o que pedi. Quando perguntei para os meninos, eles falaram: "Não sei", e a Eliane: "Não fiz nada". Fui um por um perguntando sobre os registros, que estão cada vez melhores. Cecília desenhou uma figura humana para a galinha. Está toda feliz vendo seus desenhos ganhando formas.

O trabalho terá continuidade durante a semana.

Fazendo o registro agora, lembrei que poderia ter brincado na quadra de "a galinha do vizinho", e não de bambolê, como fiz. Vou colocar a brincadeira em outro dia.

Quadro 1.12 – Agenda da semana (de 13/05/2013 a 17/05/2013)

<table>
<tr><th>Horário</th><th>Segunda-feira – 13/05</th><th>Terça-feira – 14/05</th><th>Quarta-feira – 15/05</th><th>Quinta-feira – 16/05</th><th>Sexta-feira – 17/05</th></tr>
<tr><td>13 h</td><td colspan="4">**Atividades diversificadas**
Brinquedo.
Desenho.
"Mercado".
Massa de modelar.
Livros.</td><td>**Hino**</td></tr>
<tr><td>13h30</td><td colspan="5">Calendário e rotina do dia com imagens.</td></tr>
<tr><td>14 h</td><td colspan="5">**Lanche e escovação**</td></tr>
<tr><td>14h30</td><td colspan="5">**Parque**</td></tr>
<tr><td>15 h</td><td rowspan="4">Leitura: *Cocoricó: o bolo da vovó.*
Comentários sobre personagens, local, conhecimentos prévios, bicho, galinha.
Registro por meio de desenho.</td><td rowspan="3">Leitura: *O piquenique* (Cocoricó).
Bicho do sítio: galinha.
Livro com informação sobre a galinha: características, corpo, nascimento, o que come.
~~**Empréstimo na BEI – Quinzenal**~~</td><td rowspan="2">Leitura: Série *Cocoricó*.
Comentários: lembrar da galinha e do galo.</td><td>**Parque**</td><td>Leitura: Série *Cocoricó*.
Retomar informações.
O que aprendemos sobre a galinha?</td></tr>
<tr><td>15h10</td><td rowspan="2">**BEI**
Leitura: *10 galinhas*.
DVD: *Cocoricó* – clipes.</td><td rowspan="2">**Quadra ou pátio**
Dia do brinquedo.</td></tr>
<tr><td>15h30</td><td>**Circuito**</td></tr>
<tr><td>15h50</td><td rowspan="4">**Brinquedoteca**</td><td rowspan="4">**Ateliê**
Apreciar obra de Aldemir Martins[10] em que há galo/galinha.</td><td rowspan="2">**Quadra ou pátio**
Brincadeira com música: *A galinha do vizinho.*</td><td rowspan="4">Duplas: Infantil III e IV.
~~**Brinquedoteca**~~
Música.</td></tr>
<tr><td>16 h</td><td rowspan="3">~~**Quadra**~~
Bambolê.</td></tr>
<tr><td>16h10</td><td rowspan="2">Desenho da brincadeira.</td></tr>
<tr><td>16h20</td></tr>
<tr><td>16h40</td><td colspan="5" rowspan="2">**Organização e saída**</td></tr>
<tr><td>17 h</td></tr>
</table>

[10] N. do E.: artista plástico brasileiro que produziu diversas obras com galos e galinhas, a maioria, multicolorida.

Dia 14 de maio de 2013 19 crianças presentes

Fiz a leitura de mais uma história do Cocoricó, chamada O piquenique. Novamente, após a leitura, conversamos sobre as ilustrações do livro referentes ao sítio/à fazenda. Logo que apareceu o rio, Miguel falou: "Esse rio é limpo".

Depois, voltei à nossa conversa de ontem sobre a galinha e retomei o que haviam falado. Mostrei livros de Ciências sobre as aves; li pequenos trechos; mostrei fotos de aves diversas; conversamos sobre o fato de toda ave ter penas. Só faltou uma peninha para mostrar, vou ver se consigo achar uma. Retomamos a galinha, suas características físicas, e perguntei o que ela come. Luca T. respondeu: "Ela come ração para galinhas". Confirmei sua fala e, também, acrescentei que ela gosta de bichinhos, como minhocas, e de grãos, como o milho.

CP: PENAS! Consigo várias se quiser. Meu tio tem uma granja!

Continuamos a conversa com muitos alunos interessados; outros, nem tanto.

Durante a conversa, percebi que algumas crianças, principalmente a Sofia, acabam respondendo coisas que ouviram em outro momento. Por exemplo, depois de falarmos das penas, ela falou: "O corpo da galinha é pelado"; perguntei quem é o filhote da galinha, e ela gritou: "O pinguim!".

Também falamos do galo, do frango, e que comemos o ovo e a carne de frango. Percebi que as crianças me olharam desconfiadas nesse momento. "Como eu como o ovo que nasce o lindo pintinho?", ou: "Não como esse bicho com pena, essa galinha!". Acho que foi isso o que pensaram. Será?

CP: VAMOS FAZER FRANGO?

Desenhei na lousa, com a ajuda das crianças, uma galinha e as partes do seu corpo.

Fomos à brinquedoteca, e, durante a brincadeira, Pedro veio, todo feliz, mostrar uma galinha de brinquedo. Eu a mostrei para as crianças, e todas quiseram pegá-la e brincar com ela.

CP: Viu como ressignificaram o brinquedo?

Dia 15 de maio de 2013 21 crianças presentes

No ateliê de artes, planejei para hoje apreciar a obra Galo, de Aldemir Martins, fazendo uma ligação com o tema galinha dessa semana. Após a sugestão do coordenador pedagógico, enriqueci o trabalho retomando o conceito de colorido. Perguntei para as crianças: "O que é colorido?".

Lógico que essa pergunta não foi muito feliz, e responderam: "roupa", "blusa", "lápis" etc. Então, Raquel falou: "arco-íris". Arrumei a pergunta usando as respostas das crianças: "Por que o arco-íris, a roupa, os lápis são coloridos?". Falaram mil coisas sem sentido, como: "é porque fizeram assim", "para escorregar" (no arco-íris), "é colorido", "tem plástico".

CP: Mais obras com essa temática?

Peguei a obra *Galo*, de Aldemir Martins, e fizemos uma apreciação, retomando o que estudamos e focando detalhes da obra. Então, perguntei "como está pintado o galo?", e a maioria gritou: "Coloridooo!". "Então, por que o galo é colorido?", indaguei. Falaram coisas e mais coisas, mas não conseguiram chegar no ponto que eu queria, e tive que dar a resposta: "É colorido porque tem muitas cores". Contei as cores com eles. Perguntei quantas cores tem o arco-íris, e, logo, Raquel respondeu: "Sete!". As crianças também falaram, então, que "tem muitas cores e é colorido".

Dessa forma, propus que pintassem uma folha dividida em partes com canetinha preta, colorindo cada espaço com uma cor diferente, para a folha ficar colorida. Usaram o giz de cera. A maioria seguiu a comanda e foi trocando a cor do giz. Para a próxima aula, vou propor o desenho da galinha ou do galo usando o bico como interferência e canetinha ou giz de cera apenas preto. Esse desenho será recortado, com o fundo colorido.

Dia 16 de maio de 2013 18 crianças presentes

Continuei com o assunto da galinha hoje. Na biblioteca, fiz a leitura do livro *10 galinhas*, envolvendo a contagem e os numerais.

Depois da leitura, as crianças assistiram a uma história do *Cocoricó*. Pedi para ficarem atentas à apresentação da paisagem do sítio/da fazenda. Elas foram falando das árvores, da casa, das montanhas, do mato. Apareceu a galinha botando ovo, e deram um grito: "Olha! A galinha botou ovo!". Também fui fazendo algumas intervenções, quando apareceu o celeiro, onde ficam a vaca e o cavalo, e o galinheiro, onde ficam as galinhas, os pintinhos e o galo. A maioria das crianças gostou muito de ver o episódio que apresentei. Apenas Miguel, Luca B. e Juliana demonstraram desinteresse, mexendo com os amigos, falando de outros assuntos.

CP: O que poderíamos fazer nessa hora?

Brincamos de "a galinha do vizinho". Antes, perguntei para as crianças se alguma delas sabia a *música dessa brincadeira*. A Raquel cantou para a turma. Ensinei a música duas vezes e, depois, em roda, como faríamos a brincadeira. Cantamos a música em roda e, no "dez", agachamos. Alice falou: "É pra chocar o ovo". Lívia falou: "É um círculo", referindo-se à roda que formamos. Elas adoraram brincar, e repetimos algumas vezes. Pedi para registrarem como brincamos por meio de um desenho, para as mães verem no vidro exposto e, também, aprenderem como brincar.

Os desenhos ficaram ótimos. Alguns alunos fizeram círculos para o ovo e a roda. Alguns deles desenharam ovos e crianças brincando; outros fizeram o círculo e crianças sobre essa forma geométrica. Raquel desenhou umas crianças, o numeral 10 e a galinha. Cecília fez três crianças de mãos dadas e os ovos. Engraçado: para representar crianças em roda, alguns dos alunos desenham a criança de ponta-cabeça. Arrasaram!!! Apenas o Mateus não se prendeu à proposta. Ele é aluno novo e não acompanhou todo o processo de registro desde fevereiro.

CP: A importância do processo...

***

Patrícia,

É um luxo ter uma profissional como você para coordenar! Fico muito feliz em saber que colaboro com o seu fazer didático. Sinto-me útil. Abrir mão de determinadas coisas no domingo para ler seu Diário de Bordo é um tempo muito bem aplicado. Obrigado pela devolutiva elogiosa! O engraçado é pensar que a intervenção que lhe faz avançar e desejar mais é uma intervenção que faz uma colega sua chorar... (Risos!) Bem, mas, aí, é um problema meu... (Risos!) Eu devo saber calibrar melhor os comentários para cada elemento do grupo, e ganhei o ano com você se apropriando da palavra *ressignificar*!

Vou iniciar pela sua pergunta avulsa... Sim, monocromático nas artes plásticas é o uso dos vários tons da mesma cor. Aqui, coloquei um exemplo de cinza porque a impressão é em preto e branco, mas pesquise no Google com a seguinte entrada: "obras de arte monocromáticas"; aparecerão diversos exemplos de obras de arte com essa técnica.

Veja a obra original colorida.

Figura 1.2 – *Cabeza de caballo*, esboço para *Guernica*, de Pablo Picasso.

Para galinhas, por exemplo:

Veja a obra original colorida.

Figura 1.3 – *Galinhas*,[11] de Benedito José de Andrade.[12]

Também para galinhas: tenho dois trabalhos artesanais, um em madeira, e outro em uma pinha, reproduzindo galinhas. Vale a pena! Se quiser, empresto! Por curiosidade, pesquisei obras de arte com ovos... Rendeu trabalho para o ano todo! (Risos!)

Quando você falou que leu o livro que fala sobre o bolo de milho (comida da galinha e nossa), por que não fazer um bolo com eles, usando o milho (da roça), o leite (da vaca da roça), os ovos (da galinha da roça), a manteiga (chique, mas possível, do leite da vaca da roça), o trigo (plantado na roça)? Bem, creio que a ideia ficou clara. O bolo poderia ser uma forma de amarrar bem esses conceitos do campo. Caso não sinta segurança em fazer o bolo, eu vou ajudá-la. Antes, use a cozinha para brincar com as crianças, assim, elas já estarão acostumadas ao espaço.

Meu tio tem uma granja em Mogi das Cruzes.[13] Liguei para a minha mãe e pedi para separar um saco de penas... Pensei no que poderá fazer... Quer dissecar uma galinha? Posso trazê-la inteira e abri-la para as crianças verem tripas, coração, fígado, moela (estômago) etc. Caso sinta que seria produtivo, estou dentro!

Quando você escreve "Fazendo o registro agora, lembrei que poderia ter brincado na quadra de 'a galinha do vizinho' [...]", quase choro de emoção! E sabe por quê? O registro começa a deixar de ser visto como algo para o coordenador pedagógico e começa a ser apropriado por você, professora!

[11] Galinhas. *In*: Enciclopédia Itaú Cultural de Arte e Cultura Brasileira. São Paulo: Itaú Cultural, 2021. Disponível em: http://enciclopedia.itaucultural.org.br/obra20623/galinhas. Acesso em: 06 dez. 2021.

[12] N. do E.: pintor (e, também, músico) brasileiro que debruçou sua arte sobre as pinturas de aves.

[13] N. do E.: município da Grande São Paulo.

O comentário do Miguel sobre o "rio ser limpo" significa que ele conhece rios sujos; você perguntou a ele? Creio que, nesses momentos, seria oportuno abrir o diálogo, Patrícia! Aqui, as crianças teriam real motivo para serem ouvidas... Muitas vezes, queremos que as crianças falem quando planejamos e temos uma enorme dificuldade de conversar com elas quando não estava no nosso planejamento.

Seus fins de relatos estão parecendo as morais das fábulas! Adorei! A ressignificação que o menino fez do brinquedo "galinha", que todos quiseram pegar... não foi bárbara?

Como você é uma professora "antenada", vou lhe propor um desafio; juro que ainda não tem uma resposta, só o incômodo por enquanto. Você narrou que três alunos não demonstraram interesse no filme. Num mundo educacional perfeito, o que deveríamos poder propor às crianças nesses momentos?

Você termina o seu relato vendo como o menino que não participou de todo o processo teve dificuldade de compreender o que estava em jogo na realização da tarefa. O processo é tudo mesmo!

Como você apresenta vontade de ser instigada, Patrícia, vou começar a problematizar mais o seu fazer. Nunca pense que estou desvalorizando o seu fazer, muito pelo contrário, quero ajudar você a analisá-lo ao máximo. Para tal, repensar alguns procedimentos (coisa que você já vem fazendo) será essencial!

Cristiano Rogério Alcântara
19 de maio de 2013

***

Cristiano,

Gosto muito das suas devolutivas, pois vêm cheias de sugestões e de boas ideias. Também percebo outras formas de dar continuidade ao trabalho com as crianças. São tantas ideias que, logo que leio, minha cabeça começa a reorganizar o planejamento. Não é fácil, mas tento fazer ligações dos temas trabalhados entre si e com as diferentes áreas. Eu acho que avancei bastante, pois, no ano passado, não consegui nem o começo de tudo o que já fiz.

Acho ótima a ideia do uso da cozinha e vou começar agora! Engatei na alimentação: vamos plantar o amendoim e, ainda, falar da Festa Junina.

Nossa! Como não desenvolvi a fala do Miguel sobre o rio? Fiquei até chateada, porque, quando ele demonstrou interesse, eu não aproveitei. Vou ficar mais atenta e tentar até retomar.

Obrigada pelas informações sobre cores e por ampliar meu olhar quanto a esse trabalho!

Quanto às penas, eu aceito. Quanto a dissecar a galinha, vou ter que recusar. Conhecendo bem as emoções das crianças pequenas, acho que podemos criar um clima ruim e ter reclamações de mães. Essa comunidade é fogo! Deixa para quando forem para o Ensino Fundamental. Imagine verem as mãos da professora cheia de sangue e de tripas! (Risos!)

Com relação ao desafio de fazer os desinteressados se interessarem por algo, também não sei a resposta. Eu queria que todos assistissem ao filme, mas, quando não tenho esse objetivo, coloco como escolha na BEI. Pensando agora, poderia colocar o *Cocoricó*, com uma escolha entre ler os livros, e, talvez, em algum momento da história, na BEI, fossem por vontade de ver o filme. Em geral, essas crianças não se concentram por mais de dois minutos em uma atividade.

Patrícia

Dia 17 de maio de 2013 (Frio!) 14 crianças presentes

A atividade de integração com a Márcia J. e a turma do infantil IV tem sido um sucesso.

No começo, meus alunos ficaram tímidos: alguns ficavam parados, sem dançar, só olhando. Quando intercalávamos as crianças na roda, os alunos dela não gostavam muito, e os meus pareciam inseguros. Eu, Rute (auxiliar) e Márcia S. dançamos na roda juntas, ajudamos as crianças, mas é a Márcia S. que comanda, com toda a sua energia.

Percebo agora que, quando montamos as rodas, os alunos da Márcia J. acolhem mais os meus pequenos, que também já ficam sorridentes para os colegas maiores.

As crianças mais tímidas, como Raul, Bianca, Juliana e Felipe, já estão bem mais animadas e dançam seguindo as comandas dos gestos. Não tem gesto certo ou errado, e cada um se expressa como consegue, conforme sua animação.

Os meninos da Márcia S. são bem agitados, jogam-se no chão dando um mergulho. As minhas crianças, que são todas "boazinhas", entraram na onda da bagunça, e, imitando os alunos da Márcia S., também se jogam no chão, achando o máximo. Lógico que olho para não extrapolarem e se machucarem, mas acho saudável um pouquinho dessa transgressão às regras. Os alunos acabam interagindo com os amigos e se divertem. Olham de canto de olho para mim e continuam, já que não falo nada.

Combinei com a Márcia S. de planejar um dia para as crianças brincarem juntas, mais livres, como no parque ou no dia do brinquedo.

CP: EU TAMBÉM!!!

CP: Excelente!

Quadro 1.13 – Agenda da semana (de 20/05/2013 a 24/05/2013)

<table>
<tr><th>Horário</th><th>Segunda-feira – 20/05</th><th>Terça-feira – 21/05</th><th>Quarta-feira – 22/05</th><th>Quinta-feira – 23/05</th><th>Sexta-feira – 24/05</th></tr>
<tr><td>13 h</td><td colspan="4">**Atividades diversificadas**
Massa de modelar.
Desenho.
Jogos de montar.
“Mercado”.</td><td>**Hino**</td></tr>
<tr><td>13h30</td><td colspan="5">Calendário e rotina do dia com imagens.</td></tr>
<tr><td>14 h</td><td colspan="5">**Lanche e escovação**</td></tr>
<tr><td>14h30</td><td colspan="3">**Parque**</td><td rowspan="2">Frio!
Desenho.
Música.</td><td>**Parque**</td></tr>
<tr><td>15 h</td><td rowspan="4">Leitura: *A cesta da Dona Maricota.*
Roda de comentários: de onde vêm as frutas e os legumes?
Registro por meio de desenho.</td><td rowspan="2">Leitura: *Eu nunca vou comer um tomate.*
Roda de comentários sobre a história de onde vem o tomate.</td><td rowspan="2">Leitura: *No tempo do branco e preto.*
Mostrar a peninha que a Alice achou.</td><td>Leitura: *O grande rabanete.*
Como nascem as plantas?
Música: *Pomar.*</td></tr>
<tr><td>15h10</td><td rowspan="2">**BEI**
Imagens de galinhas no computador.
Galinheiro e canto da galinha-d’angola.</td><td rowspan="2">~~**Quadra ou pátio**~~
Dia do brinquedo.</td></tr>
<tr><td>15h30</td><td>**Empréstimo na BEI – Quinzenal**</td><td>**Circuito**</td></tr>
<tr><td>15h50</td><td rowspan="4">**Brinquedoteca**</td><td rowspan="4">**Ateliê**
O que aprendemos com a galinha? Relembrar o colorido; falar do preto e branco.
Galo, de Aldemir Martins (BEI).
Apreciar e desenhar em preto.
Recorte e colagem no fundo.</td><td rowspan="2">**Quadra ou pátio**
Reproduzir CD *A arca de Noé 2.*
Música: *A galinha-d’angola.*</td><td rowspan="4">Atividade em dupla.
~~**Brinquedoteca**~~
Dança e música.</td></tr>
<tr><td>16 h</td><td rowspan="3">**Quadra**
Bola.</td></tr>
<tr><td>16h10</td><td rowspan="2">Teatro de fantoches com integração (Infantil III e IV).</td></tr>
<tr><td>16h20</td></tr>
<tr><td>16h40</td><td colspan="5" rowspan="2">**Organização e saída**</td></tr>
<tr><td>17 h</td></tr>
</table>

Dia 20 de maio de 2013 *19 crianças presentes*

Nesta semana, o planejamento tomará o caminho de plantas, frutas, legumes, verduras e comidas. O objetivo é plantar o amendoim e caminhar para a receita.

Hoje, li a história A cesta da Dona Maricota, que fala da compra no mercado/na feira e da preparação de alimentos.

Após a leitura, fui perguntando para as crianças quais frutas elas conhecem. Falaram várias e com facilidade. Depois, perguntei dos legumes, e complicou. Fui falando, e algumas crianças mais antenadas foram percebendo do que se tratava; então, conseguiram falar de um ou outro. Em seguida, foram as verduras. Perguntei para que serviam essas coisas, e foram falando "pra comer", "fazer doce", "fazer comida", "sopa". Desse modo, lancei a questão: "De onde vêm as frutas?" (especifiquei para não complicar muito). E as crianças: "do mercado", "da feira".

Sabendo de antemão que teria essa resposta, perguntei: "Quem levou as frutas para o mercado?". E elas rapidamente responderam "foram os 'homi'", "é mesmo, de caminhão". Eu continuei: "Onde eles foram buscar as frutas?", e Raquel, linda, respondeu: "Lá na fábrica onde ela foi feita". Eu: "Como se faz a fruta na fábrica?", e percebi que não tinham resposta. Raquel ficou me olhando, esperando que eu respondesse. Lancei, então, a pergunta: "Como nascem as frutas, a uva, a melancia, a banana?". Logo, Carlos respondeu: "Do ovo". E vieram várias respostas "do ovo", "tem pintinho". E, para dar mais pano para a manga e ver aonde chegariam: "Quem coloca a fruta dentro do ovo?". Sabe o que responderam uns dois ou três? "A galinha!"

CP: RISOS MIL!!!

Retomei a conversa sobre a galinha rapidamente, e muitos começaram a responder: "Não sei". Até que Luca T. falou: "Nasce na árvore". Apenas Raquel concordou com Luca T., e a outra parte participante continuou com "ovo".

CP: Bom o conflito, não?

Não dei respostas. Hoje, o objetivo é instigar e ver o que já sabem sobre o assunto. Propus, então, o registro com desenho "de onde vêm as frutas". Fui a cada mesa, a fim de conversar com as crianças, e apenas Raquel e Luca T. desenharam árvores e repetiram o comentado na roda.

Mateus e Yasmin não responderam nada, e, no desenho, não foi possível ver o que simbolizaram. Na verdade, Mateus ainda não simboliza no desenho; está no exercício do movimento, do gesto no papel e das marcas que o lápis ou a caneta deixam.

Os demais confirmaram que as frutas nascem do ovo, e, agora, vou pesquisar com elas nos livros durante a semana. Também vou ver se tem alguma árvore com frutas na escola e visitar a horta com as hortaliças plantadas por todas as turmas.

CP: Tem várias!

Dia 21 de maio de 2013 18 crianças presentes

Hoje, logo na entrada, Alice chegou toda feliz para mim: "Olha, Patrícia, eu achei uma peninha na rua". Eu fiquei curiosa para ver. Ela tirou da mochila uma pena e falou: "Que macia!". Elogiei a atitude dela. Eu fiquei bem feliz em ver o interesse e o aprendizado rondando fora da escola, nosso maior objetivo. E não parou por aí! Prometi para Alice que mostraria aos seus amigos em roda o seu grande achado. Durante a diversificada, a menina viu a pombinha pelo vidro no gramado. Ela ficou toda feliz e me chamou: "Olha, Patrícia, é uma pomba. Não é galinha, é ave, mas é pombinha". Elogiei mais uma vez e confirmei sua afirmação. Então, chamei as crianças para compartilharem do que a amiga falou. Ela explicou, e as crianças foram repetindo, falaram das características da pomba, que são iguais às da galinha: "Olha, tem bico, duas patas, asas".

Muito interessante ver, também, as crianças conversando entre si, a interação com o parceiro mais experiente. Entre elas, fui observando e notei que começaram a discutir se a pomba voa e se a galinha voa. Alguns, olhando a pomba pelo vidro, falaram: "A galinha voa!"; e o amigo ao lado: "Não voa, não! A prô falou. A Patrícia falou que a galinha não voa". As crianças viram quando a pomba voou e gritaram: "A pomba voa!". Alice olhou pra mim e falou: "Olha, Patrícia, viu? A pomba voa. É uma ave que voa".

CP: Como amarrar isso, Patrícia? Aves que voam e aves que não voam?

CP: ISSO É UMA BÁRBARA CONSTRUÇÃO DE CONJUNTO!

Como continuação à semana de leituras referentes a alimentos, hoje, li o livro Eu nunca vou comer um tomate. *A história trata sobre a Lola, o seu irmão Charlie e a tentativa de fazê-la comer coisas saudáveis. Após a leitura, fiz com as crianças uma roda de conversa sobre quais frutas, verduras e legumes gostam de comer. Retomei com elas a história da Dona Maricota. Falaram que gostam de tomate, de banana etc. Também falaram o que não comem. Com essas histórias, estou despertando o primeiro interesse pelo assunto, a fim de ampliar para de onde vêm esses alimentos e o que podemos fazer com tais plantas. As crianças estão bem interessadas.*

Dia 22 de maio de 2013 18 crianças presentes

Hoje, enquanto as crianças estavam brincando no parque, ouvimos uns pássaros cantando na árvore. Olhei e falei para as professoras ao lado: "Olha quanto periquito!". A Sílvia me corrigiu, mais experiente nessa área: "Não, são maritacas". Pois é, vivendo e aprendendo! Aproveitamos que a natureza estava proporcionando uma vivência e chamamos as crianças para compartilharem da experiência. Ouviram o canto das cinco maritacas e, enquanto observavam, felizes, tentavam falar "maritaca" (aprendendo novas palavras).

CP: AMPLIAÇÃO VOCABULAR.

Minhas crianças começaram a ressignificar o aprendizado que tiveram sobre as aves, e eu escutava: "*É uma ave, a maritaca*", "*Olha, têm penas verdes!*", "*Essa maritaca voa*". Então, perguntei: "*Por quê?*", e a resposta foi: "*Ela está no alto da árvore, ela voou até lá*". Trocaram informações e riram muito, pois elas, as maritacas, estavam pegando, bicando as frutinhas que caíam lá do alto. Nossas crianças corriam para pegar. A experiência terminou com as maritacas voando, todas juntas. Elas voam!

Na roda de conversa de hoje, o tema foi o que aprendemos sobre a galinha, e aproveitei a experiência das maritacas para enriquecer o momento. Não foi preciso esperar essa roda, que estava no planejamento, para tal discussão. Já discutiram quando pesquisamos nos livros, quando viram a pomba e as maritacas. Apenas reorganizamos as informações, e mostrei a pena que a Alice achou. Todos pegaram e passaram a mão. Falamos das cores das penas nas aves, das cores das galinhas, das pombas e das maritacas. Vale propor uma apreciação de imagens de pássaros e de outras aves para ver as diferenças.

CP: A animação *Rio*, no trecho do barracão de aves!

Retomei a atividade de arte que fizemos na semana passada sobre o colorido, pela apreciação da obra *Galo*, de Aldemir Martins. Mostrei um livro com as obras do artista e enfoquei os galos feitos com nanquim. As crianças falaram das características da ave retratada nos desenhos do artista. Como proposta, produziram um galo ou uma galinha usando só a cor preta, com caneta esferográfica. Todas as crianças presentes tentaram simbolizar o galo. Percebi e ouvi as falas enquanto desenhavam. Fui intervindo nos desenhos de algumas crianças para prestarem atenção a detalhes como bico, penas, pés e asas. Ficaram bem entretidas com suas produções. Recortei os desenhos e os colei no fundo colorido da aula anterior. Acharam lindo, e usarei para a exposição.

CP: Mais de dois minutos? (Risos!)

Dia 23 de maio de 2013 18 crianças presentes

Antes de ir à BEI, fiz uma roda de música com as crianças. Falei que existe uma espécie de galinha que faz um barulho diferente. Perguntei como a galinha faz, e todas falaram: "*Cococó cocoricó*". Expliquei: "*Essa galinha se chama galinha-d'angola, e não faz 'cocoricó'. Ela tem um som que parece que ela fala assim: 'Tô fraco'*" (imitei o som). Como nosso coordenador pedagógico Cristiano sugeriu, coloquei a música cantada por Ney Matogrosso no CD *A arca de Noé 2*, com o título *A galinha-d'angola*. Escutaram a primeira vez, e fiz algumas perguntas, como: "*O que ele fala que a galinha come e como a galinha faz?*". Raquel logo respondeu: "*Come milho e come* caca". Coloquei a música novamente para todos ouvirem essa parte e se soltaram, batucando na perna e mexendo os ombros.

Na BEI, usei o computador e pesquisei com eles sobre a galinha-d'angola, viram imagens e vídeos com ela andando e cantando. Ficaram surpresos em ouvir que realmente parece que ela fala "tô fraco, tô fraco". Mostrei várias imagens de galinhas-d'angola e comparei com galinhas comuns e com galos. Aproveitamos para falar das cores das penas das galinhas. As crianças gostaram muito da experiência com as imagens e os vídeos com as galinhas, e comentaram o que já aprenderam nas outras aulas.

CP: Viu como conexões são naturais? (Risos!)

A professora Márcia J. combinou com a professora Giovana, que substitui a Amanda, uma atividade coletiva de contação de histórias com fantoches. A história foi *Chapeuzinho Vermelho*. Aproveitei e "me convidei" para participar com minhas crianças, e a Márcia J. aceitou. Que bom! Reunimos as três turmas na arquibancada da BEI, misturando as crianças. Coube bem, pois a Márcia J. teve muitas faltas por causa do frio. A Márcia J. tem um talento para fazer vozes! As crianças ficaram superentretidas, atentas e envolvidas com a história. Olhando para elas, vi rostos de medo, de apreensão, de surpresa, de alegria e de curiosidade por participar desse momento.

CP: Isso não tem preço, Patrícia!

Aconteceu um episódio interessante – e que bom que, rapidamente, eu "me toquei" do que iria fazer. Esse impulso que, às vezes, ainda se apresenta é fogo! Um aluno da Márcia J., antes de começar a apresentação, levantou e pegou na mão de um menino da minha turma para sentarem juntos. Eu já ia abrir minha boca para falar que não podia e, antes disso, meu lado em evolução percebeu e fechou minha boca. Márcia J. percebeu e deu risada da cena. Fala sério! O que tem de errado na interação entre os parceiros de turmas e idades diferentes? Que bom que estou evoluindo!!!

CP: Que bom mesmo!

Ao finalizar a história, Márcia J. propôs que todos cantassem as músicas *Pela estrada afora* e *Eu sou o Lobo mau*.

CP: Bingo!

Dia 24 de maio de 2013 (Frio!!) 16 crianças presentes

Li, hoje, a história *O grande rabanete*. Logo no início, o vovô planta a semente de um rabanete. Em tempo: antes de começar a ler a história, perguntei o que era um rabanete, e falaram:

– Brinquedo.

– Doce.

– Verdura (Alice).

– Comida.

Falei que Alice quase acertou, e, logo, a Raquel falou: "Legume".

Então, comecei a ler a história, que fala que o vovô plantou um rabanete, e a imagem mostra uma semente.

– Nossa, gente, onde nasce o rabanete?

– Ele nasce na horta, na terra – Raquel falou.

– É mesmo – disse eu. – então, o que o vovô está colocando na terra é um rabanete?

E Alice logo gritou, junto com Raquel:

– É uma semente!

Aproveitei para perguntar:

– Ué, vocês falaram que as frutas e os legumes nascem do ovo. É isso?

As crianças me olharam com uma cara de espanto e falaram:

– Não, nasce da terra!

CP: LINDO!

Continuei a história que diz que o rabanete cresce, cresce e só aparecem os talos na imagem. "Cadê o rabanete?" E Luca B. falou: "Tá debaixo". "Debaixo da terra", disse Raquel. Perguntei: "O que tem que fazer para tirar o rabanete?". Eles falaram: "Puxar". E, assim, continuei lendo a história, que, por sinal, chamou a atenção de todas as crianças. Elas se divertiram com o "puxa que puxa, e nada do rabanete sair da terra".

Aproveitando o tema, apresentei apresentei a música *Pomar*, da dupla Palavra Cantada, que fala o nome da fruta e qual é o pé de que ela vem. Pedi para ouvirem um pouco, parei e expliquei que a música fala o nome da fruta e a árvore ou planta de que ela nasce. Ouviram e adoraram! Na segunda vez, propus que falassem, junto com a música, de onde nasce a fruta. Prestaram muita atenção para falar sem errar. Sem a música, eu fui falando o nome da fruta, e as crianças, o da árvore. Divertiram-se muito com uma brincadeira!

Seria legal trazer frutas para verem e provarem, e, depois, os legumes e as verduras. Vou tentar organizar isso.

CP: Podemos pedir para a merenda.

Quadro 1.14 – Agenda da semana (de 27/05/2013 a 31/05/2013)

Horário	Segunda-feira – 27/05	Terça-feira – 28/05	Quarta-feira – 29/05	Quinta-feira – 30/05	Sexta-feira – 31/05
13 h	**Atividades diversificadas** "Casinha". Desenho. Animais. Massa de modelar. "Mercado".				**Hino**
13h30	Calendário e rotina do dia com imagens.				
14 h	**Lanche e escovação**				
14h30	**Parque**				
15 h	Leitura: *Nada ainda?*	Leitura: *Meu avô é um problema.*	Leitura: *Flicts.*	**Parque**	
15h10	Apresentar o amendoim. O que é? Para que usamos? Plantar um na sala para observação.	Roda de conversa sobre de onde vêm as plantas. ~~Passeio pelo jardim.~~ ~~Registro do passeio.~~	Retomar as cores. Na internet, ver obras monocromáticas. → Chuva!	**BEI** Feriado	**Quadra ou pátio** Emenda
15h30	Registro por meio de desenho.	~~**Empréstimo na BEI – Quinzenal**~~	**Circuito**		
15h50		Jogo da memória (grande): frutas.	**Ateliê** Ver obras no computador.	**Quadra ou pátio**	**Atividade de integração**
16 h	**Quadra** Salão	**Brinquedoteca**			
16h10					
16h20	Brincadeira com música: *A galinha do vizinho.* Leitura: *A galinha do vizinho bota ovo amarelinho.*	Reunião com Cristiano.	Pintura monocromática: duas mesas, uma com cada cor. Vermelho + branco. Azul + branco.		
16h40	**Organização e saída**				
17 h					

Dia 27 de maio de 2013 21 crianças presentes

Manuela trouxe hoje, toda feliz, uma pena. Quando fiz a roda para a atividade do dia, mostrei a pena, perguntei as cores dela e a sua diferença em relação com a pena que a Alice trouxe. Compararam as duas e foram diferenciando-as:

– A da Alice é preta com branco.

– É cinza.

– A outra é marrom com branco.

– A minha é maior – disse Alice.

– As duas são macias.

Passei as penas para cada criança na roda.

Após a roda da pena, retomei o que havia planejado. Li a história *Nada ainda?*, na qual o Seu Luís planta uma semente e espera que ela brote. Ele volta até o local vários dias e fala: "Nada ainda!". Na imagem do livro, é mostrada a semente brotando dentro da terra. Seu Luís, então, cansa e para de ir ver sua planta, que nasce como flor, e um passarinho a leva. Seu Luís volta para ver e fala: "Que demora!".

Da história, pergunto do que Seu Luís precisou para plantar sua flor.

– As plantas precisam da semente para nascer – relembrando a discussão que aconteceu na semana anterior.

– Põe a semente na terra e nasce a fruta.

– Nasce planta.

Eu, remetendo à história, perguntei:

– Nasce rápido? É só pôr a semente que já nasce a planta?

– Não! Demora para brotar – lembrou Alice.

– Tem que pôr água, tem que pôr no sol.

Mostrei amendoins em sua vagem e perguntei:

– O que é isso? – Fui passando para pegarem, chacoalharem. Conforme eu passava, foram falando:

– É planta.

– É semente.

E perguntei:

– De quê?

– É de caju – disse Raquel. – Já vi na minha casa.

– Eu sei! É amendoim! – Sofia replicou.

– Por que você acha que é amendoim? – perguntei.

– Eu vi porque meu vô comprou para comer. Tem amendoim lá dentro! – Sofia respondeu.

Alice, ouvindo a amiga, retrucou:

– Não, o amendoim é uma bolinha!

Fiz suspense e abri a casquinha, mostrando o amendoim. Fui passando na mão deles, e Alice confirmou o que Sofia falou:

– É amendoim.

Apenas as duas falaram, e percebi que a maioria não reconheceu o amendoim. (Mateus, Heitor V., Heitor L. e Henrique ficaram se arrastando no chão, pedindo para ir ao banheiro, perguntando se tinha parque. E aí? O que fazer? Eu tentei puxar a atenção deles falando o nome, perguntando diretamente, mesmo que eu viesse a escutar "não sei". Acredito que, assim, de certa forma, ao menos por um tempo, eles me escutem.)

CP: Não é o tempo deles, professora. Eu falo, mas há quem ria; só falta rolar pelo chão! (Risos!)

Pegaram um amendoim, e perguntei se era de comer. A maioria disse que sim. Falei as receitas que se podia fazer com o amendoim: torrado com sal, com açúcar, bolo de amendoim, paçoquinha. Perguntei: "Só que, para fazer a receita, vou precisar de muitos, e, aqui, só tem cinco. O que podemos fazer para aumentar a quantidade?". Falaram em comprar, e eu logo repliquei: "Não temos dinheiro". Riram do que falei, mas não chegaram à questão da plantação. Eu disse: "E se a gente plantasse o amendoim? O que acontece mesmo quando a gente planta uma semente?". Algumas crianças responderam: "Nasce a planta". Eu completei: "Vão nascer muitos amendoins para a gente".

Peguei, então, um pote com terra, e fomos seguindo o que fez o Seu Luís da história, e as crianças, em roda, foram colaborando. Primeiro, pega a terra, faz um buraco e coloca a semente. "Vamos jogar água para a semente." Joguei água e falei: "Agora temos que esperar, como o Seu Luís".

Fiz a proposta do registro pictórico para desenharem como plantamos o amendoim. Fui acompanhando a atividade e percebi como estão mais preocupados com o que registram seguindo a minha comanda. Vão desenhando e falando o que fazem. Raquel fez a professora, os amigos (alguns) e a semente. Muitas crianças representaram a roda (eles e eu) e colocaram no vaso com a semente. Somente Mateus e Heitor V. não falaram sobre o registro, e, quando fui conversar com eles, responderam "não sei". Os desenhos ficaram ótimos, e as ideias avançam a cada dia.

Observação (pós-registro e pós-HTPC): hoje à noite, no HTPC, achei maravilhosa a discussão sobre o registro pictórico e sua relação com o sentido em escrever com função. Quando foi proposto o desenho para lembrar quais etapas são realizadas numa plantação, foi preciso dividir a folha e fazer uma sequência, e, em outro momento, retomar o desenho para lembrar como foi feito. Eles, assim, podem ler o que desenharam, o que representaram. Dessa forma, vou retomar e fazer o registro como proposta em duas partes, pois são pequenos, e, para começar, acho que darão conta de duas etapas. Nossa! Estou aprendendo muito com os HTPCs e os ótimos textos oferecidos.

CP: Fico feliz por isso!

Dia 28 de maio de 2013 (Frio e chuva!) 21 crianças presentes

Em razão do tempo chuvoso, meu planejamento foi alterado. Iria visitar, com as crianças, os jardins da escola, observar árvores, se há frutas, horta, mas deixa para outro dia.

Fiz a leitura do livro *Meu avô é um problema*, que conta do vovô que só tinha legumes, frutas e vegetais gigantes. Ele ganhava prêmios, o que causava ciúmes nos participantes dos concursos. Até que um deles (vestido com um chapéu de bruxa) deu de presente para o vovô um vaso com tomate plantado. As crianças logo falaram: *"Olha, é um bruxo!"*. Os tomates estavam enfeitiçados, foram crescendo e ficaram gigantescos, maiores que a delegacia. Durante a leitura, fui aproveitando para reforçar algumas ideias, como a do ciúme como uma coisa não boa. Pedi para verem que as pessoas estavam com cara feia. Compararam o tomate gigantesco com outras coisas grandes, como um prédio, um castelo, um elefante etc. Voltando à história, o vovô foi preso, considerado uma ameaça pública. O tomate foi ficando cada vez maior e chamaram o exército. Uma lagarta gigante comeu o tomate, dormiu sobre a delegacia, virou crisálida e destruiu-a. A polícia correu atrás do vovô, e este fugiu na mariposa, na qual a lagarta tinha se transformado. Por fim, o vovô pegou um pepino gigante e cavou por dentro, transformando-o em uma nova delegacia. Foi perdoado.

Essa história bem surreal chamou muito a atenção das crianças, que riram e falaram dos acontecimentos. Retomei a história de ontem também e o que fizemos com o amendoim.

Como hoje tive uma reunião com o coordenador pedagógico, deixei uma atividade, e a Fátima ficou com eles. Como eu não iria acompanhar, propus que desenhassem partes da história do vovô para levarem para casa, e, observando o desenho, contassem a história para a mãe, o pai, a avó.

A estagiária que está acompanhando minha sala estes dias ficou com as crianças na minha ausência. Ela comentou que as crianças ficam mais focadas no que fazem quando estão comigo. Não se preocuparam com o desenho. Elas aproveitam mesmo quando há outra pessoa e testam para ver até onde conseguem ir na bagunça sem levarem "bronca". Aproveitam-se da Fátima, que faz tudo para agradá-las, dá muita atenção. É engraçado! A criança não é tão inocente quanto dizem. Durante esses dias em que estou com a estagiária, percebo que gostam de chamar a atenção, fazendo coisas que não é do costume delas.

Cristiano,

Em tempo: no início deste trabalho proposto para 2013, minha maior dificuldade foi relacionar as atividades entre si. Eu não sabia como, e parecia tema gerador. Hoje, sei diferenciar o tema gerador do que fazemos e consigo fazer as relações com menos dificuldade e com mais clareza. Isso se deve às suas intervenções e às suas sugestões, que adoro e me ajudam a crescer profissionalmente e a ficar mais "inteligente". Ainda estou no processo de construção dessa prática, mas feliz por perceber uma evolução positiva.

Gostaria de ter acesso aos livros de Festa Junina que vi com você. Quero começar a trabalhar com as crianças a partir da semana que vem. Também quero as músicas para ouvir com os alunos. Sugestão: deixar o material em uma caixa na secretaria, para termos acesso, sob controle da Eva ou da Marisa.

Dia 29 de maio de 2013 16 crianças presentes

Fiz a leitura da história *Flicts*, do Ziraldo, falando das cores. Depois da leitura, fiz uma roda de conversa, relembrando as aulas sobre cores de Aldemir Martins. Fui mostrando as cores do livro e perguntando sobre frutas, objetos e outras coisas que fossem de determinada cor. As crianças adoraram falar e foram pensando em coisas diferentes.

Mostrei o azul e peguei diferentes tons da cor na sala, em roupas, em cadeiras, em objetos, do mais claro ao mais escuro. Mostrei uma página do livro com um retângulo azul mais escuro, com um círculo azul mais claro dentro. Então, fiz a pergunta: "Vejam! Quantas cores tem aqui?". Logo gritaram: "Duas!". Eu respondi que não. Dessa forma, começaram a gritar "Três!", "Cinco!", "Dez!", e falei: "Ninguém acertou, porque vocês estão só gritando. Têm que ficar quietinhos um pouco e pensar no que eu perguntei". E ficaram três segundos em silêncio, e Manuela respondeu: "Só tem uma cor aí". Lógico que fiz mais perguntas e pedi para todos prestarem atenção no que Manuela estava dizendo.

– Por que você acha que só tem uma cor?

CP: Risos!

– Eu sei, é só azul que tem aí – disse ela. E eu pensei: "Linda!!!"

Fui explicando por que a Manuela acertou, dei exemplo dos azuis da sala e de outras cores. Falei a palavra monocromático, que repetiram com dificuldade, mas percebi que a maioria entendeu o conceito. Expliquei que iríamos fazer a experiência no ateliê.

No ateliê, após o circuito, retomei a conversa sobre a cor e propus que cada grupo de mesa (dois) fizesse a pintura com uma cor. Uma mesa ficou com o azul, e a outra, com o vermelho. Perguntei como conseguiriam fazer a cor ficar mais clara, e Alice logo respondeu: "Coloca o branco!". "Para ficar mais claro, eu coloco o branco, mas, e para ficar mais escuro?". Lógico que algumas crianças falaram "coloca preto", mas eu disse que não tinha preto. Alice, que estava afiada, falou: "Coloca mais da cor". Eu confirmei sua resposta, e, desse modo, partiram para a pintura, experimentaram a mistura e foram falando: "Olha, ficou mais claro!", "Coloquei mais azul e escureceu!", "Bem clarinho ficou o vermelho..."; "Nossa, que legal!". Enfim, amaram a atividade e 99% delas compreenderam o conceito, apesar de não conseguirem falar monocromático.

Dia 30 de maio de 2013

Feriado de *Corpus Christi*.

Dia 31 de maio de 2013

Emenda do feriado de *Corpus Christi*.

***

Patrícia,

Tenho a convicção de que ter uma profissional com a sua capacidade analítica é o sonho de qualquer coordenador pedagógico! Obrigado pelo privilégio de conhecer uma profissional assim! Com absoluta certeza, você avançou muito e irá mais longe ainda. Sabe por quê? Há um genuíno desejo em você de compreender o seu fazer! E isso, como diz a propaganda, não tem preço!

Discordo de você de que as crianças não se concentrem por mais de dois minutos, e seu relato me deu várias provas de que estou certo. Logo, o que acontece é que, às vezes, alcançamos a todos, e outras vezes, não, o que é normal.

Perceber que a integração entre a sua sala e a da Márcia J. está caminhando é um bom passo. Merecem aplausos em pé – e por mais de cinco minutos – suas duas atitudes em relação à integração! Ver a transgressão como parte do processo de integração é para poucas professoras. Isso mostra o quanto você é especial e capaz no que faz. E vencer o desejo de, inicialmente, mandar os meninos soltarem as mãos é a prova maior de que seu processo reflexivo está a mil! Parabéns! Para amarrar tudo, sua ideia de encontrar a sala dela em outros espaços é perfeita!

Amei o conflito de onde vem a fruta e sua calma em não responder de imediato! Nós, professores, temos uma necessidade de sermos imediatistas, não é? (Risos!) Mas, como você tinha clareza de onde desejava chegar, percebeu que dar a resposta iria contra o que desejava alcançar. Olhar em perspectiva, somado à reflexão do que faz, é puro luxo!

Há diversas árvores frutíferas na escola. Vale a pena dar uma olhada com as crianças mesmo. Percebe que, quando sua aluna coloca a pombinha na classe das aves, diferenciando-a, porém, da galinha, está construindo uma complexa questão matemática? Pertencimento a um conjunto e discriminação dos elementos desse conjunto? Isto é simplesmente maravilhoso! Quanto mais crianças alcançarem esse pensamento, melhor.

Ser capaz de ouvir a criança já é uma enorme habilidade, que me faz admirá-la muito; agora, ser capaz de ouvir outro adulto e admitir que se aprende é simplesmente de me embasbacar! Fico novamente agradecido de poder coordenar você! O uso das palavras *maritacas* e *monocromático* é prova do que significa ampliar as questões vocabulares. Parabéns! O desenho ganha bastante destaque nos seus relatos. Vou passar-lhe um artigo para discutirmos futuramente; ele ajudará nisso.

O seu "Apenas reorganizamos as informações [...]" é muita modéstia para descrever um trabalho com tratamento exemplar... Percebe que a roda é um local de reorganizar o que já apareceu, e não de sempre apresentar ou procurar criar motivos para iniciar um trabalho? Parabéns novamente!

Como os pássaros estão "bombando" na sua sala, pensei em passar o desenho *Rio*, principalmente o trecho do baile, no qual há várias aves. Na sexta-feira, saiu uma matéria no jornal que fala da importância do tucano para o plantio do palmito. Assim conectamos tudo! (Risos!) Não sei se tem na escola o desenho *A fuga das galinhas*; então, também separei esse desenho. Creio que o trecho em que elas dizem que não foram feitas para voar seria bem oportuno para o que sua sala está passando. (Risos!)

No trecho "Olhando para elas, vi rostos de medo, de apreensão, de surpresa, de alegria e de curiosidade por participar desse momento", quase chorei! É fantástico perceber que há profissionais que se encantam pelo seu fazer e se preocupam em como as crianças estão recebendo as mediações que lhes são oferecidas! Novamente, parabéns!

A responsável pela merenda me deu uma informação que vale ouro. (Risos!) Podemos pedir o que desejarmos de hortifrutigranjeiros para o setor de merenda! Eles arrumam praticamente tudo o que precisarmos; logo, pense no que quer, e solicitamos para a merenda. (Risos!)

Percebe como suas crianças a veem aberta às sugestões delas? É a segunda criança que traz pena para a escola! Veem em você alguém que está receptiva às colaborações delas. Isso é incrível!

Aconselho você a fazer as crianças ouvirem mais vezes a música *A galinha-d'angola*, e, se possível, ampliar a audição para outras músicas do Ney Matogrosso, assim, o repertório musical dos alunos aumenta. Se não gosta do Ney, continue com as obras d'*A arca de Noé*. Há uma música, cantada pela Elis Regina, chamada *A corujinha*.

Você, para encerrar com chave de ouro os seus relatos, começou a colocar em que os HTPCs estão auxiliando na sua reflexão! E me dá uma devolutiva de nossa conversa! Isso, como diz a propaganda, não tem preço!

Creio que esteja na hora de você pensar seriamente em colocar num artigo, de forma sistematizada, esse seu percurso reflexivo e suas construções sobre o seu fazer! Vamos escrever um artigo juntos? Creio que seria um bom treino para você ir amadurecendo a ideia de uma futura pesquisa acadêmica!

Cristiano Rogério Alcântara
01 de junho de 2013

P.S.: compreender o que significa *monocromático* é muito (MUITO) mais importante do que saber falar a palavra *monocromático*! Creio que já tenha vivenciado isso a respeito da palavra *ressignificação*. Obrigado por me ajudar a ressignificar meu papel de coordenador pedagógico ao ler seus relatos tão repletos de reflexão e de vontade de ser uma profissional completa e consciente de sua tarefa pedagógica!

***

Cristiano,

Sua devolutiva dos registros é inspiradora. Como já escrevi, você tem ideias que proporcionam o desenvolvimento do trabalho com as crianças.

Quanto ao tempo de concentração e de atenção na professora, concordo com você. Para alguns adultos, é difícil; imagine para as crianças! Porém, o caso das crianças está teoricamente explicado pelos pesquisadores em desenvolvimento infantil. O dos adultos, acho que o que o explica é o seu não desenvolvimento quando crianças; ficaram lá na fase de heteronomia. Precisam de alguém mandando ou vigiando.

Pensando na sua anotação, vou trabalhar com a questão de aves que voam e aves que não voam, apesar das asas. O trabalho com o projeto e a participação das crianças têm tornado bem real a teoria que foi lida em livros e textos por mim. Nunca havia dado esse espaço para as crianças se colocarem e mostrarem o seu interesse. Exemplo disso é que eu iria trabalhar apenas com a galinha, e estou estudando as aves com as crianças.

Elas estão aprendendo, e eu também. Nunca havia percebido tanta evolução no aprendizado das crianças como vejo agora, trabalhando assim com essa turma. No caso da Alice, nas relações que fez ao observar a pomba, não imaginei que tinha essa matemática toda. Que bom! Vou organizar os desenhos, partes importantes dentro das discussões do grupo. Às vezes, falta espaço para tantas ideias boas que você dá, mas faço o possível para aproveitá-las.

Realmente, aprendi muito a ouvir as crianças e a explorar muito as suas ideias, por mais absurdas que pareçam. Adoro e me divirto com os conhecimentos prévios delas, e, do que elas trazem, percebo que as faço pensar e desenvolver suas ideias. Deixo muitas questões em aberto para ver quem vai além da escola: perguntar para os pais ou pensar mesmo, buscar respostas.

Com relação à música, achei ótimo o jeito de fazer as crianças conhecerem outras músicas propostas por você no HTPC da outra semana. Vou praticar com sua sugestão da galinha-d'angola.

Assisti ao DVD da Leda Catunda[14] *e tive muitas ideias. Também ampliei a compreensão do meu fazer no trabalho com artes,*

[14] N. do E.: artista visual, pintora, escultora, pesquisadora e professora brasileira.

relacionando as propostas dadas às crianças com as produções de artistas, significando a linguagem e sua expressão.

Com relação à escrita do artigo, fico lisonjeada com a proposta, mas ainda preciso desenvolver mais o meu fazer. Este ano tem sido muito bom para mim. Despertei meu prazer em escrever, em ler, em aprender.

Não li livros da Ciranda de Livro da nossa escola, mas voltei a ler, sim, como há muito tempo eu não fazia, em razão da correria e da rotina, que me fizeram parar. Em Diadema, tenho um grupo de leitoras na escola, que compram e trocam livros entre si. Ao contar sobre sua sugestão e da Ana de levar livros lidos, e eu não ter nenhum, uma delas começou a me emprestar seus livros. Já li três e estou com um megalivro agora, adorando redescobrir a leitora dentro de mim. Veja que coisa: a minha filha, vendo-me ler livros grossos, está pedindo: "Mãe, também quero um livro grande para marcar a página onde eu parei". Ela senta ao meu lado, lê, me olha, me imita e, quando cansa, marca a página na qual parou. Lindo, né? Está, agora, perguntando sobre pontuação.

Patrícia

Dia 3 de junho de 2013 19 crianças presentes, num dia frio e com chuva

Professora também aprende com as crianças, e estou entrando como aluna dentro da minha própria proposta com as crianças.

Neste feriado de Corpus Christi, fui a um *pet shop* perto de Itu, em um *shopping* de estrada que tem vários bichos: pônei, vaca, bezerro, lhama, uma infinidade de aves e várias espécies de galos e galinhas. Já é a segunda vez que passo por lá, mas, agora, com outro olhar, de exploradora. Quando vi a infinidade de penas pelo chão, comecei a coletar, pensando em levar para a roda com as crianças. Com o celular, filmei algumas aves e o lugar, a fim de ilustrar minha fala quando contasse às crianças.

Fiz uma roda com elas e comecei a contar do feriado. Perguntei onde foram passear e acabei falando do meu passeio. Mostrei algumas imagens do meu celular com as aves que vi, falei alguns nomes que aprendi, e todas as crianças ficaram muito interessadas, pediram para ver mais, ouviram o barulho do canto das aves. Aproveitei e falei sobre as penas e mostrei que consegui pegar várias. Fui mostrando cada pena e falando de que ave era. Dei uma incrementada na minha coleta de penas "criando" com elas situações de como teriam caído da ave: "Eu estava vendo, e um deles fez 'qua qua', sacudiu as penas do rabo, que saíram e estão aqui"; também, "O pavão bateu as asas e saiu esta pena bem grande!".

E, assim, fui criando uma situação para cada pena: "A arara voou no viveiro, gritou, e a pena da sua asa caiu perto de mim". Algumas crianças riram muito, pediram para eu repetir a história. Passei todas as penas para elas pegarem, sentirem e verem bem de pertinho.

Conversamos sobre as cores e os tamanhos diferentes. Acharam lindo o colorido das penas da arara e do pavão: "Olha, tem brilho!". Enquanto passavam as penas, todas, com muito interesse, passavam a mão nas penas, passavam as penas na mão, no braço, e comentavam: "Que fofinha!", "Olha, que macia!", "Essa espeta!", "Que grande! Pega!". Muito interessante que algumas crianças pegavam a pena e repetiam a história que eu havia contado: "Essa, a Patrícia pegou quando o pato mexeu o rabinho assim!", "Não é, prô? Não é que a arara voou e caiu essa pena?". Também foram falando das cores diversas das penas, comparando os tamanhos das penas que viram e pegaram.

CP: MATEMÁTICA.

CP: Sabe como a pena dele fica impermeável?[15]

A roda durou bastante, e a atenção das crianças também. Para finalizar, Cristiano entrou na sala, perguntou sobre o que estavam vendo e trouxe uma galinha-d'angola de madeira. A proposta do filme *Rio*, com cenas de diversidades de aves, casou bem com o momento, e ele será apresentado assim que possível.

Conversei com as crianças sobre a galinha e fui fazendo perguntas: "É de verdade?", e todas falaram: "Não, é de mentira!", "Do que foi feita a galinha?". Passaram a mão nela e falaram: "plástico", "papel", "ferro", e o Luca T. falou: "É de madeira!". Retomei o que é um artista, que Aldemir Martins pintou o galo com tinta e que essa galinha também era arte, feita por um artista, e chama-se escultura.

- Como será que ele fez?

- Cortou.

- Amassou.

- Serrou.

Eu supus que foi serrando a madeira e pegou uma lixa, para ficar lisa.

- E o que o artista fez com a galinha para parecer a d'angola?

Alice logo respondeu:

- Pintou!

---

[15] N. do E.: o pato e outras aves, com seu bico, espalham o óleo secretado pela glândula uropigial, localizada na região da cauda, sobre suas penas para torná-las impermeáveis, o que também auxilia na sua termorregulação.

– Como ele pintou?
– Com pincel, e foi pondo a tinta.
– Quais cores o artista usou para fazer a galinha-d'angola?
– Preto com bolinhas brancas, mas esta tá um pouco cinza.

Propus um desenho de observação da galinha. Todas as crianças se empenharam no desenho, apesar da idade ainda não permitir uma simbolização mais parecida com o que viram. Adoraram desenhar a galinha. Também adoram quando vou a cada mesa elogiando e sugerindo traçados.

Hoje o dia rendeu! Com a chuva e o frio, deu tempo de propor mais atividades. Com a proximidade da Festa Junina, torna-se necessário trabalhar o tema, para atribuir sentido à festa da escola e à dança que vamos fazer.

Chamei todos os alunos, que se sentaram próximo do rádio. Perguntei se sabiam por que a escola estava toda enfeitada e como se chamavam aquelas coisas penduradas. Falaram tudo, menos bandeirinhas. "Papel", "colorido", "coisas coloridas", "triângulo", "papéis cortados". Então, indaguei: "Estão lembrados da Festa que marquei no nosso calendário, aquela a que vocês virão para a escola com a mamãe e o papai?", ao que responderam: "Sim!" e "Para dançar música!". Perguntei se sabiam o que tem na Festa Junina e descobri que ninguém sabe; parece que nunca participaram. Falaram da festa de Páscoa, da de Natal, perguntei das brincadeiras e falaram: "jogar bola", "pega-pega", "videogame". "Vamos, então, escutar uma música de Festa Junina que fala o que tem nela". Elas ouviram e fui frisando sobre bandeirinhas, as comidas e a dança. Ouviram novamente e, depois, dançamos. Nos próximos dias, vou aprofundar o conhecimento com livro, imagens e conversa sobre o assunto.

Precisava de wi-fi na escola para a pesquisa em sala de aula.

→ **CP: Também acho!**

Quadro 1.15 – Agenda da semana (de 03/06/2013 a 07/06/2013)

Horário	Segunda-feira – 03/06	Terça-feira – 04/06	Quarta-feira – 05/06	Quinta-feira – 06/06	Sexta-feira – 07/06
13 h	**Atividades diversificadas** Massa de modelar. Desenho. Jogos de montar. "Mercado".				**Reunião pedagógica**
13h30	Calendário e rotina do dia com imagens.				
14 h	**Lanche e escovação**				
14h30	**Parque**				
15 h	Leitura: *O ovo.*	Relembrando as penas.	Leitura: *A festa no céu.*	**Parque**	
15h10	Roda de conversa: penas encontradas. Vídeo (no celular da professora).	Apreciação do travesseiro.	Relacionar com Festa Junina. Colocar música de Festa Junina.	**BEI** Leitura: jornal – Tucano e sua importância para as árvores (semente). DVD: *Rio* (espécies de aves).	
15h30	Registro por meio de desenho das penas/da galinha-d'angola.	**Empréstimo na BEI – Quinzenal**	**Circuito**		
15h50		**Brinquedoteca**	**Ateliê**	**Quadra ou pátio**	
16 h	~~**Quadra**~~ (Sala)		Ver imagens de Festas Juninas no computador.	Música de Festa Junina. Dançar.	
16h10	Ouvir músicas de Festa Junina e dançar. Conversa prévia.		Desenho no caderno: festa.	Desenho com interferência: roupa de caipirinha colada (vestido ou camisa).	
16h20					
16h40	**Organização e saída**				
17 h					

Dia 04 de junho de 2013 21 crianças presentes

Hoje, tivemos um acontecimento diferente. Um dos alunos mora com a mãe e o padrasto, e o casal acabou de ter um bebê. Eva me pediu a ficha do aluno, porque o pai biológico veio à escola; pedia para ver o filho e falar com a professora. Como nada foi mencionado pela mãe e não havia registro na escola de documento judicial, estranhamos a situação. Dessa forma, Eva ligou para a mãe, que falou que tem uma carta do juiz para que o pai não tenha acesso ao filho, mas nunca falou nada a respeito nem entregou cópia à escola. Explicada a situação para a mãe, da urgência em trazer a carta e que, sem ela, o pai teria direito de levar a criança, Cristiano atendeu ao pai, que aguardava na secretaria. Foi explicado que o aluno estava em aula, e não seria bom tirá-lo no momento. Então, eu, Patrícia, fui conversar, tirar dúvidas com relação a assuntos da escola, juntamente com o pai e o coordenador Cristiano.

O pai contou sobre a relação com a ex-esposa. Não mencionou conflitos, apenas que vê o filho a cada 15 dias e gostaria de saber da vida escolar dele. Contei sobre como o aluno vem se desenvolvendo bem na escola, e o pai mostrou-se satisfeito. Contou sobre seus fins de semana com o filho; o que costumam fazer é brincar. Cristiano falou que sabe da importância de o pai se interessar pela vida escolar do filho, mas, quando quiser conversar, deve, antes, ligar e agendar um horário, para que possamos organizar o encontro. O pai agradeceu a atenção dada pelo coordenador e por mim.

Na roda de conversa, apresentei o travesseiro trazido pelo Cristiano com o enchimento de penas e plumas. Ontem, quando apresentou a galinha-d'angola, ele participou da roda de apreciação das penas e falou sobre o que podia ser feito com elas. Então, Cristiano comentou a respeito do travesseiro e do seu edredom. Hoje, mostrei o travesseiro e perguntei: "O que é isso?". Todos os alunos responderam: "Um travesseiro". "E por que eu tenho esse travesseiro aqui?". Responderam que era para dormir. Raquel logo falou: "É de penas!". E eu: "Como você sabe?". "Eu sei porque o moço que trouxe falou que tinha um travesseiro com penas dentro". Eu indaguei: "Será que o travesseiro fica bom se colocarmos penas dentro dele?". Pedi para Raquel apertar, sentir e falar como é: "É macio e gostoso!". Todos apertaram o travesseiro e foram falando: "Oh, que macio!", "É fofinho!", e, aí, foram só elogios.

Lembrei com eles a sensação de quando pedi para passarem as peninhas no braço: "Foi macio!", "Fofinho!".

Dia 05 de junho de 2013 21 crianças presentes

Dando continuidade ao tema *Festa Junina*, fiz a leitura da história *A festa no céu*. Além do tema festa, pude conversar com as crianças sobre as aves que puderam ir à festa porque voam.

Ainda não falei da característica física, ou melhor, anatômica que permite voar ou não porque vou ver uma forma de explicar para que entendam ao menos um pouco. Eu ainda preciso dar uma pesquisada melhor para passar às crianças, mas o conhecimento já foi lançado.

Pedi para observarem as ilustrações do livro e falarem o que tem numa festa. Rapidamente, falaram:

– Olha as bandeirinhas!

– Tem gente tocando violão.

– Tão cantando!

– Dançando com a música.

Então, perguntei o que tem na Festa Junina.

– Também tem música.

– As pessoas dançam.

– Tem bandeirinhas.

Chamei as crianças para escutarem mais músicas de Festa Junina. Coloquei uma que fala das comidas, para ouvirem.

– Na festa de aniversário, o que a gente come?

– Bolo.

– Brigadeiro.

– Beijinho.

– Pãozinho.

– Cachorro-quente

– Bala.

– E na Festa Junina, vocês sabem o que tem para comer?

– Minha vó falou que tem pipoca – disse Raquel.

– Isso mesmo! Tem pipoca.

Coloquei a música novamente e pedi para escutarem o nome das comidas. Sofia falou:

– Tem pé de moleque!

Eu perguntei do que é feito e, mais uma vez, Sofia falou:

– De amendoim.

Ela lembrou que, um dia, trouxe um pé de moleque para mim. Segui, então, sem mais participação dos alunos, pois percebi que não conhecem esses doces e essas comidas. Falei o que costuma ter na Festa

Junina: paçoca, que é de amendoim, curau, bolo de milho, que se faz com o milho, que também se come cozido. "Cocadinha, que falou na música, é de quê?" Como falaram tudo menos coco, eu respondi. Na atual circunstância, acho necessário trazer para verem e provarem as guloseimas. A paçoquinha, dá para fazer na escola. → **CP: Parabéns!**

No ateliê, mostrei pinturas de artistas que retrataram as Festas Juninas. Usei o computador. Perguntei sobre o local que aparecia nas obras, e logo responderam: *"é sítio"*, *"fazenda"*. Também perceberam as bandeirinhas, a dança, o violão, e falei do instrumento sanfona, mostrado nas obras. Raquel comentou: *"Tem fogueira porque está de noite e precisa iluminar"*. As crianças viram os balões, e pedi para repararem nos vestidos e nas roupas dos homens. Sofia falou: *"Vou vir na festa 'de Barbie'"*. Aproveitei e perguntei se Festa Junina tinha alguém "de Barbie", e ela respondeu que *"não"*. Alice completou: *"Só tem noivinha e caipirinha"*.

Encerrada a apreciação das imagens, propus que fizessem um registro com desenho sobre o que tem na Festa Junina. Os alunos desenharam bandeirinhas, eles mesmos dançando, fogueira. Cecília, Alice e Raquel se inspiraram nas imagens apreciadas e fizeram pessoas na festa. Apenas Mateus não verbalizou nada referente à festa em suas garatujas. Ele falou: *"Fiz isso, ó!"*. Também ainda segura a canetinha ou lápis em posição de "estaca". E sempre oriento a forma convencional, que facilita o fazer do traçado. Também faço isso com o Miguel. Tenho planejado trabalhar com a apreciação das obras com bandeirinhas do Alfredo Volpi e propor colagem para a produção da atividade. → **CP: Bingo!**

Dia 06 de junho de 2013 — 21 crianças presentes

Na BEI, apresentei hoje o jornal com uma reportagem sugerida sobre os tucanos e a Mata Atlântica. Primeiro, pedi para sentarem em roda e mostrei o jornal, perguntando o que era. Responderam: *"papel"*, *"folha"*, *"revista"*. Falei: *"É de papel, tem folha, mas tem um nome, e não é revista"*. Mostrei uma que havia na BEI: *"Isto é uma revista"*. Eu peguei um jornal inteiro e, novamente, fiz a pergunta. Raquel respondeu: *"É jornal"*. *"O que tem no jornal?"*, perguntei. E as crianças responderam: *"Pra ler"*. Falei que tem, sim, coisas para ler, tem escrito o que acontece na cidade, no mundo, nos lugares, e introduzi a reportagem sobre o tucano. Interessante, porque foi possível associar a dois temas que estamos estudando, as aves e as plantas, que nascem das sementes. Eu já havia lido e fui lendo trechos; depois, conversei com as crianças, tornando a leitura mais clara para elas.

Deixei que olhassem as fotos na reportagem e perguntei se sabiam como era o tucano. Em um livro sobre aves que havia na BEI, separei a imagem do tucano para verem. Ressaltei o grande bico, que pega as sementes grandes, como falado na reportagem lida. "Nossa, que bico grande!", "'É preta', suas asas", disseram.

Relacionando toda a conversa da roda, coloquei para assistirem trechos selecionados do filme *Rio*. Primeiro, na entrada, as aves lindas e coloridas voando, e, de repente, os homens prendendo para vendê-las. "Nossa, são do mal!", "Tadinha delas!", comentaram. Viram, também, quando o cientista do filme mostra o hospital das aves, estas nas gaiolas e o desfile da escola de samba, com fantasias feitas de penas. Muitas crianças disseram ter o filme, e sugeri que assistissem em casa com a família e contassem o que aprendemos. Ainda sobrou tempo na BEI, e deixei que escolhessem ler livros ou assistir ao desenho *Rio*, que coloquei desde o início. As crianças se dividiram entre as duas atividades.

Hoje, consegui escolher a música para a dança da Festa Junina. Sentei em roda com a turma, escutamos, dançamos, e fui pensando no que poderia fazer. Acredito que a Amanda irá dançar junto. Vou lhe perguntar quando ela voltar da licença médica. A Dora me ajudou a pensar em alguns movimentos para dança, e, na semana que vem, começo a ensaiar as crianças.

CP: Comece com a Giovana.

Dia 07 de junho de 2013

Reunião pedagógica.

Quadro 1.16 – Agenda da semana (de 10/06/2013 a 14/06/2013)

Horário	Segunda-feira – 10/06	Terça-feira – 11/06	Quarta-feira – 12/06	Quinta-feira – 13/06	Sexta-feira – 14/06
13 h	**Atividades diversificadas**				**~~Hino~~** Ensaio.
13h30	Calendário e rotina do dia com imagens.				
14 h	**Lanche e escovação**				
14h30	**Parque**				
15 h	Leitura: *A ema.* Aves que voam e não voam. Conhecimento científico. Apreciar imagens e desenhar pavão (livro).	Leitura: *A panqueca de Nina.* Receita de paçoca. Registro: como fazer.	Leitura: *A galinha xadrez.* Comidas de Festa Junina.	**~~BEI~~** Expresso Lazer.[16]	Leitura: *Minhas andorinhas.* Poemas de pássaros (cantam).
15h10					**Quadra ou pátio**
15h30		**~~Empréstimo na BEI – Quinzenal~~**	**~~Circuito~~** Ensaio.		
15h50		**Brinquedoteca**	**Ateliê** Bandeirinhas de Alfredo Volpi. Colagem monocromática.	**~~Quadra ou pátio~~** Na sala, brinquedo de montar.	**Atividade de integração**
16 h	**~~Quadra~~** Ensaio.				
16h10					
16h20					
16h40	**Organização e saída**				
17 h					

[16] N. do E.: projeto itinerante do município que promove práticas recreativas.

Dia 10 de junho de 2013 19 crianças presentes

Separei, para esta semana, histórias que têm aves. Hoje, li o livro *A ema* com informações sobre a vida da ave, sua alimentação, seu comportamento. Como as crianças gostaram de saber sobre as aves, vou ampliar mais o repertório de conhecimento delas. Já usei e retomei uns livros e informativos na BEI que falam sobre aves e vou acrescentar a leitura de alguns trechos durante a semana também, assim como fiz com o tucano após ler a reportagem do jornal na quinta-feira. Depois da leitura do livro *A ema*, começaram a colocar na roda de conversa seus conhecimentos sobre as aves. Falei:

– Tenho outro livro que tem informações sobre a ema.

Peguei o livro, separei a página e li.

– O ovo da ema é bem grande, maior do que o ovo da galinha.

CP: Patrícia, vamos trazer ovos diferentes? De codorna, de galinha, de pata?

Começaram a fazer o tamanho com as mãos, e fui ajudando.

CP: MATEMÁTICA.

– Nossa, é bem grande.

– Sabem por que o ovo da ema é bem grande?

As crianças não responderam, ficaram me olhando.

– Vou mostrar o tamanho da ema. É maior do que eu!

Fiquei em pé e coloquei mais um pouco com as minhas mãos.

– Nossa...

E perguntei:

– Quem é maior: a galinha ou a ema?

CP: MATEMÁTICA.

Elas logo responderam que é a ema. Com ajuda das imagens dos livros, mostrei o tamanho do pé da ema e indaguei:

– Será que a ema voa?

As respostas ficaram divididas entre voa e não, só no "chute".

– A pombinha voa.

– A ema não voa – completei. E alguém sabe por que ela não consegue voar?

Falaram:

– Ela não sabe.

– Não tem asa.

E, aí, eu perguntei:

– Ué? Ela é ave, mas não tem asa essa ave, Carlos?

– Ave tem pena e asa – disse Alice.

– Acho que é que ela é muito grande – disse Manuela.

– Isso mesmo! Ela é grande e muito...

E, logo, Manuela completou:

– ...pesada! → **CP: Bingo!**

– Ela é grande, pesada e não abre as asas bem grande para voar – falei. Mas ela é ótima, faz muito bem como estava escrito no livro. Quem lembra?

E Alice falou:

– Ela corre bem rápido.

Reforcei o que Alice disse e fomos amarrando as informações sobre a ema. Aproveitei e li no livro sobre o pinguim, que também não voa, mas é um ótimo nadador.

– E por que vocês acham que têm aves que voam?

Algumas crianças falaram:

– Porque têm asas.

E retomei a ema, a galinha e o pinguim, que têm asas, mas não voam.

– É porque é levinha – disse Manuela.

– Isso mesmo! Seus ossos são bem levinhos, e elas abrem bem as asas.

– É a coruja que voa, abre bem as asas – disse Luca T.

– A pombinha!

E, assim, foram falando:

– A maritaca!

– O sabiá!

– Os passarinhos!

– O pavão!

E Alice disse:

– Você trouxe as penas do pavão. É lindo!

Procurei nos livros que peguei na BEI imagens do pavão e de suas penas. Falaram novamente das cores. Propus, então, o registro do pavão, como ele é, de suas penas de cores e Raquel pediu para escolher o material:

– Quero usar lápis de cor, não canetinha. → **CP: Escolheu a técnica! Isso é lindo ao cubo!**

Segui o pedido dela.

Desenharam o pavão. Todos se empenharam e foram falando do penacho na cabeça, do bico pequeno e das cores. Cecília fez o pavão e o pintou bem colorido, o que ela adora fazer nos desenhos. Muitas crianças não queriam parar de desenhar e pintar. Luca B. gosta de me perguntar: "O pavão tem bico?", e, depois, vai por partes. Ele demorou um pouco para começar o desenho, e falei:

– Faz, Luca! Cadê seu pavão?

– Calma, Patrícia! Eu estou pensando, né?

Que resposta mais linda! Eu falei:

– Desculpe! Pode pensar se quiser, e eu te ajudo, tá bom?

E ele:

– Tá!

Hoje, começamos o ensaio da dança da Festa Junina, minha turma e a da Amanda, que está com a Giovana. Com duas vezes de dança, foram olhando para mim. Lindos! Já sabem tudo, e cada um com seu charme e seu talento!

A Cecília chorou quando eu falei que a nossa Festa e a nossa dança seriam noutro dia. Hoje, expliquei que ela dançaria na Festa se quisesse e, na escola, iríamos brincar de dançar, como já fazemos. Ela aceitou e dançou toda feliz. Até a Festa, vamos ver... → **CP: Risos!**

***

Patrícia,

Infelizmente, não posso lhe emitir um certificado, mas, se pudesse, eu o faria, como lhe pediria para emitir um para mim também! Sempre advoguei – e continuo advogando – que a metodologia colaborativa pede que ocorra um trabalho de mão dupla, no qual ambos aprendam e ensinem.

Dialogar com você nos HTPCs mediante o Diário de Bordo está sendo um rico aprendizado para mim! Começo a enxergar melhor que as minhas intervenções, quando fornecidas para a pessoa certa, no momento certo, podem auxiliar a professora a rever seu fazer de forma supercontextualizada!

Ressignificar o pet shop por que você passou é incrível! E, além de significá-lo de outra maneira, conseguiu trazer elementos variados para as crianças poderem avançar no que estavam fazendo! Isso é um comprometimento com o fazer didático raro de se ver! Parabéns!

O movimento de criar uma situação para cada pena é usar a ludicidade com grande propriedade. Não foi uma fantasia à toa, mas, sim, procurando contextualizar as penas dentro de uma narrativa significativa às crianças, auxiliando que mantivessem a concentração.

Comparação de tamanhos das penas é pura introdução aos conceitos matemáticos! Parabéns ao cubo! Coloquei um desafio: sabe como as penas dos animais que nadam ficam impermeáveis? Lembrei-me das minhas aulas de Ciências da sexta série para desenterrar essa questão! (Risos!)

Mais importante do que a idade não permitir uma simbolização próxima do real, a simbolização que eles estão realizando está repleta de SIGNIFICADO! E isso é mais importante do que o registro próximo do real (que eles também vão alcançar).

O fato de a Raquel lembrar-se de minha entrada em sala e conseguir dizer que o travesseiro tinha esse propósito mostra como essa menina é iluminada! (Risos!) Muito pertinente abordar a questão da sensação que a pena causa ao ser tocada!

Sempre precisaremos pesquisar melhor, e ter compreensão disso é meio passo para sempre sermos melhores! Nunca deixaremos de apreender e de avançar. Patrícia, esse é o principal motivo que me motiva a ser professor, a mexer com educação e a pesquisar nessa área! O prazer e a certeza de sempre aprender coisas novas! Cada uma de vocês... Como os seus projetos estão me obrigando a aprender coisas novas! Tenho que ler e estudar mais cada nova intervenção! E isso me traz enorme prazer.

Na construção de contextualização da Festa Junina para as suas crianças, também acho fundamental pensarmos em trazer as guloseimas para que elas experimentem! Só assim conseguiremos deixar concreto esses conceitos a elas... A Márcia J. não seria uma boa parceira para isso?

Figura 1.4 – *Empinando pipa*,[18] de Djanira.

Seu cuidado em pensar em obras plásticas que remetam à Festa Junina é muito importante. Não sei se conhece a artista plástica chamada Djanira [da Motta e Silva]. Ela tem várias obras que remetem a festas populares, é uma grande artista naïf[17] *(considero a maior que o Brasil já teve).*

Veja a obra original colorida.

Cristiano Rogério Alcântara
10 de junho de 2013

P.S.: Secos e Molhados era o nome do grupo musical no qual o Ney era vocalista.

[17] N. do E.: o termo *arte naïf* aparece no vocabulário artístico, em geral, como sinônimo de arte ingênua, original e/ou instintiva, produzida por autodidatas que não têm formação culta no campo das artes.

[18] Empinando Pipa. *In*: Enciclopédia Itaú Cultural de Arte e Cultura Brasileira. São Paulo: Itaú Cultural, 2021. Disponível em: http://enciclopedia.itaucultural.org.br/obra62604/empinando-pipa. Acesso em: 1 dez. 2021.

Dia 11 de junho de 2013 23 crianças presentes

Pensando na receita culinária que pretendo fazer na próxima semana com amendoim, introduzi o assunto em roda lendo a história *A panqueca de Nina*, em que a personagem prepara a receita que está no título. Depois da leitura, fui perguntando o que Nina precisou para fazer a panqueca. As crianças começaram a falar os nomes dos ingredientes que apareceram na história: "ovo", "leite", "açúcar". Eu, então, perguntei:

– Ela foi jogando tudo na tigela? Como ela sabia o quanto de cada coisa colocar?

Começaram, dessa maneira, a jogar suas ideias, como:

– Ela sabe!

– Foi colocando um pouco de cada.

Então, perguntei:

– Como ela sabe?

E Luca T. me olhou e, logo, respondeu:

– Ela viu na receita.

Focalizei Luca T. Pedi que todas as crianças ouvissem a sua fala, e ele a repetiu. Perguntei para elas:

– O que tem, então, na receita?

E Raquel:

– Ensina a fazer a comida.

– O que eu faço com uma receita? E a mãe de vocês? O que fazemos quando vamos fazer uma comida que não sabemos, igual à Nina?

E começaram:

– Você...

– Olha ela.

– Vê o que tem nela.

Eu perguntei:

– É só olhar, assim, e já sabe? Se eu pegar este livro assim e só olhar, eu sei a história?

"Imitei" com o livro que estava na minha mão e completei, para entenderem melhor o que eu queria saber.

Alice logo respondeu:

– Não, tem que falar.

E Manuela:

– Tem que ler.

– O que eu vou ler para vocês saberem o que tem no livro? – perguntei.

– As letras – respondeu Raquel.

– O que tem na receita, no papel para eu saber?

– Tá escrito – respondeu Luca T.

Falei, então, que havíamos combinado de fazer algo com o amendoim, um doce que eu não sei fazer.

– É mesmo! Precisa da receita! – completou Sofia.

– Nós vamos procurar uma para fazer o doce.

E Raquel falou:

– Tem um problema: não tem as coisas para fazer.

Eu completei:

– É mesmo, não temos os ingredientes. Como podemos conseguir?

E Manuela:

– Vamos pedir pra mãe comprar no mercado.

– Boa ideia, Manuela! Vou pedir um para cada mãe.

Foi então que Luca T. falou:

– Mas não tem fogão, cozinha e panela para fazer!

Nesse momento, tive a feliz ideia de levá-los para uma visita à cozinha educacional, a fim de ver o que tem lá. Fui fazendo suspense:

– Vou fazer, então, uma surpresa para vocês.

Fomos até a cozinha e ficaram maravilhados com o espaço. Mostrei o fogão, a panela, e foram falando os utensílios e os eletrodomésticos lá existentes. Que felicidade! Algumas crianças começaram a mostrar a lousa com uma receita escrita, identificaram-na:

– Olha, uma receita!

Aproveitei a situação e perguntei:

– Do que será essa receita?

Falaram dos desenhos que também faziam parte da escrita. Li, junto com as crianças, a receita de bolo de fubá.

Enfim, ficaram encantadas com a cozinha. Agora, não escapo da culinária! → **CP: LINDO!!!**

Dia 12 de junho de 2013 19 crianças presentes

A aula de ontem chegou na casa da Alice. Ela chegou hoje com açúcar para a nossa receita, e ainda nem fiz o pedido para as mães. "Olha, prô, o açúcar pra gente fazer o doce". Que linda! → **CP: Risos!**

Hoje, li a história *A galinha xadrez*, relacionando os dois temas que estão sendo trabalhados com a mesma história: ave e receita. → **CP: Olha a conexão!** Novamente, retomei a conversa da aula de ontem sobre receita e foram relembrando a discussão. Conversamos que, na Festa Junina, tem comidas especiais, e também na Festa da nossa escola teremos comida.

– Vai ter amendoim?

– Não, o amendoim vamos usar na nossa receita de doce de Festa Junina. Na festa da nossa escola vamos ter outras comidas, como o bolo da galinha xadrez. Do que foi feito o bolo?

– De milho – responderam, e logo Raquel falou:

– Não gosto!

E começaram a falar do que gostam ou não. Falei que, para sabermos se gostamos, precisamos experimentar.

– Na Festa Junina, também se usa o milho para fazer várias receitas. – E fui elencando: milho cozido, curau, bolo de milho, canjica.

E Sofia lembrou:

– Pipoca!

Então, aproveitei para falar o que teremos na festa da escola para comermos, além da dança junina, que estão adorando ensaiar.

Aos poucos, estão se soltando, e, cada um com seu talento, faz os passos que ensinei.

Ainda como tema da Festa Junina, fomos, hoje, ao ateliê, e relembrei o nome do que havia na escola toda, no alto, enfeitando. Todos, em coro, lembraram: "Bandeirinhas!".

Relembrei com eles das imagens de obras de arte (estou tentando agora a arte naïf), e apreciaram as expostas no ateliê. Enfoquei com eles as bandeirinhas. Chamei todas as crianças para o computador e falei que eu iria mostrar obras de arte de um artista que adorava pintar bandeirinhas. Falei do Volpi, mostrei a foto, e Raquel perguntou: "Ele é de verdade?". Falei que sim, como a gente. "Ele existiu antes de a gente vir estudar nesta escola?" – indagou a menina mais uma vez. "Bem antes!", respondi para ela.

Apreciamos as obras. Falaram sobre as cores, e perguntei: "E no fundo, qual a cor?". Muitas crianças entenderam o conceito de fundo com rapidez. Adoraram ver! Falaram do colorido das bandeirinhas.

Então, fiz a proposta:

– Vamos, também, fazer uma produção? Mas não vamos pintar nem desenhar. Sabem como pode ser?

Foram falando, e Sofia:

– Pôr com papel.

– Como vamos pôr papel na folha? – perguntei.

– Com cola – responderam alguns.

– Como chama passar cola e colocar a folha?

Responderam:

– Colar!

E completei:

– Vamos fazer colagem das bandeirinhas. Mas não vamos fazer colorido: vamos fazer monocromático.

– É mesmo?

Perguntei se lembravam do que fizemos, e foram retomando tudo o que trabalhamos. Lembraram-se de que "é só uma cor". "É mais claro, mais escuro, mas só aparece uma", Manuela relembrou. → **CP: BÁRBARO!**

Aproveitei e falei que Volpi fez com tinta, mas tem uma artista que também faz obra de arte com colagem, e mostrei algumas da Leda Catunda. As crianças curtem muito ver e comentar o que mostro.

Ofereci o fundo (sulfite) rosa e várias bandeirinhas cortadas em diferentes tons de rosa. Colaram, cada um compondo sua produção do seu jeito, com a folha "deitada" ou "em pé". Algumas crianças alinharam as bandeirinhas em várias fileiras, separando os tons. Outras espalharam soltas no suporte. Mateus colou bandeirinha sobre bandeirinha. Adoraram colar e sempre vão expressando o que fazem e como se sentem. A maioria consegue dosar bem a quantidade de cola na colagem, sem fazer "melequeira". Cecília, Alice, Mateus e mais algumas crianças não queriam parar de colar. O que avalio é que as crianças não colaram por colar, mas pensaram na composição enquanto faziam, combinando tons e posicionando as bandeirinhas no espaço do papel. → **CP: GANHEI O ANO! OBRIGADO!**

Dia 13 de junho de 2013 21 crianças presentes

Hoje, as crianças brincaram com o Expresso Lazer. Achei a atividade ótima, pois saem da rotina e entram em contato com pessoas diferentes. Antes de virem buscar as crianças na sala, fiz uma roda para contar sobre a novidade do dia, que brincariam bastante durante a tarde.

Como já conheço um pouco do trabalho, pude antecipar um pouco para eles. Ficaram bem empolgadas. Quando a primeira monitora se apresentou, ficaram atentas ao que ela falava e foram entrando na fantasia, na viagem de trem.

Divertiram-se muito com a abertura. Os monitores conseguiram entretê-las com as piadinhas, e riram muito.

Quando saímos para as atividades, percebi que todas participaram muito, envolvidas pelas propostas dos monitores.

Na primeira sala, sobre música, cantaram músicas populares. Achei engraçado que a monitora perguntou o que poderia ter na floresta mágica, e, além de árvores e céu azul, começaram a falar o nome das aves que aprenderam.

Acho que o que mais gostaram da atividade foi a brincadeira no salão, onde correram muito, e fiquei arrepiada e pedindo para os "anjinhos da guarda" segurarem essas crianças. (Risos!) Tudo o que não proporciono, por medo de se machucarem, aproveitaram hoje.

O pega-pega foi com o monitor fingindo ser jacaré para pegá-los. Todas adoraram correr dele. Algumas crianças queriam ser pegas e falavam perto do monitor. Heitor L. não estava muito animado nessa brincadeira; acho que ficou com medo do jacaré. Segurei na mão dele e corria com ele. Parece que se sentiu seguro e acabou curtindo o momento.

Dia 14 de junho de 2013

Não foi feito registro por ser um dia dedicado a muitas brincadeiras.

***

Patrícia,

Deixei seu diário por último. Normalmente inicio por ele, mas, hoje, quis encerrar minhas leituras dos diários desta semana pelo seu. Fico maravilhado de ter terminado a leitura com esta chave de ouro! Parabéns!

Vejo que se apropriou com segurança das possibilidades de conectar as múltiplas atividades, e o mais importante é que, INDEPENDENTEMENTE do que estudam, os objetivos podem – e devem – ser alcançados! Conseguiu tratar de escrita e de significação de números de maneira bem pertinente, sem recorrer a folhas ou a atividades previamente elaboradas só da sua perspectiva!

Acolheu o que as crianças disseram e, com tal conhecimento, pensou, planejou e executou múltiplas atividades para darem conta da demanda das crianças e de conteúdos e objetivos que você achava importante!

Pensei em mostrar diferentes tipos de ovos. O que acha? De codorna, de pata, de galinha, quem sabe até um de avestruz... (Risos!) Assim, podem manipular diferentes materiais e comparar tamanho, peso etc. Até mesmo coxas para comer. De peru, de galinha, de pato, de codorna etc. (Risos!)

Raquel fazer a escolha da técnica que usaria para produzir seus desenhos é algo incrível, Patrícia! Muitas vezes, acreditamos que estamos formando pessoas livres e criativas, mas nos esquecemos de que os primeiros passos são essenciais nessa conquista! Parabéns!

Sua condução para chegar ao porta-receita foi simplesmente um deslumbre! Acredito que poucas pessoas envolvidas com Educação Infantil conseguiriam conduzir o percurso dessa forma! Segura do ponto em que desejava chegar, mas com ouvidos atentos às demandas dos alunos, sem atropelá-los, acreditando, a todo momento, que o conhecimento deles poderia ser usado! Isso é espetacular, professora!

Coroando toda uma condução exemplar, a apresentação da cozinha educacional soma-se e acontece de maneira MEGA-HIPERSUPER contextualizada! Quer mais? Não consigo imaginar! (Risos!) E, aqui, Patrícia, está, a meu ver, o grande ganho de se trabalhar dessa forma! Você não planejou chegar à cozinha nesse momento; você até queria usá-la e, provavelmente, estava se perguntando como fazê-lo! Ouvindo as crianças e refletindo sobre o que você desejava, a coisa "quase" que acontece "naturalmente"!

Não é naturalmente mesmo, professora! Aproprie-se dessa particularidade do trabalho com o projeto, professora! Saber aonde queremos chegar é o primeiro passo para que as coisas se interliguem! E isso não tem preço mesmo! (Risos!) Sua escuta atenta às demandas das crianças lhe fornece o caminho para chegar onde deseja! E, por isso, as coisas parecem que vão acontecendo naturalmente! (Acho que, agora, tive uma luz que nem eu sabia!)

A conversa foi tão significativa para a Alice que ela trouxe o açúcar! Imagina com foi a conversa dela com a mãe! Valeria a pena tentar resgatar? Pedir para a mãe escrever o porquê do envio do açúcar? Como a menina apresentou a ela a proposta? Eu creio que seria muito importante.

Lembraram o que era monocromático e fizeram uma obra monocromática! Isso é um LUXO! Crianças de 3 anos com tal nível de produção! Queria saber quantas crianças vivenciam essa experiência? No Brasil e no mundo, professora! E não a de fazer a colagem em si, mas de compreenderem o que está em jogo nessa produção e de se apropriarem de termos técnicos e da técnica em prol da sua própria produção e expressão artística!

Obrigado por me provar que um coordenador pode acrescentar elementos à vida de uma profissional que esteja comprometida com o seu fazer (sei que são poucas as profissionais como você, professora!). Bom saber que, quando encontramos "Patrícias" pelo caminho, auxiliamo-las a fazer a diferença! E o melhor de tudo, ou mais o importante: auxiliamos a professora a fazer a diferença na vida de muitas crianças!

Eu fiz a diferença no seu fazer (mas você é uma pessoa!), e, agora, você faz a diferença na vida de 23 crianças! E isso é maravilhoso! Novamente, sou muito grato de ter lhe conhecido! Obrigado!

Cristiano Rogério Alcântara
16 de junho de 2013

***

Cristiano,

Achei ótima a sua ideia de mostrar os diferentes tamanhos de ovos de algumas aves na realidade. Por fotos de livros, fica muito ilustrado e difícil de comparar.

Como você brilhantemente disse no HTPC de ontem, parece que as conexões, as relações acontecem como mágica, mas não é verdade. Quando acreditamos nelas, o nosso olhar torna-se claro, pois estavam sempre lá, e nunca nos interessamos por elas. As relações só precisavam ser reconhecidas.

Realmente, agora estou ouvindo as crianças e valorizando suas falas. Em outros tempos, falaria para Raquel que desenhariam, sim, com canetinha, ignorando sua voz e sendo autoritária.

Acho muito interessante explorar o pensar das crianças e ver como elas têm a capacidade de chegar a respostas, mesmo que não sejam as esperadas, quando instigadas.

Quando pensei na visita a cozinha, e sem planejamento, percebi que, realmente, as crianças influenciam muito a condução do projeto. Foi pela fala delas que houve a oportunidade de apresentar a cozinha quando o interesse estava aflorando, pulsando, assim, tudo tornou-se mais significativo e contextualizado.

De fato, durante estes meses, sou outra professora e pessoa. Adoro ouvir tudo o que você coloca. É incrível como consegue ter coerência, clareza e iluminar o conhecimento. Desculpe o elogio, mas o que você tem não é para qualquer um, mesmo que tente muito. Acho que você tem vidas e vidas de estudo para chegar aqui com tão pouca idade e tão iluminado. Não sei qual sua crença, mas, na minha, vejo você assim. (Risos, risos!)

Patrícia

Quadro 1.17 – Agenda da semana (de 17/06/2013 a 21/06/2013)

Horário	Segunda-feira – 17/06	Terça-feira – 18/06	Quarta-feira – 19/06	Quinta-feira – 20/06	Sexta-feira – 21/06
13 h	**Atividades diversificadas**				**Hino**
13h30	Calendário e rotina do dia com imagens.				
14 h	**Lanche e escovação**				
14h30	Frio!	**Parque**			
15 h	Leitura: *A corujinha.*	Leitura: *A vingança do falcão.*	Leitura: *O pavão do abre e fecha.*	Receita com amendoim.	Ensaio.
15h10	Roda de comentários: relembrar o pavão.	Registro: desenho.	Ensaio.	~~**BEI**~~ Na cozinha educacional, escrita na lousa que há no local.	
15h30	Pedir ingredientes.	**Empréstimo na BEI – Quinzenal**	**Circuito**		
15h50	Retomar conversa sobre a receita: ver amendoim e desenho (como estava e como está).	**Brinquedoteca**	**Ateliê** No computador, ver, pelo YouTube (registro oral) uma receita com amendoim.	**Quadra ou pátio** Ensaio da Festa Junina.	
16 h	**Quadra**				
16h10	Ensaio da Festa Junina.		Registro da receita por meio de desenho.	Registro da receita com amendoim por meio de desenho.	
16h20					
16h40	(Abonada) **Organização e saída**				
17 h					

Dia 17 de junho de 2013 17 crianças presentes

Na roda de leitura de hoje, li o livro sobre a coruja, indicado e emprestado pelo Cristiano. É uma narrativa que traz, também, informações sobre a ave.

Após a leitura, as crianças fizeram comentários, compararam a coruja com o pavão, como propôs o livro, usando os conhecimentos que adquiriram em outra aula. Antes de eu iniciar a leitura, o Luca T. me chamou e falou: "Eu sei que a coruja fica acordada de noite e dorme de dia". A história confirmou esta fala, e Luca se mostrou muito atento à leitura.

Após esse momento, coloquei para ouvirem uma música do CD A arca de Noé, um poema de Vinícius de Moraes, chamado A corujinha. As crianças escutaram a música e falei que o autor que escreveu a faz como poesia, que virou uma música que fala da coruja. Comparei com o livro que também fala sobre a corujinha. Li a letra da música no encarte do CD e fui ressaltando o que fala da ave, com o seu "piu".

Ouviram a música novamente, para perceberem a letra, sentirem o ritmo lento. Alice falou: "Eu não acho que a coruja é feia", e as crianças começaram a concordar com ela.

Hoje, também fizemos a observação do nosso amendoim plantado no pote. Por enquanto, está na sala e, logo, vamos passar para a horta.

Ficaram muito felizes em perceber que o amendoim está germinando, saindo a raiz, e já tem uma folhinha aparecendo. Deixei o pote em pequenos grupos de quatro crianças para ser observado de maneira mais próxima. Como um amendoim estava para fora e germinando, Raquel falou: "Olha, já nasceu o amendoim!". Relembrei com ela a roda em que observaram o amendoim na vagem (não sei se é assim que nomeia, depois pesquiso). Falei que é daquele jeito que fica e que aquele amendoim ainda é a semente que plantamos.

Depois da observação e da empolgação em verem a plantinha aparecendo, propus um registro, como sugestão do Cristiano, em dois momentos. Pedi para fazerem como estava no dia em que os alunos e eu plantamos, e, agora, o que viram. Expliquei bem, desenhei a folha do caderno na lousa, que dividi com um risco em duas partes. Fui dividindo com um risco de canetinha em cada caderno e explicando em cada grupo o que deveriam registrar.

Para o registro, dei lápis de cor, mas avaliei que teria sido mais produtivo dar o lápis grafite. Eles ficam empolgados com tantas cores, querem trocar o tempo todo, ficam entretidos com os desenhos que têm no lápis, e alguns acabaram perdendo o foco da proposta. Com o lápis grafite, focariam a atenção só na produção do registro.

Das 17 crianças, apenas 4 conseguiram seguir a proposta da atividade. Fui a cada mesa para ouvir o que estavam fazendo. Luca T. desenhou o pote com terra e a semente no fundo na primeira parte, e uma plantinha na segunda parte. Verbalizou o que fez. Alice fez uma semente na primeira parte, e ela vendo o pote com uma planta na segunda parte. Sofia encheu a primeira parte com bolinhas e falou: *"São as sementes do amendoim"*; na segunda parte, ela encheu de bolinhas com um cabinho saindo (broto) e comentou: *"Tá começando a nascer"*. Heitor V. me surpreendeu. Em geral, faz garatujas e fala "não sei" em seus registros. Desta vez, no primeiro espaço, o menino desenhou a terra com a semente e, no segundo espaço, a terra com a germinação, com um cabinho verde. Ele verbalizou sua produção, e elogiei muito o que fez.

As outras crianças ignoraram a divisão da folha e desenharam apenas o dia de hoje, com o amendoim germinando. Apesar de eu relembrar o que pedi (os dois momentos), insistiram apenas no tempo de hoje. Raquel falou: *"Olha, já nasceu!"*, para explicar o desenho.

Como foi a primeira vez que fiz esse tipo de registro, nos próximos, passarão a compreender melhor o objetivo.

Dia 18 de junho de 2013

[Falta] abonada da professora.

Dia 19 de junho de 2013 21 crianças presentes

Apresentei, hoje, a receita do amendoim doce em um vídeo da internet, com a finalidade de trabalhar a parte oral antes do texto escrito.

Primeiro, expliquei para as crianças que, amanhã, vamos fazer a receita de amendoim doce, e eu não sei fazer, então, vou precisar da ajuda delas. Ficaram empolgadas com a ideia e fizemos uma receita na cozinha.

Em seguida, coloquei o vídeo e deixei que assistissem a moça ensinando a receita. Ficaram bem interessadas assistindo e, no final, comentaram: *"Que delícia!!"*, *"Eu vou comer!"*, *"Eu trouxe o amendoim pra gente fazer, né?"*.

Problematizei, falando que iríamos ver novamente para lembrarmos amanhã na hora de fazer a receita. Eu também teria que lembrar e saber as medidas de cada ingrediente para a receita.

Desta vez, fomos assistindo e repetindo juntos a quantidade de cada ingrediente, percebendo, assim, qual o formato do texto de receita, sua função social. *"Olha, ela colocou 2 xícaras de chá de amendoim."* E teve criança que falou: "Põe chá no amendoim?". Expliquei que não: é a medida de uma xícara que a gente costuma usar para tomar chá. Amanhã, quando fizermos a receita, vou trabalhar melhor essa questão da medida em culinária para começarem a entender essa linguagem do texto de receita.

Terminado o vídeo, perguntei quais os ingredientes que precisaríamos, e falaram. Confirmaram que já temos todos eles e que poderemos preparar o quitute amanhã.

Eu ainda tinha como proposta um registro de como fazer a receita para consultarmos depois, mas um aluno fez xixi na roupa, e tive que tomar providências. O tempo passou, e não daria para registrar mais: já eram 16h30. Que pena!

Contudo, retomarei o registro em outro momento relacionando a receita do amendoim.

Hoje, a mãe do Luca B. me mandou um bilhete no caderno explicando por que me mandou um saco de pipoca. Ela disse que ele falou das comidas de Festa Junina e de receitas que eu iria fazer com eles. O menino pediu o milho para a mãe, a fim de que eu fizesse a pipoca com eles, porque tem essa comida na Festa Junina. Ela ainda completou que "ele está muito animado".

Que retorno ótimo! A aula da escola está se estendendo para a casa dos alunos. Agora, tenho mais uma receita escolhida por uma criança!

Dia 20 de junho de 2013 22 crianças presentes

Quem diria que, um dia, eu estaria na cozinha educacional? Não é à toa que muita gente passou e tirou um "sarrinho" de mim. (Risos!) Mas valeu muito a pena!

Logo na entrada, fomos para a cozinha, pois, hoje, a professora Giovana também iria preparar uma receita. Muito felizes e empolgados, os alunos se sentaram nos bancos. Perguntei, para começar:

– O que eu preciso saber antes de começar a nossa receita?

Rapidamente, Sofia respondeu:

– A receita!

Então, propus que me ajudassem a escrever no quadro branco a receita, com as medidas. Fomos escrevendo, lendo e relendo. Mostrei o que significava a xícara de chá, que era a medida necessária. Parece que alguns entenderam. Parti para a receita e pedi que fossem lendo a lousa, para eu saber o que colocar na panela. Raquel encabeçou a leitura, e fui colocando na panela. Fiz a mistura fria e levei para todos verem como estava. Adoraram olhar. Comecei a mexer no fogo, e, conforme a textura foi mudando, eu levantava a colher cheia para verem. Falavam:

– Olha!

– Amendoim doce!

– Mostra de novo!

– Tá pronto?

Continuei a mistura e pedi para sentirem o cheirinho do amendoim cozinhando:

– Hummm!!

– Que delícia de cheiro!

– Tá pronto?

Quando acabei, joguei em uma forma transparente para esfriar, e ficaram ansiosos para comer. Eu fiz uma parte em casa e fui servindo antes do outro, mas não perceberam a mágica do amendoim já frio e crocante.

Fomos ao lanche e voltamos para a sala. Pedi para registrarem por meio de um desenho, usando o lápis grafite, o que fizemos na cozinha, como foi. Fui a todas as mesas, escutando, perguntando, e o que chamou mais atenção deles foi o fato de eu preparar o amendoim na panela.

Os alunos Natália, Heitor L. e Felipe não desenharam o que pedi, falaram de outra coisa. Natália falou nomes da família; Heitor L., "nada, não fiz nada", e perguntei: "Então, o que tem nesses desenhos?", e ele: "Nada"; Felipe nem respondeu, ficou calado. Ah, e Mateus também falou: "Eu desenhei o Luan", e eu: "O Luan estava aqui na cozinha?", e ele: "Não, mas eu quis desenhar ele".

Em tempo: lá na cozinha, a Alice virou para mim e falou: "Nossa, Patrícia, você parece a minha vó". Eu perguntei por que, e ela respondeu: "É que ela fica cozinhando no fogão". Indaguei: "E sua mãe? Cozinha?", e ela: "Não, ela, não, é minha vó só". Eu sei que a avó que cuida dela no contraturno da escola, dá o almoço etc. Engraçado ver como as crianças estranham ver a professora cozinhando e lavando a louça.

Já prometi fazer a pipoca que o Luca T. trouxe, e os alunos estão ansiosos!

Sofia trouxe, hoje, figuras de pessoas dançando na Festa Junina. Vou planejar uma roda para compartilhar com o grupo. Estão bem empolgados com a festa e compreendendo bem o que significa.

Dia 21 de junho de 2013

Ensaio da Festa Junina.

Quadro 1.18 – Agenda da semana (de 24/06/2013 a 28/06/2013)

Horário	Segunda-feira – 24/06	Terça-feira – 25/06	Quarta-feira – 26/06	Quinta-feira – 27/06	Sexta-feira – 28/06
13 h	**Atividades diversificadas**				**Hino**
13h30	Calendário e rotina do dia com imagens.				
14 h	**Lanche e escovação** (Pipoca)				
14h30	Frio e chuva.	Frio e chuva: brinquedo de montar.	Chuva: jogos.	Culinária.	Horta: plantar amendoim na horta. Leitura: *De onde vem a minha comida?*
15 h	Leitura: *A coruja que tinha medo do escuro.*	Leitura: *Que bicho será que botou o ovo?*	Leitura: *Mil pássaros pelos céus.*		
15h10	Roda de conversa sobre a Festa Junina.	Registro antes do fim da história.	Música: *Aves raras*, de Zé Campelo.[19]	**BEI** Conversar antes. DVD: Palavra Cantada. Resumo: *A fuga das galinhas* (queriam voar).	~~**Quadra ou pátio**~~ Dia do brinquedo.
15h30	Registro por meio de desenho.	~~**Empréstimo na BEI – Quinzenal**~~	**Circuito**		
15h50		**Brinquedoteca**	**Ateliê** Desenho com interferência: bico de passarinho – Gustavo Rosa.[20]	**Quadra ou pátio** Duro ou mole.	**Atividade de integração** Turmas do Infantil III e IV.
16 h	**Quadra**				
16h10	Música: *Galinha não voa* (Palavra Cantada).			Registro do filme por meio de desenho.	
16h20					
16h40	**Organização e saída**				
17 h					

[19] N. do E.: músico, biólogo e escritor, já fez variadas músicas sobre animais.
[20] N. do E.: artista plástico brasileiro que produziu diversas pinturas de aves coloridas.

Dia 24 de junho de 2013 17 crianças presentes

A leitura, hoje, foi *A coruja que tinha medo do escuro*. Luca T. tem se mostrado bem interessado quando falo da coruja. Antes de ler a história, fiz a leitura do título e perguntei para as crianças: *"O que tem de errado aqui? Uma coruja pode ter medo de escuro?"*. Luca T. logo respondeu que *"as corujas ficam acordadas de noite, e não de dia"*, e Raquel completou que *"as corujas gostam do escuro"*. Confirmei as respostas, e Alice ainda acrescentou que *"a coruja gosta da noite por que tem os olhos bem grandes"*.

Fiz a leitura da história com as crianças bem atentas, e elas apreciaram as ilustrações do livro. Comentaram a história e voltaram para a questão de que a coruja voa. Heitor V. falou que a coruja *"não voa"*. Perguntei para ele como é que ela consegue chegar no alto da árvore, como mostrou o livro. Luca T. ainda reforçou minha pergunta: *"É como? Ela mora lá no alto da árvore"*. Heitor V. não respondeu, e Luca T. respondeu para ele: *"Ela voa alto"*. Então, perguntei para os alunos: *"E a galinha? Voa?"*. O coro foi alto e certeiro: *"Nãooooo!"*. E Raquel falou: *"Ela vive no galinheiro, que é no chão"*. Propus escutarmos a música da dupla Palavra Cantada chamada *Galinha não voa*. Adoraram a música, ouviram, cantaram e, depois, dançaram.

Em roda, fiz uma avaliação sobre a Festa Junina com as crianças. Falaram das brincadeiras, e a de que mais gostaram foi a pescaria. Luca T. ficou bem feliz contando que brincou com o pai. Raul não veio e quis explicar: *"Fiquei na lanchonete e não vim professora"*. Perguntei sobre as comidas da Festa, e o sucesso maior foi a pipoca. Raquel falou: *"Eu não sei como é canjica, não comi"*.

Perguntei sobre a dança, e adoraram. Falaram de quem chorou e *"Não precisava chorar... A mãe tava lá, né?!"*.

Depois da conversa, propus o registro do que mais gostaram na Festa Junina, para a gente não esquecer mais. Fizeram a dança, as bandeirinhas e a pescaria.

Apenas Mateus fez formas aleatórias e, ao interpretar quando solicitei, ele disse: *"Eu não fiz nada"*. Perguntei do que mais gostou na Festa, e ele disse: *"Não sei fazer"*.

As crianças até que "curtiram" bastante a apresentação. Apenas Heitor L. e Eliane choraram. A mãe da Eliane ficou com ela no canto e dançou junto, para a filha participar. Luca T. quis começar um choro na hora da concentração. Antes da dança, conversei com ele, que me escutou: parou de chorar e se mostrou corajoso!

Ele tem se mostrado bem mais extrovertido e está sempre feliz nas atividades com música e dança.

Dia 25 de junho de 2013 (Muita chuva!) 14 crianças presentes

Li para as crianças a história *Que bicho será que botou o ovo?* Algum bicho bota ovo, então, os animais se encontram e começam a falar de quem seria o ovo. Falaram que foi a galinha, e a galinha falou que não. Os patinhos falaram que foi a pata, e esta diz: *"Eu, não!"*. O galo fala que foi o coelho. Antes de eu continuar a ler a história, o Pedro falou: *"Não, coelho não tem ovo, fica na barriga da mamãe"*.

As crianças se dividem nessa questão: "Será que coelho bota ovo?". Continuei a história, e o coelho fica bravo, explicando para os outros bichos que ele não bota ovo. E, então, o ovo começa a rachar: *"E que bicho será que vai sair?"*, eu pergunto para eles, e começam a dar opiniões, mas repetem *"a galinha"*, *"a pata"*. Alice fala: *"O passarinho."*, e Luca B. diz: *"O elefante"*. Manuela interrompe e fala: *"Elefante sai da barriga da mãe"*. Retomando uma história bem parecida que li no início do ano, Manuela lembra da tartaruga.

Todos relembram a história e confirmam a reposta da Manuela. Parei de ler o livro e deixei o suspense. Propus que cada um pensasse qual bicho saiu do ovo e desenhassem.

Fui acompanhando os desenhos na mesa, e foram falando dos bichos que já haviam citado na roda. Heitor L. falou: *"Não fiz nada"*, e Catarina olhou para seu desenho e respondeu: *"Não sei"*. O restante das crianças se preocupou em simbolizar um bicho.

Depois das conversas nas mesas, finalizando o registro no caderno, li o final da história para eles. Quem saiu do ovo foi um jacarezinho.

Descobriram, então, com a história, que jacaré também nasce do ovo.

Dia 26 de junho de 2013 17 crianças presentes

Fiz a leitura do livro da Ruth Rocha *Mil pássaros pelos céus*, que fala nomes de pássaros e conta que foram embora porque a cidade estava sem música. Tudo se resolveu no final, com as pessoas tocando instrumentos musicais.

Frisei os nomes dos pássaros, e foram lembrando de aves que já tinham aprendido, como galinha, coruja, pavão. Raquel falou: *"Na minha casa, tem um periquito"*. *"Eu já vi a pomba"*, falou Alice. E Manuela, participando da roda, falou: *"A arara também é um pássaro"*.

Coloquei para as crianças escutarem a música do CD do Zé Campelo que fala nomes de aves. Pediram e li para elas a letra no encarte do CD. *"Olha, o autor que escreveu a música sobre o nome de várias aves"*, eu disse. "*Vamos ouvir de novo?*" Elas ouviram, bateram palmas com a música, e muitas crianças tentaram falar junto o nome dos pássaros.

Alice, na roda pensando mais longe, falou: "*borboletas*". Eu perguntei: "*O que tem as borboletas?*". E Alice respondeu: "*Borboletas são aves*". Ajudei ela pensar sobre sua afirmação junto com as crianças. "*Mas por que borboletas são aves?*" Alice respondeu que "*elas têm asas*". Perguntei, então, o que um bicho precisa ter para ser uma ave. Um coro respondeu: "*Penas!*". Alice olhou para mim e disse: "*Ah, é! Tinha esquecido!*" Então, indaguei: "*Borboletas têm penas?*". Responderam assim: "*Não, né, prô?*", e Raquel completou: "*Tem uns pelinhos nas asas*". Por fim, eu disse: "*Não é ave, é inseto!*"

Acho muito "legal" quando essas situações acontecem, pois fica claro que estão pensando, relacionando e organizando os conhecimentos.

No ateliê, apreciaram, no computador, imagens de obras com aves do artista Gustavo Rosa. Mostrei uma foto do artista e falei sobre ele. As crianças comentaram sobre as cores: "*É todo colorido, o tucano!*", "*Tem listras de preto e branco nesse!*".

Fui perguntando do corpo fundo, da frente, das cores e de alguns detalhes. Escolhi um pássaro para apreciarem e focalizei o bico: "*Onde o bico fica no pássaro?*". Logo responderam: "*Na cabeça!*". Assim, fomos falando de cada parte que aparecia.

Mostrei a folha em que havia a produção e perguntei que parte do passarinho eu havia colado. Rapidamente, perceberam que era o bico e seguiram no desenho.

Dia 27 de junho de 2013 — 20 crianças presentes

Hoje, logo na entrada, fomos à cozinha educacional fazer uma receita bem difícil. (Risos!) Fizemos a pipoca de Festa Junina, pedida por Luca B., que trouxe, por iniciativa própria, o milho. Estavam superempolgados!

Comecei a atividade perguntando o que eu preciso saber para fazer a pipoca, e, rapidamente, Sofia respondeu: "*A receita!*". "*Como é a receita da pipoca?*", perguntei com a caneta do quadro branco para anotar. Raquel logo falou que "*precisa do óleo*". Então, escrevi óleo no quadro. Luca T. falou: "*Tem que ter milho!*". E, por último, Sofia falou que precisa "*do sal*".

Assim, ajudaram na escrita da receita da pipoca salgada. Após a escrita, foram lendo para mim enquanto eu colocava os ingredientes na panela e ligava o fogo. Eu expliquei que "*o sal é por último, só quando está pronta*". Curtiram ouvir e ver a pipoca pulando. Eu abri a tampa da panela e deixei algumas "pularem" para fora da panela. Também adoraram o estouro. Engraçado ver como se empolgam com algo que já viram. Tudo porque está acontecendo em outro ambiente e de outra forma. Estão significando a receita da pipoca! Comeram muito, pediram mais, e falei: "Agora que sabem como fazer, ensinem a mamãe, que ela faz em casa!".

Na biblioteca, relembrei a música que escutamos sobre a galinha e perguntei o que falava. Algumas crianças lembraram que falava que galinha não voa.

Fiz um resumo do filme *A fuga das galinhas* e problematizei, como no filme. As galinhas não querem virar torta e querem fugir. "Como será que as galinhas vão conseguir, se não podem voar pela cerca?" Mostrei o início do filme, a galinha sendo decapitada (só a sombra). Passei, então, para o final que aparece o avião e elas fugindo. Adoraram! Viram as galinhas felizes na floresta, com pintinhos.

Depois que comentamos o filme, fiz a proposta de um registro com a seguinte comanda: "Como as galinhas conseguiram fugir do galinheiro?". Pedi para lembrarem do filme e disse que eu iria perguntar na mesa para cada um.

Os registros ficaram ótimos. Com exceção do Heitor L. e do Henrique, que falaram "*não sei*", todos os outros responderam com o desenho. Fizeram avião e galinha. Mateus começou a "rabiscar" a folha; então, sentei-me com ele e perguntei o que estava fazendo. Ele falou: "Não sei". Propus que desenhasse o que pedi e perguntei sobre o filme. Ele respondeu como no filme, e propus o desenho falando sobre isso, para ele pensar no que iria fazer. Deu certo! Ele conseguiu aproximar as formas do desenho a uma galinha e a um avião, além de verbalizar o que fez, interpretando seu desenho. Ganhou mil elogios! Raquel fez um desenho muito detalhado. Fez o celeiro, a mulher, o avião e a galinha. Lívia fez o avião com muitas galinhas dentro. Carlos estava sentado com ela na mesma mesa e também fez o avião. Lindos! É a troca com o amigo!

Felipe, pela primeira vez, verbalizou o que fez e interpretou de acordo com a comanda.

Dia 28 de junho de 2013

Não foi feito registro por ser um dia dedicado a muitas brincadeiras.

[2]

O Diário de Bordo, o gato e o galo: devaneios

Luciana Dias Simões

Devaneios...

> Precisamos destrivializar a vida e nos espantar com ela. A vida surpreende por sua complexidade, sua autonomia, sua criatividade tão súbita e marginalmente aparecida no universo físico. (Morin, 2020, p. 65)

Dia desses, meus pensamentos insistiram em se agitar por volta das três horas da manhã. Dormimos, meu esposo e eu, com a janela aberta por conta do calor, mas, às três, entrava uma brisa leve, refrescando um pouco a "solitária" madrugada. "Acordada" pelo toque frio do ventinho que adentrou o quarto, o silêncio de tantas noites maldormidas e de pensamentos agitados foi interrompido pelo canto de dois galos, como se um cacarejasse, e o outro respondesse...

Há alguns meses, notei que um galo cantava aqui no bairro. Comentei com meu esposo, e ele me respondeu que faz alguns anos que o galo o incomoda um pouco. Fiquei surpresa: "*Anos?*"... Só percebi agora, durante a pandemia, após um tempo de isolamento social, com algumas mudanças nos hábitos, com alguns pensamentos a mais, que insistem em me acordar por volta das três ou quatro horas do novo dia. Há anos que minhas noites são interrompidas por alguns desses pensamentos, quase sempre no mesmo horário e por algumas horas. As questões da vida me "afastam" o sono; eu penso, reluto, evito movimentos para não acordar o esposo, sinto-me "só"... Fico cansada, logo volto a dormir... Mas não tinha notado antes que eu não estava sozinha no alvorecer: a presença dos galos, de acordo com meu esposo, rompe o silêncio da madrugada há pelo menos dois anos, e somente agora me dei conta!

Após essa nossa conversa, *passei a escutar os galos todos os dias*. Em alguns momentos, nem eram os pensamentos a me acordar: eram os galos, anunciando um novo dia! Nos dias em que fui acordada por esses vizinhos cacarejantes, vencida pelo cansaço, e com os pensamentos em calmaria (alguns dias, estes se aquietam e não brigam com o sono)... Voltava a dormir. Desde que me surpreendi com a *informação* de que os galos são nossos vizinhos, eles passaram a ser notados quase que diariamente. O que é o cérebro? O que é, e como direcionamos a nossa atenção? Como se dá a percepção? Quais as situações que colocamos em nosso "radar"? O que realmente nos chama a atenção diariamente?

Muitas vezes, sentimo-nos "sós", apesar dos muitos que nos habitam, atormentamo-nos com o "silêncio" (pode ser apenas que nosso cérebro não decodifique os sons captados pelos ouvidos, mas eles estão presentes dia e noite...), e não nos damos conta de que o mundo está em movimento. Mesmo de madrugada, quantas pessoas conversam enquanto caminham pela calçada, ou enquanto esquentam a mamadeira para o bebê que chora quando o dia ainda nem raiou. Às vezes, o choro do bebê interrompe meus pensamentos, e as muitas falas se agitam em meu interior: o que será que a criança pequena está sentindo, mas não consegue "verbalizar"? Ela demonstra o incômodo por meio do choro; pode ser fome, frio, calor, dor... Algumas vezes, o choro se prolonga; outras, o bebê logo se aquieta...

Após o canto dos galos, comecei a prestar mais atenção, atentar-me aos sons e "movimentos" que antes passavam despercebidos: os pássaros gorjeiam, as maritacas cantam (ou gritam, dependendo de quem as escuta, dependendo do nosso estado de humor)... Em alguns momentos, o atrito dos pneus no chão provoca um barulho que difere do som destes em dias de chuva. Ah... o elemento água! Em outros momentos, são abafados por um motor mais barulhento... Os carros correm, apressados; outros, mais lentos, são "acordados" por uma buzina, que pede atenção ao trânsito. Só pelo fato de atrás do volante ter um "humano" mais estressado, nós, "bichos-homens", temos pressa, corremos contra o tempo. Por vezes, "carros" mais lentos, ou apressados, dependendo da ocasião, são interrompidos por algo que os surpreende, provocando o barulho de uma freada brusca, podendo causar uma batida... Assusta quem não esperava, e, do nada, escuta-a... No entanto, em pouco tempo, tudo volta ao "normal", como se nada tivesse acontecido... E o galo? Continua com sua cantoria... Amanhece!

Tudo isso indica movimento. É o cotidiano. Mesmo quando "ignoramos", as coisas estão acontecendo, o mundo continua girando..., independentemente de nossa atenção. O dia continua raiando, e à noite, pondo-se! O mesmo movimento do Sol, da Terra, da Lua, dos animais, dos homens... Acontece durante semanas, meses, anos...

Não sei o que aconteceu naquela madrugada específica. O galo chamou a atenção, mais do que a "conversa" dos pensamentos. Seu canto ecoou pela janela, talvez trazido pelo vento que nos tocou a pele e nos "despertou". O que são as sensações? "O galo" interrompeu o debate das muitas que me habitam, e, desde então, ele nos chama a atenção todos os dias. E por que toda essa conversa de galo? Porque, nas últimas semanas, desde o início de setembro, para ser mais específica, cada vez que o galo canta, eu me lembro do "Diário de Bordo da Patrícia". (Risos!) As atividades sobre o "ovo", os animais da fazenda, o que é morar na cidade ou morar no campo/no sítio/na fazenda, a chamada de atenção das crianças para as aves, a percepção sobre o toque macio das penas, todas as sugestões do coordenador pedagógico a respeito do tema – até de dissecar uma galinha... Parei para pensar na morte e sobre como encaramos essa "senhora misteriosa" no dia a dia. A professora achou que dissecar uma galinha poderia trazer transtornos. Lembrei da minha infância: uma vizinha tinha um galinheiro no quintal; assisti a um corpo de galinha correndo sem cabeça após a mulher cortar-lhe o pescoço. Não me lembro de ficar traumatizada, mas, sim, de achar interessante. Em nosso quintal, o máximo que acontecia era o fato de minha mãe atribuir-me a tarefa de limpar a sardinha, após o peixeiro seguir seu caminho, anunciando que tinha "peixe fresquinho". Sentava-me no chão e, com a faca, raspava as escamas, abria o peixe e "tirava as tripas". Minha mãe dizia que não eram próprias para o consumo. Acho que tinha 5 ou 6 anos. Eu não gostava do cheiro do peixe... Achava mais interessante a galinha correndo sem cabeça do que o peixe imóvel. Eu "sabia" de onde vinha nossa alimentação, era "fresquinha". Lembranças que há muito tinham se perdido no meu inconsciente... Acho que não mais enxergarei os galos da mesma maneira. E fica a questão: quais as experiências oportunizamos para as nossas crianças na sociedade atual? O que elas conhecem da vida, da cultura, da alimentação? Quais vivências lhes propiciamos?

O gato, o Diário de Bordo e o galo...

Eu me pergunto como cheguei neste ponto: estar com um Diário de Bordo de uma professora e de um coordenador pedagógico de

São Bernardo do Campo[1] em mãos! Ler sobre atividades de uma professora que nem imaginava a existência, e que continuaria a ignorar se eu não tivesse conhecido o Cristiano... E quantas coisas ignoramos neste mundo? É um mundo muito grande... O Brasil, um país gigantesco... São Paulo é uma megalópole; cada bairro da cidade é um infinito de possibilidades: ruas, casas, pessoas que talvez nunca cruzem nosso caminho... Caminhos nos quais talvez nunca coloquemos nossos pés... Os caminhos trilhados por muitos talvez não saltarão aos nossos olhos... É uma infinidade de percursos e de possibilidades, de imagens, de cores, de sons, de sabores, de sensações que talvez nunca cheguemos a conhecer, ou a imaginar a existência... Do macro para o micro... ou do micro para o macro? Não tem como não lembrar do livro *Zoom*, de Istvan Banyai (2002), que, curiosamente, começa com a crista de um galo! Imagens do cotidiano...

Mas pensando em como cheguei nesse ponto: segurar em minhas mãos e ler o Diário de Bordo do par Patrícia/Cristiano, imaginar a quantos pares esse coordenador pedagógico "pertenceu", ver a cumplicidade na escrita... Fez-me pensar: engraçado que foi um outro animal que nos trouxe até aqui. Da mesma "família silábica", poderia ter sido o *galo*... Não fosse a letrinha *t*...

> Uma das coisas mais impressionantes sobre o gato como símbolo é a sua ambivalência. Como a serpente, sua imagem oscila entre a bondade e a maldade.
>
> Historicamente, o gato começou a receber atribuições de poder arquetípico quando os egípcios resolveram considerá-lo animal sagrado. Elevar esse felino à categoria de sagrado significa dizer que ele estava praticamente purificado dos aspectos sombrios da natureza e que tinha relações com a vida espiritual do homem. (von Franz, 2003, p. 69)

[1] N. do E.: município da Grande São Paulo.

A sincronicidade... Sou uma pessoa apaixonada por gatos, e "o gato" nos trouxe até aqui. Na realidade, uma publicação nas redes sociais, com a imagem de um gato, e o bichinho não era o fator principal, apesar da foto da escultura de um gato saltar aos olhos, não estava relatado no texto... Na época, eu estava lendo o livro *O gato*, da Marie-Louise von Franz (2003). O arquétipo da gata faz transcender o herói do conto de fadas, como se sua sabedoria purificasse o espírito do herói... O gato, com sua ambivalência, tanto para o bem quanto para o mal, é capaz de sondar a alma do protagonista do conto, permitindo que ele alcance o seu objetivo e "liberte" a princesa, no caso sua *anima*... Foi um processo de autoconhecimento e libertação da "velha ordem", com o auxílio da gata! A simbologia junguiana... A necessidade que temos das metáforas... A identificação com os contos de fadas...

O sentido desse conto de fadas é que ela, a gata, é o linho desejado e procurado pelo velho imperador. De algum modo inconsciente e imaginário, a velha ordem sabe o que lhe falta; e quando o que lhe falta se mostra à sua visão, a velha ordem quer tomá-la para si e reclamá-la como sua, mesmo que uma geração separe os dois. Então, temos de deixar o velho imperador sozinho. Temos de deixar o passado para si mesmo (von Franz, 2003, p. 158).

Acreditei que aquela imagem não era acaso. Tive uma pontinha de decepção ao ler o texto, pois as letras chamavam atenção para a "obra" feita de material reciclado, como "tantas outras espalhadas na cidade", então, por que a escolha de um "gato"? E foi assim que iniciei a conversa com o Cristiano, às 4h33 do dia 21/12/2019: "*Você escreveu que o artista esculpiu várias obras usando lixo... Por que* VOCÊ *postou a de um gato?*". Minha surpresa foi que a resposta veio em dois minutos. Iniciamos um diálogo! Na sequência, um convite: "*Venha participar do nosso grupo de estudos*". Não compreendi o que, nesse início de conversa, poderia suscitar aquele convite, mas aceitei de imediato, sem saber do que se tratava. Vislumbrei uma oportunidade: aproximar-me de quem escrevia textos nas redes sociais. Alguém que eu não conhecia, mas era uma pessoa por quem crescia minha admiração com base nas reflexões que seus textos traziam!

E foi assim, por meio do Facebook, que conheci o Cristiano, virtualmente. Dois meses depois, pessoalmente, numa palestra presencial, em fevereiro. Comecei participar do Grupo Colaborativo de Estudos e Pesquisa da Formação Continuada Docente (GCOL) no mês de março. Desconhecia o nome e quais eram os estudos, quais temas discutiam. A possibilidade de aprendizagem é o que me movia, não sabia o que viria pela frente, não imaginava o que me esperava, e fui surpreendida ao ter que me confrontar com meu fazer diário, em ter que "me" conhecer e reconhecer a profissional que eu era, que sou, e vislumbrar a possibilidade da profissional que posso vir a ser...

Ah, o gato, como ser mágico, traz à tona os mistérios da nossa própria alma, ajuda-nos a refletir sobre nossas tarefas, auxilia-nos a transcender, mesmo que demore anos, como foi com o herói – filho do velho e mau imperador. O gato nos permite entrar em contato com nossa *anima*! Com a nossa essência... "O gato" nos aponta uma direção. Aqui, não tem como não lembrar de "outro gato": o personagem enigmático de *Alice no País das Maravilhas* (Carrol, 2009). Primeiro, Alice não sabia quem era, ao menos, não era a mesma do dia anterior; depois, perdida, vê-se num dilema: "Como faço para sair daqui?" (Carrol, 2009, p. 74). O gato não aponta a direção, mas devolve com uma reflexão: "Isso depende muito de para onde você pretende ir" (Carrol, 2009, p. 74), e, por desconhecer o terreno em que pisava, Alice não sabia... Então, se não sabemos para onde queremos ir, qualquer caminho serve? O gato, questionando-nos, trazendo a reflexão, demonstrando-nos a importância de olhar para dentro de nós. A importância do diálogo e das boas perguntas...

Constituímo-nos em nossa prática, e, como o Cristiano diz nas palestras do GCOL, ao compreender que o problema não é o não saber, o problema é querer continuar não sabendo (como diz o ditado popular: "não sei, não quero saber e tenho raiva de quem sabe"), apreendemos com a experiência. É por meio do diálogo que temos a oportunidade de um aprimoramento. O GCOL me mostrou a importância do diálogo, e, somente com a troca, a mediação de outro, apropriando-me da linguagem e expandido meu repertório, trocando experiências, entre outros, tenho a possibilidade de descobrir o que eu não sabia, e posso vir a conhecer. Mas, para isso, é preciso estar aberto, desnudar-me... E pode ser que não gostemos do que vamos encontrar no espelho... Quem sou, já que não sou mais a mesma de ontem?

Os estudos do GCOL estão voltados, sobretudo, à reflexão do registro, à prática descrita, refletida e compartilhada mediante a escrita do Diário de Bordo, à importância desse instrumento utilizado no dia a dia de muitos professores... "Outra" prática desse grupo de estudos é a escrita de artigos... A necessidade da partilha e da colaboração, o que traz a questão da publicação. E por que não reunir esses artigos num livro? E foi assim que, no final do mês de agosto, o Diário de Bordo da Patrícia chegou em minhas mãos! Fui incumbida de transcrever o diário, digitar o que foi registrado em 2013, para que outras pessoas tivessem acesso, para que outras pessoas pudessem "olhar através do espelho"! Fiquei feliz pela confiança do Cristiano em colocar em minhas mãos algo que lhe é tão importante, "tão caro", como ele fez questão de dizer (e de repetir!). (Risos!) Uma responsabilidade... A história daquela turma de Educação Infantil passando diante de meus olhos... Após anos, cá estou eu, buscando compreender o que aconteceu no âmbito educacional dessa turma. Não tinha noção do que essa tarefa de "digitação" me faria, em que implicaria...

Ler e digitar os relatos de uma professora e seu par mais avançado, o coordenador pedagógico, fez-me pensar e repensar sobre minhas ações como professora ao longo de dez anos. Trouxe à tona algumas inquietações que não identificava claramente, algumas angústias que não sabia nomear, o peso da responsabilidade de "ter em mãos" a formação de seres humanos em desenvolvimento... Reflexões sobre a formação inicial e a formação continuada, questões sobre personalidade... A importância da gestão ao nos apontar caminhos (ou não... às vezes, a omissão dessa gestão)... São muitos os fatores que atravessam o "ser humano" e as "práticas profissionais". Mas, principalmente, a parte que me cabe: qual a minha responsabilidade em todo esse processo? Por vezes, procuramos culpados, e não percebemos que somos o nosso maior inimigo; não reconhecemos que a imagem refletida e distorcida no espelho é a nossa...

Ver as histórias relatadas, os acontecimentos diários, o "privilegiar" algumas ações a serem relatadas, algumas práticas. Seria "impossível" relatar minuciosamente todo um dia de trabalho, todos os dias... Isso nos leva a pensar: o que no cotidiano nos chama a atenção? Por que nos atentamos ao extraordinário, e, muitas vezes, não nos damos conta do ordinário? (O galo canta todos os dias.) Por que, muitas vezes, somos muito racionais, e, outras, emotivos demais? Ao sistematizar ações e procedimentos "engessados", muitas vezes, não nos permitimos sair da rotina, pensar "fora da caixinha". Acabamos por reproduzir o trabalho de Sísifo,[2] sempre rolando pedra morro acima, sem nos darmos conta do que é a pedra, do que é o morro, de qual a finalidade do trabalho (castigo?), se é uma tarefa válida/necessária, ou mera repetição sem sentido. Quais são as nossas percepções nesse cotidiano que nos engole?

Engraçado que comecei a digitação do Diário de Bordo sem me preocupar com a quantidade de páginas, sem perceber qual era a última data de registro... Em um dos momentos, o coordenador pedagógico chamou

[2] N. do E.: referência à mitologia grega, em que Sísifo foi condenado a subir uma enorme pedra até o topo de uma montanha, que, inevitavelmente, rolaria para baixo todas as vezes, fazendo-o recomeçar. A expressão significa fazer um trabalho interminável e cansativo.

a atenção para a escrita: a professora tinha feito um relato breve, desse modo, escrever menos seria retroceder. Foi quando me dei conta de que o caderno estava "incompleto": estava apenas com o primeiro semestre em mãos... Dei-me conta que "lia" como quem lê um romance, "assiste" a uma novela. Quando devolvi o caderno para o Cristiano, disparei a pergunta: "*E o segundo semestre?*". Qual não foi a decepção ao descobrir que ele havia mudado de escola e não tinha o restante da "história" relatada pela professora a respeito do ano letivo de 2013...

Para além da curiosidade de tudo o que aconteceu no restante do ano, percorremos o "tempo", e ficam as indagações: Como será que está a Raquel? O que será que aconteceu com o Luca T., com o Mateus, com a Alice??? Como eram os outros alunos em suas atividades, já que não "apareceram" nos registros? Meu lado "racional" se prontificou a fazer contas: se, em alguns dias, havia 21 alunos, será que li 21 nomes diferentes ao longo dos seis meses? Será que mais? Será que a professora Patrícia continua fazendo Diários de Bordo e refletindo sobre sua prática? Será que me dei conta de que o Diário de Bordo é uma reflexão da prática do professor, e não uma "história" igual uma novelinha? Como acompanhamos os processos de nosso trabalho como profissional docente?

Dia desses, no curso do GCOL, o Cristiano disse que sempre teremos algo a melhorar, ninguém chega à perfeição. Lembrei-me de uma terapeuta que me dizia que a perfeição não é deste mundo; quando a alcançamos (se é que a alcançamos), já está na hora de transcender e desencarnar... O que é a perfeição? Somos todos seres imperfeitos, num mundo de possibilidades, numa multiplicidade de caminhos, de sentimentos, de pensamentos... Por que falamos tanto em excelência e em alcançar uma "perfeição"? Todas as "personalidades", tipos psicológicos, perfis (cinestésico, visual, auditivo), enxergam a excelência ou a perfeição da mesma forma?

Lembrei-me da "minha" Jennifer; do meu aluno "diferente", Thiago; da minha aluninha com espectro autista... Engraçado como nos "apossamos" dos alunos, das salas, das dependências da escola... Tornam-se "minha", "nossa"... Nem que seja por um ano, nem que seja após cruzar com a criança ou o familiar dela e dizer: "*Foi meu aluno*"... Quantas vidas que cruzam o nosso caminho e, aos poucos, o que era "nosso" já não é mais nem lembrança... Alguns alunos marcam, principalmente os que dão "mais trabalho"; outros passam "despercebidos". Na faculdade, uma professora dizia:

> *Atenção aos quietinhos! Muitas vezes, ficamos tão envolvidos com os alunos que participam, falam, se expressam, ou com os "alunos-problema", que não fazem nada, não se envolvem, e não prestamos atenção nos alunos "medianos". Estão lá todos os dias, fazem a lição, não se pronunciam, e, no fim do ano, na hora da avaliação, nem nos damos conta do que fizeram durante o ano.*

Não tem como não lembrar do documentário *Crianças invisíveis* (2005). Quantas crianças estão invisíveis em nossas salas de aula??? O Diário de Bordo pode ser visto como um "espelho" do professor. Alcântara (2020) nos aponta que a prática do registro e a leitura/releitura nos apura o olhar. Mais do que "o que se quis dizer", conseguimos perceber a imagem distorcida, aquilo que se omitiu, aquilo que não privilegiamos na escrita, o que ocultamos do cotidiano, e tanto o dito quanto o não dito revelam muito de nós... Trata-se da importância de historicizar os acontecimentos da escola.

Eu já havia lido sobre o Diário de Bordo, um instrumento de trabalho recomendado para registro; isso se encontra na Normativa de Registro. Como professora de Educação Infantil e de Ensino Fundamental I, eu li o currículo, estudei sobre ele para o concurso público, mas, assim como muitos documentos e livros que lemos, algumas coisas passam despercebidas, até alguém nos chamar a atenção àquilo, e, nesse caso, o meu "galo", neste momento, é o Diário de Bordo.

> Os registros se configuram como um caminho possível de construção de memórias e de desenvolvimento profissional, em que a(o) professora(or) é autora(or) e narradora(or) de sua própria prática. Nesse sentido, cabe ao coordenador pedagógico acompanhar, orientar e auxiliar a produção dos registros docentes, de modo que esses sejam a expressão da intencionalidade docente, tanto no momento do planejamento, quanto no momento de registrar o cotidiano pedagógico de sua turma e o percurso de desenvolvimento e aprendizagem dos bebês e das crianças. A(O) coordenadora(or) pedagógica(o) é a principal interlocutora(or) das(os) professoras(res) em seus processos de reflexão sobre seus registros. (São Paulo, 2020, p. 20)

Não nos damos conta de que uma orientação normativa de registro muitas vezes não sai do papel. Somos engolidos por tantas situações no dia a dia que não paramos para refletir sobre a nossa prática, sobre o nosso fazer diário. Se não descobrirmos o que está em jogo, tornamo-nos reprodutores de burocracias, sem compreender o nosso papel de educador, sem compreender a importância do acompanhamento do coordenador pedagógico, nem a necessidade de intervenções por parte desse par mais experiente. Para além da "falta de tempo" para escrever, não desenvolvemos o hábito da escrita e da reflexão, damos mil desculpas... Principalmente por não compreendermos como aprendemos e que a reflexão do nosso fazer nos move no sentido de nos aperfeiçoarmos, de nutrirmos a nossa musculatura teórica. O incrível é que passei quase um ano acompanhando os cursos do GCOL, as falas do Cristiano e as da Ana Lúcia, e não conseguia sistematizar a escrita. Minha principal argumentação: minha coordenadora pedagógica não acompanha, então, se não tenho alguém para ler, não vejo sentido em escrever... Como disse anteriormente: muitas vezes, somos o nosso principal inimigo; se busco compreender meus processos de aprendizagem, verei a escrita como uma possibilidade de reflexão e de avanço!

A subjetividade do professor na escrita do Diário de Bordo: as dificuldades da escrita!

> Como eu, o analfabeto é capaz de sentir a caneta, de perceber a caneta e de dizer caneta. Eu, porém, sou capaz de não apenas sentir a caneta, de perceber a caneta, de dizer caneta, mas também de escrever caneta e, consequentemente, de ler caneta. A alfabetização é a criação ou a montagem da expressão escrita da expressão oral. Esta montagem não pode ser feita pelo educador para ou sobre o alfabetizando. Aí tem ele um momento de sua tarefa criadora. (Freire, 2017, p. 23)

O educador Paulo Freire nos aponta a questão da alfabetização de adultos. Costumo dizer que sou "analfabeta tecnológica", pois, às vezes, apresento diversas dificuldades para as questões tecnológicas. Quantas vezes diante de um objeto, como a caneta citada por Paulo Freire (2017), não sabemos fazer a "leitura" desse objeto, e, aqui, diferentemente do código de escrita explicitado no trecho citado, uma leitura de mundo e as implicações dos objetos e de nossas ações no mundo.

Uma questão que sempre acende muitos debates e permeia meus pensamentos: há quem justifique o não abortar, o não interromper uma gravidez, dizendo que "todas as crianças são uma bênção", mas, se pensarmos nos adultos que condenamos na sociedade, eles também não deveriam ser uma bênção? Uma das vezes que, ao trazer algo para a reflexão numa palestra, a fala do Cristiano me tirou o ar, chocou-me muito, foi sobre o tempo das crianças e sobre as nossas omissões aguardando o "tempo dos adultos". Ele comentou que, diferentemente de um médico, que, ao errar pode matar uma vida, o professor, ao errar, pode matar uma alma, pode condenar uma criança. Ante as minhas dificuldades de escrita, minhas fugas e omissões, há o próprio fato de não me recordar de aspectos importantes da infância e do meu processo de alfabetização, de aprendizagem...

Pergunto-me hoje: quantos de nós somos almas assassinadas na infância e vivemos no mundo sem compreender isso ou o nosso próprio "fazer"? Os processos terapêuticos são excelentes nesse sentido...

O quanto da "identidade" que desejamos "construir" na criança, auxiliá-la no processo de autoconhecimento, é um processo desconhecido por nós adultos, porque, muitas vezes, não conseguimos atuar nem sobre o nosso desejo, por desconhecermos os nossos próprios processos internos e percursos que nos constituem... E, como diz o Cristiano, "*Como podemos dar aquilo que não temos*?". É importante reconhecermos quem somos, por que estamos aqui, definir qual a "finalidade dessa existência", qual é o propósito da escola, do ser profissional dentro de uma escola e, sobretudo: por que a sociedade precisa de escola?

O aspecto de que eu mais gosto nos encontros do GCOL, na formação e nos estudos reflexivos é o de eles me auxiliam muito além do âmbito profissional: auxiliam-me para a vida... Fazem-me pensar sobre qual é a minha finalidade neste mundo... Por que eu escolhi ser professora? Por que estou numa escola pública? Qual é a função da escola e da minha atuação profissional na vida das pessoas?

Essas reflexões podem atravessar o campo do pessoal, e uma das questões que mais tenho refletido nos últimos dias é a proposição que o Cristiano explicitou em várias palestras: é importante separar a questão do pessoal e do profissional. Mas o quanto "a pessoa Luciana" está imbricada na "pessoa profissional", na "professora Luciana"? Falam muito da questão do objeto de estudo, que devemos nos distanciar do "objeto", mas nós somos, ao mesmo tempo, pesquisadores e objetos, porque a nossa subjetividade acaba atravessando os processos profissionais.

A impressão que tenho do Cristiano é que ele "devorou" vários livros, ou que o dia dele durante muitos anos não teve apenas 24 horas. (Risos!) Ainda apresento dificuldades de estabelecer uma rotina, de sistematizar algumas ações, de trazer do campo teórico para o campo da ação, para a prática... E, por vezes, paraliso, sou invadida por medos e por uma agitação das muitas que me habitam. E bate um desespero, pois tenho oportunidades e estou cercada de gente competente e que se disponibiliza a auxiliar. Uma das melhores coisas que me aconteceu no GCOL foi/é ver que o "*sigamos*" não fica só no papel: as pessoas se disponibilizam a auxiliar. E por que mesmo assim travamos? Engraçado ou triste, assumir que uma mulher formada, mãe e avó, tem medo! Medo de fazer perguntas, medo assumir seu não saber, medo de assumir que não entendeu certas consignas... Quantas vezes observamos, escutamos, lemos alguns artigos e, ainda assim, não compreendemos e sentimos vergonha de perguntar... Nós, adultos, falamos da importância do erro nos processos infantis, mas não nos permitimos errar, não compartilhamos o nosso erro como oportunidade de reflexão e de diálogo, preocupamo-nos com o julgamento, e não nos damos a oportunidade de avançar.

Dói-me muito perceber que o ano de 2020 pareceu ter sido perdido... Participei de várias palestras e cursos do GCOL, escutei e anotei sobre a importância de escrever o Diário de Bordo, mas não consegui compreender o real significado do meu trabalho como professora readaptada nesta pandemia. Não consegui fazer registros reflexivos, por não compreender minha prática no meio de tudo isto... Em alguns momentos responsabilizei os outros. Não fui "cobrada", mas não sei minha responsabilidade? Não sei minhas atribuições? Sinceramente, hoje, no local em que me encontro, eu não sei. Li sobre a importância do registro reflexivo do grupo, do diálogo, do acompanhamento da gestão, e me pergunto o quanto disso eu deixei passar por me centrar nos meus processos e não me enxergar dentro deste coletivo.

O galo deve saber por que canta todos os dias a partir das 3 da manhã, ninguém precisa dizer-lhe o que fazer... Minha gata mia todos os dias a partir das 6 horas se não abrirmos a porta do quarto... E nós, por que, muitas vezes, esquivamo-nos das nossas atribuições, ou racionalizamos de tal forma que nem conseguimos nos dar conta dos processos para além de preencher formulários como justificativa de pagamento?

> Daí que sempre tenha insistido em que as palavras com que organizar o programa da alfabetização deveriam vir do universo vocabular dos grupos populares, expressando a sua real linguagem, os seus anseios, as suas inquietações, as suas reivindicações, os seus sonhos. Deveriam vir carregadas da significação de sua experiência existencial e não da experiência do educador. A pesquisa do que chamava de universo vocabular nos dava assim as palavras do Povo, grávidas de mundo. (Freire, 2017, p. 24)

No momento de formação docente, colocamo-nos como "alunos". Necessitamos aprender... A aprendizagem não é algo que se encerra com a graduação. Diferentemente do galo ou do gato, temos a oportunidade de refletir sobre os caminhos que nos são apontados, mas, muito mais do que reflexão, compreender a importância de levar para a ação!

O velho imperador e a velha ordem em nosso interior sempre tentarão roubar o linho ou se apropriar da gata, como diz von Franz (2003). Dessa maneira, torna-se mais do que importante nos atentarmos aos caminhos que se apontam e nos desvencilharmos da procrastinação e do desânimo, saindo da ordem do pessoal, compreendendo o profissional e, principalmente, o que está em jogo e as perdas, que não serão apenas nossas, mas de toda a comunidade educativa.

Referências

ALCÂNTARA, Cristiano Rogério. *Coordenação pedagógica na infância*: a gestão dialogada com os registros. São Paulo: Phorte, 2020.

BANYAI, Istvan. *Zoom*. São Paulo: Brinque-Book, 2002.

CARROLL, Lewis. *Alice no País das Maravilhas*. São Paulo: Cosac Naify, 2009.

ALL THE INVISIBLE CHILDREN. Direção: Mehdi Charef; Emir Kusturica; Spike Lee. Monsummano Terme; Roma: MK Film Productions S.r.l.; Rai Cinema, 2005. 1 DVD (124 min).

FREIRE, Paulo. *A importância do ato de ler*: em três artigos que se completam. 51. ed. São Paulo: Cortez, 2017. (Coleção Questões da Nossa Época). v. 17.

MORIN, Edgar. *Conhecimento, ignorância e mistério*. Rio de Janeiro: Bertrand Brasil, 2020.

SÃO PAULO (Município). Secretaria Municipal de Educação. Coordenadoria Pedagógica. *Orientação normativa de registros na educação infantil*. São Paulo: SME/Coped, 2020. Disponível em: https://educacao.sme.prefeitura.sp.gov.br/wp-content/uploads/2020/12/ON-Registros-Digital.pdf. Acesso em: 03 dez. 2021.

VON FRANZ, Marie-Louise. *O gato*: um conto de redenção feminina. São Paulo: Paulus, 2003.

Parte II

[Diário de Bordo: o instrumento e a experiência de autoria]

[3]

O Diário de Bordo como instrumento metodológico, seus preceitos e suas possibilidades

Alessandra Assis
Simony Dotto

O Diário de Bordo, neste capítulo, será abordado com base em dois conceitos: como instrumento metodológico que organiza o trabalho docente e, ainda, como instrumento que favorece o acompanhamento e a intervenção pelo coordenador pedagógico, de caráter formativo, na prática educativa docente.

A metodologia a que nos referimos no contexto das reflexões sobre o Diário de Bordo será a da metodologia dialética, como sugere Vasconcellos (1992), e a da metodologia colaborativa de Cintra e Passarelli (2012). A primeira pauta-se na ideia de que o sujeito é um ser ativo e de relações, e que o conhecimento é construído na relação com os outros sujeitos e com o mundo. A segunda caminha na mesma perspectiva da primeira, por compreender que a participação de todos favorece a construção de redes de sentidos que se expandem, agregando outras pessoas e outras ideias. Ambas dialogam diretamente com o conceito vygotskyano da interação social como propulsora de aprendizagens ou, nas palavras de Mello (1999, p. 20):

> Ao estudar a estrutura das funções psíquicas superiores, Vygotsky (1995) demonstra que a relação do homem com o mundo não é uma relação direta entre o sujeito e o objeto, mas é uma relação mediatizada por outros homens [...]

Assim, assumimos que a interação e o diálogo são princípios das metodologias aqui apontadas na superação de uma relação de poder entre coordenador e professor, que Paulo Freire nos explica muito bem no trecho a seguir:

> O diálogo é o encontro entre os homens, intermediado pelo mundo, para nomear esse mundo. Se é por meio da palavra, ao nomear o mundo, que os homens o transformam, o diálogo se impõe como o caminho pelo qual os homens encontram o significado de serem homens. Logo, o diálogo se constitui como uma necessidade existencial [...], não pode se limitar ao fato de uma pessoa "depositar" ideias em outra, como também não pode se tornar uma simples troca de ideias, que "seriam consumidas" por aqueles que estão conversando. Também não consiste numa discussão hostil [...] na imposição da própria verdade. (Freire, 2018, p. 135-6)

A trama conceitual brevemente descrita teve como objetivo defender nosso ponto de vista de que o Diário de Bordo pode se constituir em instrumento metodológico das ações docentes e das ações da coordenação na Educação Infantil como uma ação de coautoria do fazer pedagógico, justamente por organizar um caminho com base em preceitos existentes no Diário de Bordo, que, sendo elucidativos e orientadores, têm como pano de fundo o caráter emancipatório dos sujeitos que dele participam, da premissa de um diálogo aberto, necessário, esperado e totalmente profissional.

Outro cenário de sustentação desse instrumento é a Pedagogia da Infância, que está fundamentada em alguns princípios, como o protagonismo compartilhado entre professores, bebês e crianças; a liberdade de criar da interação com os outros; o espaço como segundo educador, que convida às experiências, muitas delas em continuidade; as materialidades intencionalmente disponíveis; a escuta, também compreendida como a observação interessada do docente que crê na potência do bebê e da criança em inventar e propor para si e, por isso, pesquisa, investiga e registra, documentando as escutas que realiza e seus deslumbramentos, para poder revisitar e ampliar suas proposições e, com isso, colocando em prática o que chamamos de *progettazione*.[1]

Pode-se depreender, portanto, que a prática da escrita do Diário de Bordo, a ser desenvolvida à luz desses princípios, em nada se assemelha com a Pedagogia Tradicional, pedagogia esta que formou imensa parte dos educadores que hoje atuam na Educação Infantil. Eis, aqui, um dado que pode nos ajudar a inferir sobre algumas dificuldades de professores e professoras da Educação Infantil em se constituírem na práxis. Seus discursos, por vezes, revelam conhecer as bases conceituais que diferenciam uma pedagogia da outra, mas, na ação, estão ou sentem-se distanciados desses conceitos. E uma importantíssima contribuição do Diário de Bordo já muito destacada é que, por meio da metacognição,[2] que promove, aproxima os profissionais da compreensão de seus fazeres e dos conceitos que os fundamentam, esses profissionais são aproximados dessa pedagogia para a infância.

Este foi o desafio que nós decidimos assumir aqui neste texto: o de objetivar, o de tornar evidentes os preceitos que envolvem o Diário de Bordo na Educação Infantil, resgatando-o do abstrato, ou seja, tirando-o do campo das ideias. Fizemos isso a fim de apontar para uma estrutura, para um instrumento metodológico possível, que ajude o professor e o

---

1 "[...] ***progettazione***, termo sem equivalência para o português [comumente traduzido como *projetação* nas obras de Reggio Emilia], mas que se difere da ideia de planejamento, o qual se trata de uma escolha cultural que evidencia a criança a partir da própria criança, portanto, a partir da ideia do seu próprio tempo e de sua forma particular de interrogar o mundo. Igualmente aliada a essa ideia, a fim de acompanhar percursos que não são possíveis de serem previstos e nascem na emergência da experiência, a *progettazione* aparece como aquilo que pode dar vida a múltiplas experiências." (Fochi, 2013, p. 34, grifo do autor)

2 "Metacognição: movimento que a pessoa realiza para tomar consciência e controle de seus processos cognitivos. Ela diz respeito, entre outras coisas, ao conhecimento do próprio conhecimento, à avaliação, à regulação e à organização dos próprios processos cognitivos." (Portilho e Dreher, 2012, p. 183)

coordenador pedagógico a materializarem sua prática também pela escrita, a elucidá-la, tendo como foco a relação estreita entre as suas proposições autorais e intencionais com a escuta do bebê e da criança, suas interações, suas expressividades, suas narrativas, suas descobertas, suas hipóteses etc. e o que nasce desse encontro, isto é, as interpretações, as análises, as reflexões e as narrativas profissionais que servem, primeiramente, ao próprio professor. Dessa maneira, o docente, historicizando seus fazeres, pode dar-se conta de questões potentes para retomar, reafirmar, refutar, redimensionar o caminho para *e* com os bebês e as crianças, além de ter um interlocutor experiente (o coordenador pedagógico), que, em um contrato ético estabelecido, intervém na prática do docente, contribuindo e colaborando com seu fazer, ao mesmo tempo que também o professor colabora com o fazer do coordenador, "dando a ler" as demandas formativas que emergem nos seus registros, suas metacognições, com a finalidade de que possa ser desenvolvido um projeto formativo cada vez mais significativo e qualificado, focalizado nas necessidades da equipe docente.

Até aqui, pontuamos sobre o conceito de metodologia que utilizamos para compreender o Diário de Bordo como instrumento metodológico tomado por princípios como o da "dialética", que pressupõe interação e diálogo e, portanto, foge de uma lógica transmissiva, absoluta e verdadeira, e, ainda, o princípio do "colaborativo", que complementa a ideia anterior da perspectiva freiriana, a qual afirma que nós nos constituímos com o outro, por meio de um diálogo ético, por isso, sem dominação de um sobre o outro. Trouxemos, também, mesmo que brevemente, alguns princípios da Pedagogia da Infância, que devem reger nossas práticas como educadores, numa perspectiva praxiológica, ou seja, em que a prática pedagógica estabelece uma relação com os fundamentos teóricos, mediados por crenças e valores.

Pode-se afirmar que o Diário de Bordo é um instrumento metodológico, porque organiza tanto a ação docente, promovendo sua metacognição, a busca e o entendimento da práxis, como a ação do coordenador pedagógico, permitindo maior compreensão das demandas formativas que são explicitadas nesse movimento de metacognição docente, revelado pela escrita. Portanto, o Diário de Bordo organiza e dá maior sentido aos percursos formativos.

A seguir, serão apresentados os preceitos do Diário de Bordo como instrumento metodológico que intenciona ser um organizador da prática pedagógica.

O planejamento

Veja a obra original colorida.

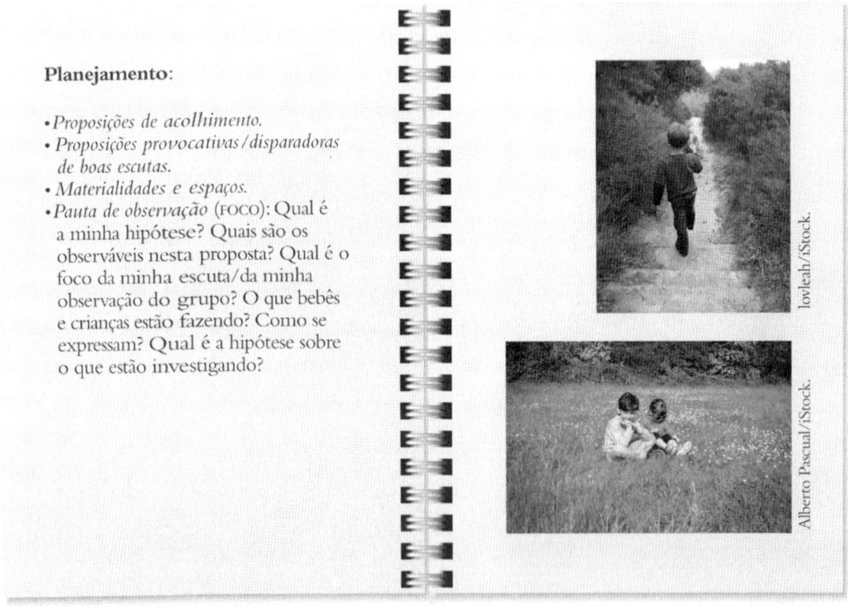

FIGURA 3.1 – Planejamento.

O ponto de partida de toda ação que se propõe a ser intencional, e não espontaneísta, é o planejamento. E para que planejamos?

Da perspectiva da Pedagogia da Infância, planejamos para fazer boas escutas, pois estas não nascem sem que haja contextos significativos de aprendizagem. Isso posto, cabe aos professores planejarem situações para o cotidiano dos bebês e das crianças que as convidem a explorar, a inventar, a criar, a produzir, a testar teorias para confirmar ou refutar hipóteses, a construir narrativas etc. Planejar para fazer boas escutas exige compreender

> [...] um planejamento pedagógico que conceitua a criança como uma pessoa, e não como alguém que está esperando para ser pessoa, ou seja, como alguém que tem poder de ação, alguém que lê e compreende o mundo, que constrói conhecimento e cultura, que participa como uma pessoa e como um cidadão na vida familiar, na escola e na sociedade. (Oliveira-Formosinho e Pascal, 2019, p. 48)

O planejamento, tomado por esse ponto de vista, exige a observação como um processo contínuo e sistemático, porque demanda que se conheçam as singularidades de cada criança em sua construção coletiva e de interação, da premissa de seu processo autoral de criação de significado para as experiências, seu interesse. Trata-se de observar o bebê e a criança no seu ato vivido: nos seus jeitos de lidar com diferentes situações como sujeito integral, que não é só criança na unidade, mas também em sua ambiência familiar e comunitária.

Percebe-se, aqui, que associamos o conceito de planejamento ao de observação/escuta, pois um não se dá sem o outro. Nesse sentido, depreende-se que esse planejamento não deve ser fechado, nem definitivo, nem limitado; antes, deve estar aberto às experiências e às narrativas dos bebês e das crianças, bem como aberto às reflexões e às narrativas do professor na autorreflexão sobre as proposições pensadas e realizadas para *e* com os bebês e as crianças.

Dito desta forma: o planejamento deve ser projetado pelo professor para o menor espaço de tempo possível, porque a escuta e a observação do processo de investigação dos pequeninos indicarão ao profissional os caminhos que não foram pensados previamente e, portanto, se forem considerados, mudarão os rumos de algumas situações, exigindo um novo planejamento, em diálogo com o vivido.

O que queremos explicitar com essa reflexão é que planejamentos para o cotidiano que ocorrem semanalmente, quinzenalmente, mensalmente etc.

não dialogam mais com essa perspectiva de Pedagogia para a Infância. Se, de fato, a escuta da criança for considerada no processo, cabe ao professor planejar contextos de aprendizagem que ampliarão os conhecimentos e os interesses de bebês e crianças, explicitados por estes indivíduos e registrados pelos professores, cuidando das variáveis que organizam esse cotidiano, descritas, por exemplo, no *Currículo da Cidade [de São Paulo]: Educação Infantil* (São Paulo, 2019), como: tempo, espaço, materialidades, interações e narrativas.

Com base no planejamento e na organização intencional do tempo, dos espaços e das materialidades, a fim de proporcionar ricas interações entre bebês/crianças entre si e com os seus pares e os adultos, o registro das observações dos processos vividos pelas crianças nestes contextos, das escutas, de modo a avaliar se o que se planejou para o próximo momento ou próximo dia, dialoga com as necessidades e os interesses da turma, ampliando esses interesses, incentivando um encontro com uma cultura mais elaborada. É assim que se promove um movimento que possibilite propostas que culminem em uma aprendizagem significativa para saltos qualitativos no desenvolvimento, nossa primeiríssima intenção.

Pode-se afirmar, então, que a ação de planejar o cotidiano deve ser uma prática constante, contínua e emergente, o que nos distancia – e muito – da ideia de que "não é preciso planejar, pois é preciso escutar as crianças". Reiteramos: é imprescindível planejar contextos para realizar boas escutas, portanto, há de se ter proposições (disparadoras) para serem ofertadas aos bebês e às crianças. É nesse ponto que se inicia o protagonismo docente, que se define o papel desse profissional, sobre as escolhas que se faz. Ocorre que as crianças e os bebês, ao interagirem, inseridos nesses contextos, podem mudar o rumo do planejamento, e cabe aqui, novamente, outro importante papel do professor: o de interpretar o que ouve e vê, e isso significa reformular o cotidiano com base nessas interpretações fundamentadas em princípios e em conceitos, ou seja, o planejamento e o replanejamento, com base em si mesmos, sempre serão o guia que norteará as próximas ações de modo significativo. Diante desse entendimento é, no mínimo, não profissional abrir mão de planejar.

É justamente pautada nessa ideia que usamos, por vezes, a expressão "planejar para *e* com os bebês e as crianças". Longe de ser mais um jargão pedagógico, essa expressão comporta o protagonismo compartilhado de professores como profissionais que sabem propor boas situações de aprendizagens e de bebês e crianças potentes que, com base nas proposições, criam novos caminhos de pesquisa, de investigação, de interesse, participando ativamente do planejamento.

Como garantir que esse planejamento emergente, contínuo, possa, efetivamente, cumprir seu objetivo se não for registrado? Como guardar em nossa falha memória escutas, interpretações, observações, emoções, narrativas cotidianas? O Diário de Bordo é um instrumento que viabiliza esse registro, de todo esse processo de planejamento de contextos. Sim, é possível planejar desse modo!

O registro contínuo das escutas dos professores sobre suas proposições e sobre as interações dos bebês e das crianças é o que permite que esse planejar 'para *e* com' seja possível, pois

> Ao escrever sobre o cotidiano vivido com as crianças, o professor cria espaço para refletir sobre seu fazer, abre possibilidades para avaliar o caminho pedagógico planejado, redefinindo passos ou reafirmando o caminhar. O exercício do registro diário oportuniza, de maneira ímpar, a articulação entre aspectos teóricos e práticos implicados na ação docente, entre conquistas realizadas e desafios mapeados, entre o projetado e o concretizado. Sobretudo: ao registrarem e refletirem sobre o conteúdo registrado, professoras e professores, apropriando-se de sua história, ensaiam autoria. (Ostetto, 2017, p. 15)

Essa ideia tão bem pontuada por Ostetto (2017) abre caminho para que possamos discorrer sobre o segundo preceito do Diário de Bordo: *escuta e reflexão*.

Escuta e reflexão

Veja a obra
original colorida.

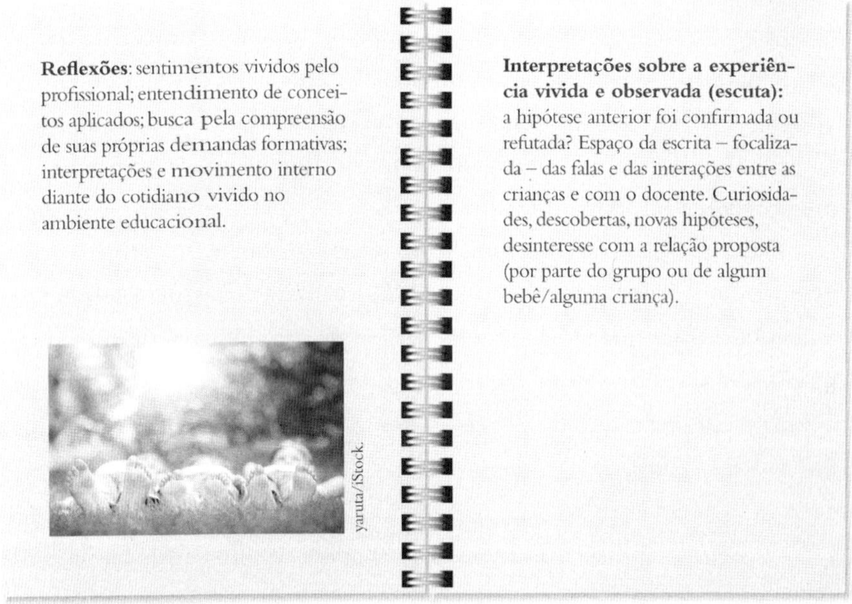

FIGURA 3.2 – Reflexões e escuta.

Os autores que trabalham o tema da reflexão na educação (Pérez-Gómez, 1997; Pimenta, 1996; Ostetto, Oliveira e Messina, 2002) referem-se a um exercício que implica ações indissociáveis entre o pensar e o fazer, entre o conhecer e o agir. É justamente nesses pares dialéticos que encontramos sentido no segundo preceito do Diário de Bordo: escuta e reflexão são ações que incluem o pensar e o fazer, o conhecer e o agir, e podemos compreender que a materialidade dessas ações só pode se dar por meio do registro.

> O registro diário é apontado como um documento reflexivo do professor, espaço no qual pode marcar suas incertezas, assim como suas conquistas e descobertas. Dessa forma, o educador vai tomando o seu fazer nas mãos, responsabilizando-se pela sua própria formação. (Ostetto, 2008, p. 15)

Segundo Ostetto (2008), o registro, quando compreendido como narrativa autoral de percursos que foram idealizados e vividos pelos sujeitos, pode tomar para si a característica da reflexividade, sendo esta a capacidade de voltar sobre si mesmo, sobre seus modos de pensar (metacognição), sobre as construções sociais, sobre as intenções, as representações e as estratégias de intervenção, à medida que busca conhecimentos naquilo que produz a fim de ampliá-los, modificando a si mesmo e a realidade em que atua.

Dessa perspectiva, tomamos, aqui, a relação intrínseca entre a tríade *registro, escuta e reflexão*, quase como se, de forma bem ampla e generalista, pudéssemos dizer que são ações que partem de um mesmo campo conceitual. O que queremos dizer é que a ação de escutar não pode ocorrer sem registro, e este só faz sentido se estiver disponível para a reflexão. Isso porque

> Por trás de um ato de escuta, há, frequentemente, uma curiosidade, um desejo, uma dúvida, um interesse; há sempre uma emoção. [...] verbo ativo, que interpreta, dando significado à mensagem e valor a quem a transmite. Escuta que não produz respostas, mas constrói perguntas. [...] Escuta que é gerada pela dúvida, pela incerteza... (Rinaldi, 2014, p. 82-3)

Assim, o que deve mover o registro das escutas no Diário de Bordo é a postura interessada do educador em relação ao que produzem os bebês e as crianças diante do planejamento disparador elaborado, pensado intencionalmente com base nos elementos que estruturam o trabalho educativo nas escolas das infâncias: a organização dos espaços, a disposição das materialidades, os tempos das experiências dos bebês e das crianças, as interações e as narrativas que elaboram enquanto brincam, inventam, criam, descobrem, questionam, exploram e experimentam. Os registros promovem a guarda dessa memória do vivido, das idas e vindas no processo educativo, nas aquisições de conhecimento pelo professor e por bebês e crianças. No Diário de Bordo, encontramos um modo eficaz de documentar esses processos de escolhas e de interpretações docentes, assim como o interesse, a investigação e o conhecimentos prévios dos pequenos (seja no individual, seja no coletivo) durante a sua permanência nos ambientes educativos.

Ao mesmo tempo, esse processo autoral dos bebês e das crianças também acontece quando o educador se dispõe a registrar as ações, as reações e as interações dos bebês e das crianças, descrevendo e registrando os acontecimentos à luz de seus repertórios, de suas interpretações, construindo, também, suas narrativas, isto é, produzindo conhecimentos pedagógicos e de autoria, como traduz Rinaldi (2014, p. 83, p. 88-9) nas reflexões a seguir:

> Essa escuta que faz o sujeito sair do anonimato, que o legitima que lhe dá visibilidade, enriquecendo quem escuta e quem produz a mensagem (e as crianças suportam pouco o anonimato). [...] é, então uma forma de narrativa. A sua força de atração está na carga de problematização, de dúvida e de reflexão com que é acolhida e proposta para a atenção dos outros: colegas e crianças. Os textos devem ser legíveis até para quem não está presente no contexto, mas incluir, ao mesmo tempo, as "emergências" colhidas [...].
>
> Isso pode significar, aos olhos das crianças, que o que produzem tem valor, tem sentido, descobrem que "existem", podem sair do anonimato da invisibilidade e o que dizem tem valor, é escutado e apreciado: é valor.

Nesse sentido, podemos compreender que a escuta, materializada em registros, refere-se a uma postura interessada do professor em relação ao fazer de bebês e de crianças e que pode favorecer a pesquisa sobre seu próprio fazer ao analisar as potencialidades e as fragilidades das suas próprias proposições para poder reiterá-las, reformulá-las e, até mesmo, refutá-las com base nas escutas, nas reflexões sobre as interações que ocorrem, realizando, assim, um outro importante movimento e registro, baseado no terceiro preceito do Diário de Bordo como instrumento metodológico: *replanejamento/projetação*.

Replanejamento/projetação

Veja a obra original colorida.

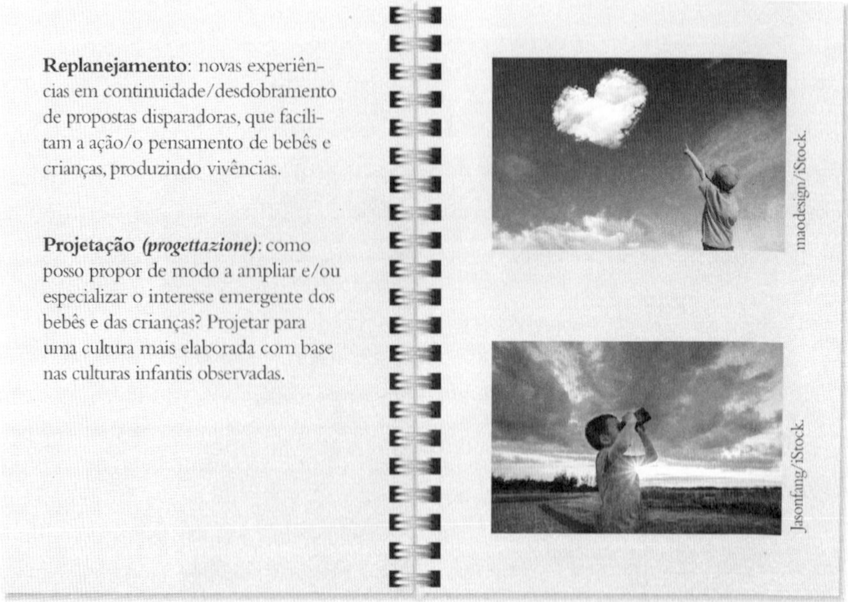

Figura 3.3 – Replanejamento/projetação.

A escuta do que as crianças produziram com base no que a professora propôs, isto é, a relação dialógica entre o que foi oferecido e como se deram as interações e experiências dos bebês e das crianças nos espaços organizados intencionalmente com as materialidades também pensadas previamente, as interações que estabeleceram entre si, as narrativas que produziram, enfim, o cotidiano vivido, refletido e registrado é suporte para projetar potentes situações de aprendizagem em continuidade, que são originárias das escutas dos bebês e das crianças, da coparticipação efetiva deles/delas no planejamento, mas também do profissionalismo do educador que sabe o que qualifica uma boa situação de aprendizagem.

Residem aqui dois grandes movimentos: um em que o protagonista é o professor, que planeja e organiza contextos de aprendizagens com base no entendimento da importância do espaço, das materialidades e do tempo das experiências a serem vividas de maneira que as pesquisas (explorações, investigações, inventividades) dos bebês e das crianças sejam potencializadas; o outro em que os bebês e as crianças são os protagonistas quando, ao interagirem com as proposições, fornecem pistas projetuais; ou seja: Que hipóteses levantam durante as interações? Que cenários criam com base nos contextos organizados? Como se agrupam? Que brincadeiras inventam? Que narrativas constroem?

Com base nas perguntas que guiam a observação, a interpretação e o registro da professora, projetam-se as experiências, em continuidade, sem pressa, a seu tempo e a seu modo. *Projetar*, no sentido malaguzziano,[3] está relacionado com a capacidade do adulto de tornar visíveis as estratégias utilizadas pelas crianças, a fim de compreender algo e de considerá-las num planejamento emergente, contínuo.

Há de se pontuar, neste ponto, que tanto a experiência da criança quanto a sua escuta demandam, exigem tempo. Daí, decorre o conceito da continuidade, que dá origem à ideia de planejamento contínuo. O que significa contínuo? No *Dicionário Online de Português* (2022), encontramos as seguintes definições: "que não se divide; sem interrupções; constante, ininterrupto: linha contínua; que não se pode nem se consegue interromper, parar: trabalho contínuo; que se estende no tempo sem pausas nem intervalos". Diante dessas definições, cabe-nos perguntar: Quem estipula o tempo da experiência da criança? Quem decide se haverá interrupções ou pausas?

A qualidade dos contextos propostos às crianças pode responder tal questionamento. Quanto mais convidativo às mais diversas e singulares experiências, mais tempo a criança desejará ficar e/ou revisitar no contexto proposto, investigando em continuidade e construindo suas experiências, vivenciando-as.

---

[3] Este termo se refere a Loris Malaguzzi, idealizador da abordagem pedagógica centrada na criança e em todas as suas linguagens, adotada pela cidade de Reggio Emilia (localizada no norte da Itália) para a Educação Infantil, sendo referência de qualidade mundialmente reconhecida.

> A diversidade de experiências é pano de fundo para as elaborações das crianças, mas é a continuidade que promove a exploração, a investigação, a sistematização de conhecimentos e a atribuição de sentido. [...] A continuidade das reflexões sobre a prática e a possibilidade de planejar uma e mais outra vez, de verificar os resultados com o grupo de crianças, de registrar e comparar as diferentes reações das crianças vão pouco a pouco permitindo que, ao longo do tempo, constitua-se um saber que interroga, testa, confirma, cria, aprecia, marca, transforma. Um saber que só se constitui na experiência de ser um professor. (Augusto, 2015, p. 116-7)

O replanejamento é uma ação que comumente foi associada à ideia de flexibilidade. Quem nunca ouviu falar que o planejamento é flexível? No entanto, tal flexibilização esteve, muitas vezes, relacionada aos elementos externos, alheios à ação educativa, como a mudança de um espaço que estava planejado, por exemplo, o parque, mas por causa de uma chuva inesperada ou da mudança de temperatura, e, por isso, houve a necessidade de replanejar a ação, o que pode ser legítimo, pois nem sempre é possível expor às crianças à chuva, o que também pode ser controverso, porque já presenciamos unidades que dispõem de propostas que incluem o experimentar, ainda que por um breve momento, o banho de chuva, apreciando-a, com seus encantos.

Entretanto, a natureza do replanejamento que se deseja tratar aqui tem relação direta com o princípio da escuta dos bebês e das crianças e, portanto, com o conceito de *progettazione*, isto é, o diálogo entre o que foi planejado no exercício do protagonismo do professor e as interações dos bebês e das crianças, com base em suas inventividades, nas novas configurações que vão atribuindo às propostas, com os novos sentidos, enfim, o protagonismo de bebês/crianças e suas culturas, que vão reverberando no planejamento do professor. Com isso, não se quer negar a autoria do docente, que, muito pelo contrário, diante dos fazeres infantis, tem o compromisso de qualificar ainda mais o processo educativo, como par mais experiente que pode – e deve – proporcionar o que há de mais elaborado em termos de cultura e de produção de conhecimento. Também podemos atribuir esse movimento ao papel do coordenador na sua relação com os fazeres docentes. E é nessa ideia que reside o próximo e último preceito do Diário de Bordo: a *devolutiva*.

Devolutiva

Veja a obra original colorida.

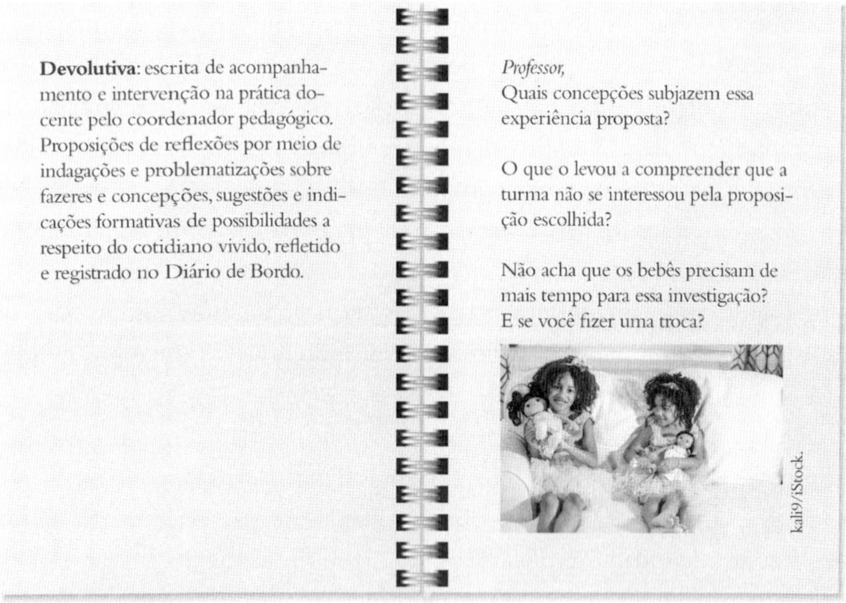

Figura 3.4 – Devolutiva.

O trabalho desenvolvido pelo coordenador pedagógico tem um valor fundamental para a formação dos professores e para a transformação dos contextos educativos por meio de um diálogo ético e colaborativo que reflete sobre a vida cotidiana da instituição, e que mobiliza os professores para compreenderem os seus próprios processos de aprendizagem e de desenvolvimento profissional que impactam tanto na atuação dos docentes quanto nos processos educativos de bebês e crianças, de um olhar que os ajudem a atribuir sentido científico aos seus fazeres, superando, por exemplo, a naturalização de práticas tão arraigadas na cultura escolar, as quais não encontram fundamentação na Pedagogia da Infância. Pode-se verificar, então, com base no princípio do diálogo ético, que isso também ocorre com o coordenador, que, ao ser desafiado a intervir na prática docente, é movido a ampliar seus conhecimentos "para *e* com" os professores.

Aqui reside, portanto, a ideia do par mais experiente, que busca, em seus estudos e aprofundamentos, preparar-se para arguir, para problematizar, para realizar a curadoria,[4] o cuidado compartilhado com os docentes, das propostas educativas que acompanha por intermédio dos registros feitos no Diário de Bordo (que, aos poucos, vão sendo qualificados pelo seu acompanhamento e pela sua intervenção), da criação de contextos de aprendizagens, de um ambiente que impulsiona para criatividade investigatória própria do universo infantil.

O coordenador, ao intervir por meio da devolutiva na prática docente, realizando, assim, a curadoria das propostas e dos contextos de aprendizagens oferecidos aos bebês e às crianças, atua no campo da produção docente, problematizando-a, provocando novas ideias e possibilidades, sugerindo novos modos de escuta e de aprofundamento em relação a algumas questões. Isso, muitas vezes, implica replanejamentos e novas significações dos contextos pelos docentes diante dessas devolutivas.

Nesse processo reflexivo compartilhado, de parceria, vão se construindo as identidades profissionais com base no exercício de revisitar os conceitos, os conhecimentos e as concepções que carregamos em nós e, muitas vezes, já registrados anteriormente no Diário de Bordo: nossas subjetividades, nossas teorias de referência, nossas hipóteses e nossas *perguntas*. Sim! Nesse processo, encontramos muito mais perguntas do que respostas, mas, com elas, colaborativamente, coordenadores pedagógicos e professores, por meio do diálogo ético existente na devolutiva e nessa parceria que os atores desenvolvem, acabam por qualificar e enriquecer o cotidiano das escolas de Educação Infantil.

[4] O termo *curador* deriva de *curar* e significa "aquele que zela e cuida de alguma coisa e a ela dá atenção". Etimologicamente, a palavra *curadoria* tem origem no termo latino *curator*, que quer dizer "aquele que tem cuidado e apreço" (Appai, 2017).

> É só na qualidade de participantes de um diálogo abrangente e voltado para o consenso que somos chamados a exercer a virtude cognitiva da empatia em relação às nossas diferenças recíprocas na percepção de uma mesma situação. Devemos então procurar saber como cada um dos demais participantes procuraria, a partir do seu próprio ponto de vista, proceder à universalização de todos os interesses envolvidos. (Habermas, 2007, p. 10)

Uma das especificidades do Diário de Bordo é o fato de esse diálogo que acontece na devolutiva ser travado com base na escrita de ambos os sujeitos que interagem: professor e coordenador. A ideia principal dessa abordagem é a de que a escrita é uma potente linguagem, que favorece muita reflexão para quem dela faz uso. Não significa que a imagem produzida, por exemplo, por fotografia ou desenho não favoreça uma percepção, no entanto, ao narrar, o sujeito narra a si mesmo, pois revela suas escolhas, seus focos, suas significações e, até mesmo, aquilo que escolheu não registrar ou o que omitiu por escolher não elucidar, e isso traduz um posicionamento que conta algo aos sujeitos. Esse aspecto vale para ambos (professor e coordenador), o que favorece um campo fértil para o diálogo e, também, para a autorreflexão, em processo contínuo de registro escrito, que pode se constituir em produção de conhecimento pedagógico cada vez mais elaborado e publicizado como uma potente e fidedigna documentação pedagógica.

> [...] o papel do educador como autor e narrador, comunicando seu fazer educativo através da palavra escrita, de um texto vivo, real, pois a palavra escrita, como texto, é tradução de uma experiência e, como expressão do vivido, é comunicação e troca. (Ostetto, 2017, p. 16)

Ostetto (2017) reafirma o sentido da escrita como possibilidade de comunicação entre professor e coordenador, que, ao produzirem registros escritos, podem se expor em um movimento de disponibilidade para o compartilhamento de ideias que dialogam entre si e de outras que podem ser confrontadas, sempre dentro da lógica profissional e ética. Essa premissa pressupõe pautar as discussões, impressões e análises em embasamentos teóricos que vão oportunizar a materialização da pesquisa e da ampliação dos conhecimentos.

A devolutiva do coordenador é uma ação de acompanhamento/intervenção e de formação. Acompanhamento/intervenção porque permite conhecer a prática de todos os professores, reconhecer as especificidades de cada um para intervir ora de forma individual, considerando as demandas singulares de cada sujeito, ora de forma coletiva, observando os vários registros e as várias devolutivas realizadas. Essa intervenção, obviamente, necessita estar fundamentada e deve ser balizada pelo Projeto Político Pedagógico da Unidade, bem como pelas diretrizes oficiais da Educação Infantil. A explicitação das bases conceituais das intervenções do coordenador pedagógico pode contribuir para que sua intervenção não seja entendida como algo pessoal, mas, antes, de coletividade, isto é, cabe a esse profissional gestor coordenar e zelar pelos princípios construídos colaborativamente por aquele coletivo. Quanto ao caráter formativo, ele é apresentado porque, ao entrar em contato com os registros escritos dos professores, pode-se levantar demandas formativas importantes do ponto de vista da necessidade daquele sujeito e/ou grupo, em especial, se a leitura da escrita vier com o acompanhamento do cotidiano, com o fazer conjunto, para *e* com os professores.

Sabemos que acompanhar, intervir, formar e autoformar são as principais ações do coordenador pedagógico, que devem estar associadas aos princípios declarados na introdução deste texto, princípios emancipatórios, democráticos, profissionais e éticos, e o Diário de Bordo favorece a atuação efetiva do coordenador, ou seja, facilita o cumprimento de suas principais atribuições, já que o referido instrumento metodológico docente carrega em si e tem como um de seus preceitos a reflexão sobre as cenas cotidianas vividas nos espaços de educação coletiva.

Esse preceito ainda auxilia no planejamento do coordenador pedagógico, em seu plano de ação formativo e autoformativo, tornando-o mais significativo e, portanto, mais eficaz. Ainda, traz consigo a possibilidade da coautoria nos processos educativos qualificados: quando se faz a curadoria das ações pedagógicas e do diálogo estabelecido por meio dessa escrita compartilhada, o profissional historiciza sua participação por meio das devolutivas no Diário de Bordo.

Outra questão que precisa ser aqui citada é que o coordenador pedagógico, ao produzir devolutivas, vive a experiência da escrita, bem como o professor. Trata-se de uma ação cuidadosa, porque, como já se sabe, a escrita historiciza os acontecimentos, e, nesse sentido, tanto professor, ao elaborar seus escritos, quanto o coordenador pedagógico, na devolutiva, em um trabalho exigente, fazem como Graciliano Ramos (2005 *apud* Brito, 2007, p. 125) nos ensina sobre o ato de escrever:

> Deve-se escrever da mesma maneira com que as lavadeiras lá de Alagoas fazem em seu ofício. Elas começam com uma primeira lavada, molham a roupa suja na beira da lagoa ou do riacho, torcem o pano, molham-no novamente, voltam a torcer. Colocam o anil, ensaboam e torcem uma, duas vezes. Depois enxaguam, dão mais uma molhada, agora jogando água com a mão. Batem o pano na laje ou na pedra limpa, e dão mais uma torcida e mais outra, torcem até não pingar do pano uma só gota. Somente depois de feito tudo isso é que elas dependuram a roupa lavada na corda ou no varal, para secar. Pois quem se mete a escrever devia fazer a mesma coisa. A palavra não foi feita para enfeitar, brilhar como ouro falso; a palavra foi feita para dizer.

A ideia poética que o autor traz nos ajuda a compreender que a perspectiva da escrita compartilhada no Diário de Bordo nada tem a ver com um ato burocrático e impositivo, mas toma o sentido que buscamos abordar neste preceito, que é o da escrita que humaniza, que emancipa e que tem o profissionalismo como pano de fundo; a assertividade que busca apenas defender em parceria colaborativa, de quem tem um mesmo objetivo; a busca pela melhoria da qualidade do que é oferecido aos bebês e às crianças nos espaços institucionais de Educação Infantil.

Algumas considerações

Este capítulo teve por objetivo explicitar os preceitos que constituem o Diário de Bordo como instrumento metodológico para docentes e coordenadores pedagógicos, que favorece eficazmente o cumprimento de suas principais atribuições, apresentando objetivamente os aspectos que o compõem, para que ofereça a segurança metodológica descrita.

O movimento de planejar, de propor, de colocar em prática, de escutar e, novamente, de projetar em continuidade resulta em reflexões também de natureza pessoal. O comprometimento chama para a profissionalidade que esse tipo de escrita exige, leva o indivíduo envolvido a refletir sobre sua própria constituição profissional, sobre como pensa e faz, como aprende, como lida com o não saber, com o novo e com a partilha em colaboração, fazendo-o entender, ainda, quais conceitos fundamentam e organizam sua prática e por que e como pode reorganizá-la à guisa das intervenções colaborativas (devolutivas) do coordenador pedagógico. Este, ao tomar para si esse compromisso ético de ser um interlocutor profissional de outro(s) profissional(is) tão importante(s) quanto ele, imprime no processo certa exigência de se constituir como um par mais experiente; assim, coloca-se vivenciando, também, o processo descrito, de forma homóloga à condição de ser escrevente.

Apesar dos preceitos do Diário de Bordo terem sido descritos separadamente, na escrita, eles ocorrem de forma muito dinâmica, orgânica, viva e articulada quando se compreende o objetivo desses aspectos fundamentais e descobre-se que o instrumento vem para organizar, facilitar os atos de planejar e de propor a prática docente. É bastante comum, no início de sua escrita, na apropriação do instrumento, encontrar alguma apreensão, algum receio pela novidade, por inúmeros motivos; um deles, o tempo para a escrita. E, de fato, antes de conseguir manter o foco no que se deseja observar diante de tanta oferta e registrar com o profissionalismo exigido, a escrita do Diário de Bordo pode render muitas folhas de reflexões, com relatos sobre as dificuldades em se planejar de modo emergente e contínuo ou, até mesmo, dificuldades em expressar e em comunicar o vivido para o outro, entre outros. Esses fatores podem demandar um tempo mais longo para a escrita, mas isso só ocorre até que se descubra o caminho e o(s) ponto(s) central(is) que se quer investigar, reelaborar; até que o autor perceba o modo colaborativo e de parceria de como isso acontece e, então, sistematize essa escrita, e, isso, sim, pode levar algum tempo, de acordo com a disponibilidade interna de cada envolvido.

Todavia, na apropriação desse instrumento metodológico, não se caminha só. Outros profissionais, cada um em determinado ponto do processo de escrita, e os interlocutores são os parceiros nesse desafio, que se torna muito mais acessível, necessário, quando há o devido entendimento de que, ao planejar o cotidiano dos bebês e das crianças (as proposições) e ao refletir processualmente sobre o que é oferecido e do que emerge das interações (para *e* com), perguntas que incidem em novos planejamentos (escuta e projetação), e isso envolve avaliar e interpretar. Com a indispensável interlocução do coordenador pedagógico, organiza-se, historiciza-se e qualifica-se, colaborativamente, esse cotidiano, essa compreensão do Diário de Bordo como instrumento metodológico imprescindível que organiza os processos citados e traz essas tantas possibilidades, além de colocar o docente num patamar profissional, nada burocrático, e essencial para o desenvolvimento de todos os envolvidos, de todos os autores.

O Diário de Bordo é um instrumento metodológico em que se utiliza da escrita para alcançar seus objetivos e se sabe das inúmeras possibilidades que, em geral, a escrita nos oferece, a todos, não somente aos profissionais da Educação. É como disse Clarice Lispector (2018, p. 89), que descobriu os poderes da escrita e a sistematizou em si: "E nasci para escrever. Minha liberdade é escrever. A palavra é o meu domínio sobre o mundo".

Referências

Associação Beneficente dos Professores Públicos Ativos e Inativos do Estado do Rio de Janeiro (Appai). Curador em educação, o que significa ser um? *Appai*, 08 ago. 2017. Disponível em: https://www.appai.org.br/o-que-significa-ser-um-curador-em-educacao/. Acesso em: 07 dez. 2021.

Augusto, Silvana de Oliveira. A experiência de aprender na educação infantil. *In*: Flores, Maria Luiza Rodrigues; Albuquerque, Simone Santos de (org.). *Implementação do Proinfância no Rio Grande do Sul*: perspectivas políticas e pedagógicas. Porto Alegre: EDIPUCRS, 2015. P. 111-8. Disponível em: http://portal.mec.gov.br/index.php?option=com_docman&view=download&alias=36711-ebook-implementacao-proinfancia-rio-grande-do-sul-perspectivas-politicas-pedag-pdf&Itemid=30192. Acesso em: 03 dez. 2021.

Brito, José Domingos de. (org.). *Como escrevo?* 2. ed. São Paulo: Novera, 2007.

Cintra, Anna Maria Marques; Passarelli, Lílian Ghiuro. (coord.). *A pesquisa e o ensino em língua portuguesa sob diferentes olhares*. São Paulo: Blucher, 2012.

Contínuo. *In*: Dicio, Dicionário Online de Português. Porto: 7Graus, 2022. Disponível em: https://www.dicio.com.br/continuo/. Acesso em: 26 jan. 2022.

Fochi, Paulo Sergio. *"Mas os bebês fazem o que no berçário, heim?"*: documentando ações de comunicação, autonomia e saber-fazer de crianças de 6 a 14 meses em contextos de vida coletiva. 2013. 172 p. Dissertação (Mestrado em Educação) – Faculdade de Educação, Universidade Federal do Rio Grande do Sul, Porto Alegre, 2013. Disponível em: https://www.lume.ufrgs.br/bitstream/handle/10183/70616/000878275.pdf?...1. Acesso em: 06 dez. 2021.

Freire, Paulo. *Conscientização*. Tradução de Paulo José Risi Leme. São Paulo: Cortez, 2018.

Habermas, Jürgen. *A ética da discussão e a questão da verdade*. São Paulo: Martins Fontes, 2007.

Lispector, Clarice. *Todas as crônicas*. Rio de Janeiro: Rocco, 2018.

Mello, Suely Amaral. Algumas implicações pedagógicas da escola de Vygotsky para educação infantil. *Pro-Posições*, v. 10, n. 1, p. 16-27, mar. 1999. Disponível em: https://www.fe.unicamp.br/pf-fe/publicacao/1990/28-artigos-mellosa.pdf. Acesso em: 06 dez. 2021.

Oliveira-Formosinho, Júlia; Pascal, Christine. *Documentação pedagógica e avaliação na educação infantil*: um caminho para a transformação. Porto Alegre: Penso, 2019.

Ostetto, Luciana Esmeralda. Observação, registro, documentação: nomear e significar as experiências. *In*: Ostetto, Luciana Esmeralda (org.). *Educação infantil*: saberes e fazeres da formação de professores. Campinas: Papirus, 2008.

Ostetto, Luciana Esmeralda (org.). *Registros na educação infantil*: pesquisa e prática pedagógica. Campinas: Papirus, 2017.

Ostetto, Luciana Esmeralda; Oliveira, Eloisa Raquel de; Messina, Virgínia da Silva. (org.). *Deixando marcas*: a prática do registro no cotidiano da educação infantil. Florianópolis: Cidade Futura, 2002.

Pérez-Gómez, Ángel. O pensamento prático do professor: a formação do professor como prático reflexivo. *In*: Nóvoa, Antonio. (coord.). *Os professores e a sua formação*. Lisboa: Dom Quixote, 1997. p. 93-114.

Pimenta, Selma Garrido. Formação de professores: saberes da docência e identidade do professor. *Revista da Faculdade de Educação*, São Paulo, v. 22, n. 2, p. 72-89, jul./dez. 1996. Disponível em: https://www.revistas.usp.br/rfe/article/view/33579/36317. Acesso em: 07 dez. 2021.

Portilho, Evelise Maria Labatut; Dreher, Simone A. Souza. *Categorias metacognitivas como subsídio à prática pedagógica. Educação e Pesquisa*, São Paulo, v. 38, n. 1, p. 181-96, 2012.

São Paulo (Município). Secretaria Municipal de Educação. Coordenadoria Pedagógica. *Currículo da cidade*: educação infantil. São Paulo: SME/Coped, 2019.

Vasconcellos, Celso dos Santos. Metodologia dialética em sala de aula. *Revista de Educação AEC*, Brasília, v. 21, n. 83, p. 28-55, 1992.

Bibliografia consultada

Rinaldi, Carla. Documentação e avaliação: qual a relação? *In*: Project Zero; Reggio Children. *Tornando visível a aprendizagem*: crianças que aprendem individualmente e em grupo. São Paulo: Phorte, 2014.

São Paulo (Município). Secretaria Municipal de Educação. Coordenadoria Pedagógica. *Orientação normativa de registros na educação infantil*. São Paulo: SME/Coped, 2020. Disponível em: https://educacao.sme.prefeitura.sp.gov.br/wp-content/uploads/2020/12/ON-Registros-Digital.pdf. Acesso em: 03 dez. 2021.

[4]

Diário de Bordo: da intencionalidade à profissionalização docente

Rubia Armelini de Freitas
Matilde Aparecida da Silva F. Campanha
Vanessa Takigami Alves

A produção de registros escritos sobre a prática docente é um dos eixos de trabalho do professor. Planejamento, registro e avaliação são elementos da didática que se constituem em verdadeiras ferramentas de trabalho. Entretanto, no cotidiano escolar, não raro nos deparamos com situações que dificultam que esse registro seja realizado. As diretrizes dos entes públicos e a organização do tempo de trabalho remunerado do professor sem as crianças são elementos que contribuem para que essa ação aconteça, mas ainda há de se discutir a intencionalidade pedagógica que tece a trama do ato de registrar. Assim, a escrita dos Diários de Bordo sobre a prática docente é elemento entendido por nós como imprescindível à construção da identidade do professor como profissional da Educação. Neste capítulo, discutiremos, *com base em nossas experiências*, como esses três elementos (intencionalidade, diretrizes e profissão docente) podem ser articulados e compreendidos mediante a escrita dos Diários de Bordo.

Por que discutir sobre intencionalidade docente? Nos diferentes ambientes, em grupos de estudo, em horário coletivo, percebe-se a dificuldade em se deslocar e mudar o fazer em diferentes segmentos das etapas escolares.

Ao analisar essas dificuldades, uma pergunta surge: A resistência existe, simplesmente por ela própria, ou os educadores ainda não sabem o que fazer e, por conseguinte, como mudar e para que mudar? Quando se escuta "*Eu já fazia assim, já experimentei! Não dá certo!*", o que subjaz a desse discurso: um desconhecimento de sua prática ou apenas resistência?

Então, outra questão surge: Como ajudar os educadores a se reposicionarem e trazerem uma intencionalidade para o contexto?

Ao observar o trabalho nas unidades escolares da Educação Infantil, nota-se, ainda, em algumas delas ou em alguns profissionais, a pedagogia tradicional, centrada na figura do professor, na qual a criança é espectadora. Com base nesse contexto, fica evidenciada a importância do acompanhamento do coordenador pedagógico muito próximo da sala de referência, para entender as dificuldades do professor, ajudá-lo a tematizar sua prática e, dessa forma, modificá-la.

O que queremos dizer ao mencionar a importância do acompanhamento do coordenador pedagógico muito próximo da sala de referência? É importante deixar claro que nos referimos ao papel mediador do coordenador por meio do uso de estratégias de acompanhamento, que o coloca próximo da sala de referência, da prática do professor, de seu percurso e da localização das necessidades de intervenção.

A estratégia do coordenador pedagógico precisa ser também intencional, organizada e planejada. Conforme Filippini (2015, p. 117): "É responsabilidade do pedagogista trabalhar com os professores para identificar os novos temas e as experiências para o desenvolvimento profissional contínuo e o treinamento em serviço".

As atitudes tomadas pelo coordenador vão desde uma andada pela escola para observar os fazeres e uma organização de pautas formativas até, e especialmente, o ato de ser o interlocutor da escrita do professor, e este é o revelador mais fiel da sua prática.

A mediação do coordenador pedagógico é de grande importância para que o professor consiga ver sentido na escrita do seu Diário de Bordo, dando significado e intencionalidade a essa escrita para o seu fazer docente, diferenciando-o de um simples cuidador, tornando-o um profissional com o propósito que a Educação propõe: de promover possibilidade para a criança aprender e, então, desenvolver-se.

Quando essa mediação está clara na relação coordenador-professor, abre-se a possibilidade de avançar do olhar do par mais experiente, que está ali para provocar reflexões e, assim, traçar, em parceria, caminhos a percorrer.

> Entretanto, nossa prática de coordenação pedagógica ao longo desses anos nos possibilita afirmar que, se chegássemos aos grupos que coordenamos com uma postura muito aberta de negociar os princípios das proposições, não obteríamos nenhum sucesso em auxiliá-los a refletir acerca de suas posturas profissionais. (Alcântara, 2020, p. 120)

Porque esse profissional não compactua com o senso comum, mas, sim, provoca ao indagar o fazer do professor e conduz à profissionalização docente, alinhado aos princípios que regem os documentos norteadores, com um sentido na sua prática, progredindo com as crianças.

A interlocução traça um caminho de indicar necessidades de mudanças, de criar no outro a necessidade de ler, de estudar, de refletir, de conhecer. Entretanto, essa mudança é decisão da pessoa, e não de quem aponta, pois compreendemos que não despertamos o desejo no outro. Acreditamos, contudo, que, quando criamos necessidades, o professor, o coordenador pedagógico buscará formação, grupo de estudos, leituras, para ajudar a sanar a sua necessidade.

Acredita-se que a mudança virá do fazer cotidiano na sala, contribuindo para a materialização da teoria, como o trabalho em pequenos grupos com as crianças, o que permite observar melhor, acompanhar suas aprendizagens, planejar junto com as crianças, sem dizer o que elas precisam fazer e como. A cena 13 do *Currículo da Cidade* de São Paulo deixa clara essa intencionalidade e um reposicionamento do professor.

> Na roda inicial da turma de cinco anos, a professora sugere que o tempo da turma na UE contemple nesse dia uma atividade centralizada (que será dirigida e planejada pela professora), uma atividade diversificada (que será planejada tanto pelo grupo como pelos participantes da atividade) e uma atividade livre (em que cada criança planeja o que vai fazer, escolhe os materiais e convida quem ela quiser para fazer junto). A professora avisa que a atividade dirigida por ela será um passeio no entorno da UE para coletar folhas e flores secas, sementes, vagens, pedras pequenas e pequenos galhos que encontrarem pelo chão, de forma a ampliar o material natural da sala. Em seguida, passa a planejar com o grupo as atividades diversificadas. Em geral, essas atividades acontecem em grupos menores, por livre adesão das crianças; por isso, a professora colhe do grupo as propostas para garantir que todos participem em algum dos cinco grupos que ela está propondo. "Que atividades podemos propor hoje para fazermos em grupos?" As crianças propõem uma mesa com material de desenho e pintura, uma mesa com jogos e uma mesa com argila. A professora propõe uma mesa com os materiais colhidos no passeio, para serem classificados e guardados, e uma mesa com peças de montar. Combinam também que, ao final das atividades diversificadas, os grupos vão comentar para a turma toda o que fizeram e como foi. A professora também avisa que terão tempo para a atividade livre, que poderá ser feita dentro ou fora da sala. As crianças escolhem começar pela atividade livre fora da sala. Planejam, então, o que vão levar para essa atividade: corda, bola, giz e coisas para brincar de faz de conta. (São Paulo, 2019, p. 81)

É necessário evidenciar que possibilitar que a criança pesquise, explore, investigue, participe do planejamento, seja protagonista de sua aprendizagem não torna o professor inferior, ao contrário, contribui para que ele seja protagonista também, mas observador, pesquisador e reflexivo de sua própria prática docente. "O papel dos professores é ajudá-los [os pequenos] a descobrir seus próprios problemas e suas questões" (Edwards, Gandini e Forman, 2015, p. 155).

Ao pesquisar a sala de referência, encontra-se a necessidade de enfatizar os trabalhos em pequenos grupos, e, aos poucos, com estudos, leituras, referenciais teóricos, os profissionais vão compreendendo as infinitas possibilidades. A escuta das crianças, dos interesses delas.

Mas, para que isso ocorra, é necessário que o docente tenha intencionalidade. O que é, então, *intencionalidade*?

O *Michaelis Dicionário Brasileiro da Língua Portuguesa* (2017, grifo do autor) traz, em uma de suas definições: "Qualidade ou característica do que é intencional; intenção, propósito: *A intencionalidade formativa da educação pré-escolar*".

Portanto, podemos compreender que intencionalidade é saber o que se quer fazer, qual caminho se quer, as escolhas; é conhecer seu grupo e saber o que é significativo para cada faixa etária; é conhecer o desenvolvimento infantil, para ajudar as crianças a avançarem em suas etapas e, assim, desenvolvam-se e aprendam.

O professor tem que ter claro quais são as suas intenções para seu grupo, tem que ser protagonista de seu fazer, para que fortaleça e ponha luz no protagonismo infantil.

> O papel do professor é acima de tudo o de ouvinte, de observador e de alguém que entenda a estratégia que as crianças usam em uma situação de aprendizagem. Tem para nós que o professor é um "distribuidor" de oportunidades. (Edwards, Gandini e Forman, 2015, p. 152)

Intenção é uma ação, uma postura, uma forma de pensar e de agir. Na ação, o professor tem que conhecer a faixa etária, seu desenvolvimento cognitivo e social, as formas de interagir para entender suas curiosidades, seus desejos. Dessa forma, será possível planejar boas propostas, fazer boas perguntas, com base na escuta diária, atenta, nos diferentes momentos e contextos na rotina diária. Vale ressaltar que quando se fala em rotina não é aquela maçante, planejada, definida, estipulada pelo adulto, mas a rotina do planejamento feito com a criança, para a criança e vinda da criança, com oportunidades de propostas em pequenos grupos, para a intervenção da professora, propostas individuais, retomadas no grande grupo.

Acrescenta-se, neste parágrafo, outro fator importante à ação intencional: a intervenção. Quando se cita que a criança deve planejar sua rotina, não significa que a criança pode fazer qualquer coisa em qualquer lugar, e o professor deve ficar observando, mas, sim, que, quando a criança age, participa, interage, o docente deve estar atento para intervir, com boas perguntas, que ajudarão a criança a problematizar seu fazer, levantar hipóteses, pesquisar e, dessa forma, aprender. O professor tem que ser um provocador.

> Nossas expectativas com as crianças devem ser muito flexíveis e variadas. Devemos ser capazes de pegar a bola que ela nos lança e jogá-la de volta, de modo a fazer com que ela deseje continuar jogando conosco, desenvolvendo, talvez, outros jogos, enquanto vamos em frente. (Edwards, Gandini e Forman, 2015, p. 152)

Sim, intencionalidade também quer dizer *responsabilidade*; responsabilidade de ajudar o outro a construir, a aprender. Intencionalidade é uma postura. Sim, é necessário ter uma postura progressista, em que se acredite numa metodologia de trabalho que reconheça a criança como potente e, portanto, essencial na construção de sua aprendizagem.

É fundamental que o professor acredite e trabalhe de forma colaborativa e reflexiva. Somente com o outro é possível avançar e profissionalizar-se, sendo igualmente necessário ter uma postura de autoavaliação a fim de entender e receber as críticas de seu fazer, para, assim, poder modificá-lo, transformá-lo e melhorá-lo. Não é tarefa fácil para o professor, tampouco para o coordenador pedagógico, que precisa ajudar o professor nessa autorreflexão.

> Certamente, os professores e a equipe oferecem uns aos outros apoio emocional e encorajamento, bem como sugestões concretas e conselhos. Além disso, entretanto, um método de longas críticas mútuas e autoexame é aceito com muito boa vontade. (Edwards, Gandini e Forman, 2015, p. 152)

Narrar é a possibilidade real de entender suas escolhas. Por esse motivo, o Diário de Bordo é tão importante, se não essencial, para essas mudanças. Mediante o Diário de Bordo, é possível entender sua prática e, dessa maneira, mudá-la, reinventá-la e, então, alcançar sua intencionalidade.

Por fim (mas não menos importante), para se ter intencionalidade, é necessário se ter atitude. Quais atitudes? Atitudes de quem escuta, e não somente ouve. Atitudes de quem colhe o que a criança fala e a ajuda a materializar em projetos, por exemplo.

Quando se pensa em *atitudes*, pode-se se remeter ao livro *Os fios da infância*, que apresenta, em seu quinto capítulo, o que é uma atitude de escuta e de diálogo:

> E, portanto, que o diálogo seja o meio eficaz do planejamento do cotidiano. Um diálogo entre o professor e a criança, entre as crianças, e entre as crianças e os professores. Um diálogo respeitoso, considerando a potência da criança e todo o seu conhecimento. (Abelleira Bardanca e Abelleira Bardanca, 2018, p. 69)

Um diálogo produtivo, não um monólogo, muitas vezes, representado nas rodas de conversa, em que a criança só escuta, em que o professor passa informações, ordens, dita as regras. Um diálogo que seja capaz de fazer a criança ser pesquisadora, levantar hipóteses; um diálogo no qual o professor possa ser um interventor intencional.

Enfim, a intencionalidade docente precisa ter ação, atitude e postura a fim de que se possa avançar e de que se alcance os princípios esperados: qualidade e aprendizagem. Para isso, é fundamental o acompanhamento da gestão escolar, com a finalidade de apoiar, de ajudar a repensar e de qualificar as práticas, contribuindo à profissionalização docente.

Na cidade de São Paulo, há uma ação chamada *Visita Pedagógica*, a qual contribui significativamente para a qualificação e a profissionalização da ação da escola. A visita é uma estratégia formativa cujo objetivo é a qualificação da proposta pedagógica e a ampliação das possibilidades de aprendizagem das crianças. Essa ação ocorre *in loco*, dentro das Unidades Escolares, por um assessor da Rede Municipal de São Paulo ou pelas formadoras da Divisão Pedagógica (Diped), juntamente com a equipe da Unidade visitada e os coordenadores do entorno ou convidados, de acordo com o mapeamento das Dipeds.

O foco da visita dessa equipe é observar e contribuir com o fazer daquele lugar. Como a visita conta com a participação dos coordenadores pedagógicos, também se abre a possibilidade de esse coordenador pensar sobre sua própria ação dentro da sua Unidade. Uma ótima oportunidade para tratar de profissionalização e de intencionalidade pedagógica.

No que concerne à materialidade do planejamento do professor em nossa trajetória como grupo colaborativo de pesquisa, temos nos debruçado acerca do uso dos cadernos de registro diário da prática do professor, ou Diários de Bordo como são chamados por nós. Conforme Alcântara (2015), a escrita diária do professor é um dos componentes para a transformação da sua prática.

Nesse sentido, podemos compreender que a intencionalidade da ação do professor também se revela da intencionalidade de escrever o Diário de Bordo, pois quando Alcântara (2015) categoriza a escrita diária como algo transformador da sua prática, ele nos apresenta essa transformação, composta por uma escrita reflexiva, que reverbera no planejamento, com a interlocução intencional do coordenador pedagógico.

Então, podemos considerar que a escrita do Diário de Bordo precisa ter uma intencionalidade na sua função, não se restringindo à intencionalidade de escrever diariamente se ele não estiver implicado com um olhar atento, uma presença de fato, uma escuta, com isso ele se torna aliado da prática do professor, colaborando especialmente no seu planejamento.

De acordo com Vidal (2017), a cultura material pode servir como categoria de análise em três enfoques: o primeiro, que interroga os objetos na sua dimensão material e, com base nisso, desvela práticas educativas ocorridas em sala de aula; o segundo, que os interroga como produto industrial, deixando a natureza pedagógica em segundo plano; e o terceiro, que parte da compreensão da materialidade dos objetos, considerando sua relação com o trabalho um elemento importante na identidade profissional docente.

Tais enfoques não são estanques. Ao colocá-los em relação, podemos analisar o quanto um objeto está inserido no contexto escolar, o que ele representa, o uso que se faz e as relações de ensino que se estabelecem. Por exemplo, ao analisar as escritas dos cadernos dos professores com os quais temos nos deparado nesse percurso, colocamos em jogo a relação do profissional docente com o seu trabalho, o uso que faz das horas de planejamento e o seu entendimento da prática pedagógica, tudo isso materializado em suas escritas diárias em cadernos. Para Chartier (2000), as práticas escritas são aquelas declaradas e documentadas, são representações do que ocorreu durante as aulas.

Nesse contexto, questionamos: O que são cadernos? Mignot (2008), ao estudar os cadernos escolares como fonte para a História da Educação, fala na existência de dois conceitos, um estrito e outro amplo.

> O conceito estrito é muito simples: um conjunto de folhas encadernadas ou costuradas de antemão em forma de livro que formam uma unidade ou volume e que são utilizadas com fins escolares (esse mesmo caderno pode ser utilizado com outros fins; por exemplo, como caderno de contas ou diário pessoal). O curioso é que, por vezes, parte-se de um conceito estrito e, depois, em função do material encontrado ou disponível ao longo da pesquisa, segue-se, de fato, um conceito amplo que inclui, da mesma maneira, os exercícios ou trabalhos de alunos realizados em folhas soltas e costuradas ou, encadernados posteriormente. (Mignot, 2008, p. 19)

Para nós os cadernos não são simples objetos da cultura material escolar, os registros contidos nos cadernos dos professores materializam sua prática configurando-se em instrumentos do trabalho docente, pelo tempo que é empregado em suas escritas, pelas relações que essas escritas estabelecem com a teoria, com a prática, com a representação dessa prática.

A sala de aula coloca em jogo muitas variáveis com as quais o professor precisa lidar, além do conteúdo, dos saberes curriculares e dos saberes da profissão, os cadernos nos permitem recuperar os fazeres da profissão, elaborados com base nas concepções de criança, de infância, de escola e das leituras as quais os professores têm acesso na hora de trabalho pedagógico coletivo.

Ao registrar sua prática, os professores materializam sua representação dos saberes escolares e da profissão docente. O que é planejamento flexível, o que é escuta da criança, o que é ampliação do repertório cultural, como eu lido com a imprevisibilidade do cotidiano. Tudo isso pode ser registrado no Diário de Bordo.

Reconstituem, assim, por meio das escritas em seus cadernos, as atribuições de sentido que os professores realizam dos textos que tenham lido na hora de trabalho pedagógico coletivo (HTPC), das observações que tenham feito das crianças ao realizar uma proposta, dos materiais aos quais tenham tido acesso seja por iniciativa própria de pesquisa ou por cursos que tenham realizado em instituições de ensino.

Desse modo, essa escrita desvela uma maneira de fazer e uma maneira de compreender aquilo que se pratica, uma maneira de colocar em jogo os artefatos culturais aos quais se tem acesso, o que transforma esses cadernos de registro em estratégia de formação e intervenção para os gestores educacionais e, para os professores, em instrumento de trabalho privilegiado de reflexão.

> Entre as escritas ordinárias de natureza profissional, encontram-se ainda os relatórios sobre as atividades escolares produzidos por diretores, inspetores de ensino e assistentes técnicos, visando prestar contas, controlar ou orientar as mudanças que pretendiam ser implementadas nas escolas. Considerados documentos oficiais, muitos deles foram conservados em arquivos escolares que, via de regra, não preservam os escritos de professores e de alunos que, igualmente, ajudariam a compreender as práticas pedagógicas, a aprendizagem da leitura e da escrita, a chegada de novos artefatos técnicos às escolas, a cultura e o cotidiano escolar. (Mignot, 2008, p. 51)

Assim, para que as escritas dos professores possam se tornar instrumentos potentes de transformação do cotidiano escolar, elas precisam ser partilhadas, valorizadas e compreendidas dentro do contexto no qual foram produzidas, como representação de determinada cultura escolar, de certa compreensão dos conceitos de currículo, de escola e de infância, para que, então, possam constituir-se em elementos de compreensão das práticas pedagógicas.

Vidal (2017) destaca o fato de que o professor constrói ferramentas para o seu trabalho, mesmo quando não está diante das crianças, o que nos permite entender esses cadernos como reveladores da identidade profissional dos docentes. No momento em que não estão em sala de aula, os professores produzem ferramentas para seu trabalho utilizando os cadernos como artefatos da cultura material escolar. Assim, destacamos o quão relevante é o uso das horas de planejamento para produção das escritas, que permitem interrogar as práticas e os contextos, pois isso só pode ocorrer de forma profissional, quando não se está com as crianças, uma vez que o tempo da sala de aula, conforme Hargreaves (2014), é o tempo da urgência. Certeau (2017, p. 205) distingue três elementos sobre a escrita:

> [...] a página em branco como o espaço próprio; as operações gesticuladas e mentais que constroem o texto; e, por fim, o texto produzido que tem como função estratégica: [...] ou fazer que uma informação recebida da tradição ou de fora se encontre aí coligida, classificada e imbricada em um sistema e, assim transformada; ou fazer que as regras e os modelos elaborados neste lugar excepcional permitiam agir sobre o meio e transformá-lo.

Entendemos que essa transformação do meio é possível mediante a transformação da prática, sendo o Diário de Bordo o ponto de colisão entre a intencionalidade, a representação do que o professor compreende sobre aquilo que pratica e a oportunidade de intervenção do coordenador (ou da equipe gestora) nesse fazer como um elemento capaz de instigar a constituir novos observáveis, e, então, avançar, por meio do estabelecimento de um diálogo entre esses elementos: professor, coordenador, equipe gestora, práticas e suas representações.

Não obstante todas as dificuldades apontadas pelos historiadores da Educação sobre a constituição do campo educacional do Brasil e, especificamente, quanto à formação de professores, entendemos que a criação das Escolas Normais no Brasil marca a constituição de um espaço para a formação de professores e, por conseguinte, sua profissionalização.

Heloísa Villela (2000) cita o compêndio do Barão Degérando como o primeiro manual de estudos da Escola Normal. Ele está organizado em forma de 16 conferências, tratando de assuntos variados das funções de um professor de primeiras letras. Além disso, traz um conselho: a escrita de um pequeno diário com reflexões sobre o ofício.

Sem desconsiderar a especificidade dos estudos historiográficos e sem a pretensão de estabelecer relações de longa duração entre fatos afastados no tempo, julgamos relevante colocar uma lente nessa curiosidade histórica, afinal, a ideia de constituir um diário sobre o ofício nos parece bastante familiar e, especialmente quando se fala em formar o profissional docente, tal ideia (a de escrever um diário sobre o ofício) ganha contornos bastante peculiares para nós.

Em um estudo sobre o trabalho dos professores, Hargreaves (2014) toma como objeto diferentes escolas e conselhos escolares em Ontário (Canadá) e analisa como essas instituições utilizam o tempo de planejamento inserido no trabalho docente. Para o autor, o tempo é uma dimensão essencial na estruturação do trabalho dos professores, sendo constituído e interpretado por eles próprios, por seus colegas e por aqueles que o administram e supervisionam.

> O tempo estrutura o trabalho docente e, por sua vez, é estruturado por ele. Assim, o tempo é mais que uma grande contingência de organização que inibe ou facilita as tentativas da direção de produzir mudanças. Sua definição ou imposição é parte da própria essência do trabalho dos professores e das políticas e percepções daqueles que administram esse trabalho. (Hargreaves, 2014, p. 55)

Esse autor relata que os professores utilizavam seu horário de café para conversar com seus colegas e planejarem, por não ser considerada em sua carga horária a necessidade de um momento específico para planejar. Em nosso contexto, os profissionais podem contar com o horário de trabalho pedagógico coletivo (HTPC) como uma importante conquista e um possível espaço para constituir seus registros, e, assim, trabalharem como profissionais que interrogam sua prática, para, então, transformá-la.

Sem esgotar a discussão sobre o uso do tempo do trabalho do professor, partilhamos do entendimento de que as escritas dos docentes sobre sua prática, em diferentes suportes, sejam em papel, sejam digitais, conduzem o profissional a entrar em contato com a dimensão política de seu fazer, em especial, no que tange à formação em serviço. Nesse sentido, o papel das instituições que organizam o trabalho do docente ganha contornos que podem facilitar sua atuação como professor pesquisador.

À medida que as instituições organizam esse tempo do trabalho do professor para o planejamento, ou seja, um momento profissional e remunerado, podemos trazer a compreensão já tratada aqui sobre a intencionalidade. A ação intencional do professor na escrita do Diário de Bordo pode vir engajada na diretriz da instituição, e, embora não seja opcional, a prática do registro diário coloca o professor em contato com uma ação que se conecta a uma significativa intenção dessa escrita.

Mesmo que uma normativa não traga como opção a não escrita do Diário de Bordo, talvez, se não fosse essa oportunidade, esse professor não entraria em contato com essa prática e não qualificaria o seu planejamento.

A exemplo do que apresentamos como organização institucional para essa prática docente de um momento privilegiado de planejar, atrelamo-nos às diretrizes de dois municípios para a escrita do Diário de Bordo.

A primeira apresenta uma orientação inicial para a escrita do Diário de Bordo para o professor da Educação Infantil, num documento oficial denominado *Documento orientador: complemento – Agosto 2020*:

> Nesse cenário, houve a indicação por parte da Secretaria de Educação para que as Equipes Gestoras cuidassem tanto do planejamento do professor, como dos registros de todos os educadores (professores e auxiliares), com a utilização do Diário de Bordo, por entender que se tratam de instrumentos imprescindíveis ao acompanhamento das aprendizagens das crianças e serão os instrumentais que darão subsídios para a avaliação das aprendizagens

> que ocorrerão neste ano, além de darem aos educadores a dimensão do alcance dos objetivos propostos para a Educação Infantil durante o período de distanciamento social, com vistas à qualificação da rotina das famílias com suas crianças. (São Bernardo do Campo, 2020)

Quando classificamos como inicial a orientação apresentada, referimo-nos ao conceito do Diário de Bordo na prática docente não ter sido totalmente refinado no documento, porém, é uma oportunidade para o coordenador pedagógico fazer valer a obrigatoriedade e qualificar essa escrita, não a tornando burocrática, mas, sim, componente essencial para o planejamento.

A segunda orientação que exemplifica a intenção institucional é apresentada num caderno exclusivo de normativa de registros na Educação Infantil, amarrando os compromissos a fim de que essa escrita tenha a sua efetiva contribuição para a qualificação do fazer docente e, por conseguinte, a aprendizagem das crianças:

> As(Os) professoras(es), com o tempo, vão modificando o semanário a partir da observação e escuta atenta de bebês e crianças como elementos estruturais para o seu planejamento, percebendo que, dessa forma, não há como prever o que acontecerá nos cinco dias da semana. Nesse momento, surgirá a necessidade de se escolher outro instrumento de registro que materialize o planejamento da intencionalidade docente, que pode ser o Diário de Bordo, um instrumento de registro que considera os protagonismos infantil e docente na elaboração do planejamento daquilo que vai ser oferecido para bebês e crianças. (São Paulo, 2019, p. 39)

Percebemos, portanto, que, quando falamos da intencionalidade do professor, ela se ramifica em intenção na escrita, que se reverbera na intenção da prática e vice-versa, a intencionalidade do coordenador pedagógico na mediação e na interlocução com o Diário de Bordo e a intencionalidade das instituições para que esse instrumento seja uma prática intencional do professor. Há um movimento em cadeia que promove práticas intencionais que profissionaliza o papel do professor da Educação Infantil e de outros profissionais envolvidos, como o do coordenador pedagógico que traz um outro sentido quando se tem um registro diário para ler.

Há, ainda, Unidades Escolares que implicam outros profissionais na prática do Diário de Bordo, embora não seja numa organização oficializada, mas de reconhecimento de parceria e sentido, que é o diretor escolar, que se torna leitor, interlocutor e parceiro desses registros, da perspectiva de mobilizar o seu fazer gestor.

Elaboramos a Figura 4.1, a seguir, para dar visibilidade aos elementos discutidos neste capítulo:

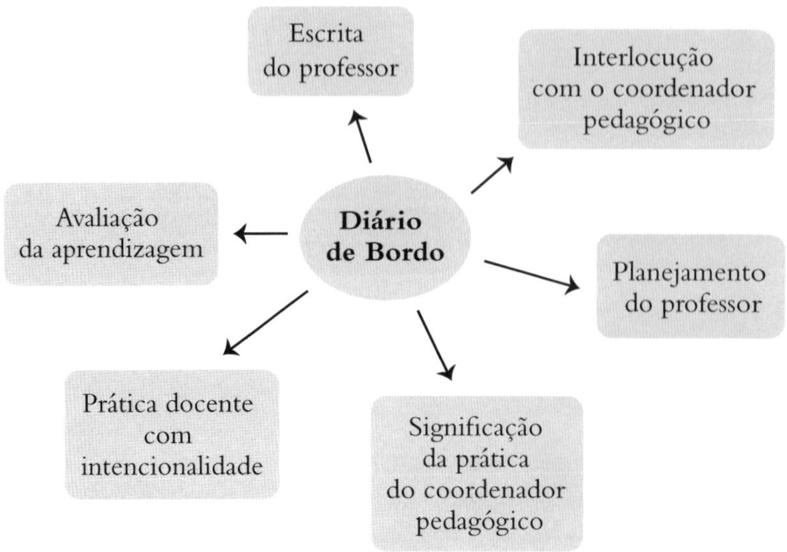

Figura 4.1 – Elementos do Diário de Bordo.

Entendemos que o Diário de Bordo constitui o laço para esse feixe de relações entre a escrita do professor, a interlocução com o coordenador, a intencionalidade e o planejamento na constituição dos significados para o cotidiano escolar, de que emergem diferentes instâncias temporais, especialmente o atendimento às urgências que podem nos impedir de questionar nossas ações.

Sem pretender esgotar o tema, considerando que nossa premissa é aprender em colaboração, trouxemos esses elementos para pensar sobre como a escrita docente em Diários de Bordo pode constituir-se em instrumento de reflexão sobre a prática, permitindo revisitar e confrontar as decisões tomadas no cotidiano escolar, ao mesmo tempo que constitui o professor como um profissional pesquisador que se inquieta com esse dia a dia na instituição.

Referências

ABELLEIRA BARDANCA, Ángeles; ABELLEIRA BARDANCA, Isabel. *Os fios da infância*. São Paulo: Phorte, 2018.

ALCÂNTARA, Cristiano Rogério. *Coordenação pedagógica na infância*: a gestão dialogada com os registros. São Paulo: Phorte, 2020.

ALCÂNTARA, Cristiano Rogério. *Diário de bordo*: uma construção colaborativa rumo à pedagogia cultural. 2015. 276 p. Tese (Doutorado em Língua Portuguesa) – Pontifícia Universidade Católica de São Paulo, São Paulo, 2015.

CERTEAU, Michel de. *A invenção do cotidiano*: artes de fazer. 22. ed. Petrópolis: Vozes, 2017. v. 1

CHARTIER, Anne-Marie. Fazeres ordinários da classe: uma aposta para a pesquisa e para a formação. *Educação e Pesquisa*, v. 26, n. 2, p. 157-68, dez. 2000.

EDWARDS, Carolyn; GANDINI, Lella; FORMAN, George. *As cem linguagens da criança*: a abordagem de Reggio Emília na educação da primeira infância. Porto Alegre: Penso, 2015.

FILIPPINI, Tiziana. O papel do pedagogista. EDWARDS, Carolyn; GANDINI, Lella; FORMAN, George. *As cem linguagens da criança*: a abordagem de Reggio Emília na educação da primeira infância. Porto Alegre: Penso, 2015.

HARGREAVES, Andy. A política do tempo e do espaço no trabalho dos professores. *In*: MAURÍCIO, Lúcia Velloso. (org.). *Tempos e espaços escolares*: experiências, políticas e debates no Brasil e no mundo. Rio de Janeiro: Ponteio/Faperj, 2014. p. 55-88.

INTENCIONALIDADE. *In*: MICHAELIS Dicionário Brasileiro de Língua Portuguesa. 2017. Disponível em: https://michaelis.uol.com.br/moderno-portugues/busca/portugues-brasileiro/intencionalidade/. Acesso em: 09 dez. 2021.

MIGNOT, Ana Chrystina Venâncio. Um objeto quase invisível. *In*: MIGNOT, Ana Chrystina Venâncio. (org.). *Cadernos à vista*: escola, memória e cultura escrita. Rio de Janeiro: Eduerj, 2008.

SÃO BERNARDO DO CAMPO (Município). *Documento orientador: complemento – agosto 2020*. 2020. Disponível em: https://educacao.saobernardo.sp.gov.br/images/redes/2020/Rede_216_-_Anexo_-_Documento_Orientador_-_Agosto-2020.pdf. Acesso em: 09 dez. 2021.

SÃO PAULO (Município). Secretaria Municipal de Educação. Coordenadoria Pedagógica. *Currículo da cidade*: educação infantil. São Paulo: SME/Coped, 2019.

VIDAL, Diana Gonçalves. História da educação como arqueologia: cultura material escolar e escolarização. *Revista Linhas*, Florianópolis, v. 18, n. 36, p. 251-72, jan./abr. 2017. Disponível em: https://www.revistas.udesc.br/index.php/linhas/article/view/1984723818362017251/pdf. Acesso em: 09 dez. 2021.

VILLELA, Heloísa de Oliveira. O mestre-escola e a professora. *In*: LOPES, Eliana Marta Teixeira; FARIA FILHO, Luciano Mendes; VEIGA, Cynthia Greive. (org.). *500 anos de educação no Brasil*. 2. ed. Belo Horizonte: Autêntica, 2000.

Bibliografia consultada

CHARTIER, Anne-Marie. Exercícios escritos e cadernos de alunos: reflexões sobre práticas de longa duração. *In*: CHARTIER, Anne-Marie. *Práticas de leitura e escrita*: história e atualidade. Belo Horizonte: Autêntica, 2007. (Coleção Linguagem e Educação).

CHARTIER, Anne-Marie. Um dispositivo sem autor: cadernos e fichários na escola primária. *Revista Brasileira de História da Educação*, v. 2, n. 1, p. 9-26, fev. 2012. Disponível em: https://periodicos.uem.br/ojs/index.php/rbhe/article/view/38731/20260. Acesso em: 09 dez. 2021.

CHARTIER, Roger. *A história cultural*: entre práticas e representações. Lisboa: Difel, 1990.

CHARTIER, Roger. *Formas e sentido – cultura escrita*: entre distinção e apropriação. Campinas: Mercado de Letras, 2003.

[5]

O ato de escrever: requisito docente ou um processo em formação continuada?

Adriana Santiago Silva
Camila Aparecida Lambstain

> O homem não vive somente de pão; a História não tinha mesmo pão; ela não se alimentava se não de esqueletos agitados, por uma dança macabra de autômatos. Era necessário descobrir na História uma outra parte. Essa outra coisa, essa outra parte, eram as mentalidades.
>
> *Jacques Le Goff*

Os estudos acerca da História da Educação, em especial, da educação pública brasileira, remontam à necessidade dos registros como potente aliado a serviço de interesses diversos, sobretudo ao que cerne a fiscalizações. Existentes desde a criação das escolas imperiais, denominadas *Primeiras Letras*, os registros ficavam a cargo dos professores e dos inspetores de ensino e, até os nossos dias, eles acompanham a trajetória da escola, como os termos de visita realizados pelo serviço de Supervisão Escolar nas diferentes esferas, sejam municipais, sejam estaduais.

No entanto, os ecos ao longo dos séculos remetem ao registro realizado no âmbito escolar, uma função prescritiva e normativa, lembrando o viés burocrático que culturalmente se estabeleceu à nomenclatura, de certa forma, fazendo que se perdesse o foco da fidedignidade do teor do documento, nem sempre condizente com a realidade, porém, preservada a sua importância mediante a relação de poder que estabelece o *documento escrito*, ou, como nomeamos nesta escrita, *registro*.

Do ponto de vista histórico, Boto (1997) assevera que compreender as mudanças ocorridas no cotidiano escolar ao longo dos anos implica considerar as distâncias entre o pensamento e as práticas realizadas:

> No caso da história da escola, devem-se levar em consideração as intersecções e as distâncias entre o pensamento educacional de uma dada época e as práticas, os gestos, as rotinas corriqueiras do dia a dia escolar. [...] Compreender o cotidiano da escola, por um lado, naquilo que ela representava para a comunidade que, bem ou mal, a ela recorria, e, por outro lado, nas práticas cotidianas desenvolvidas por seus atores maiores – os professores e os alunos – supõe o entrelaçar da intriga intelectual: deseja-se fundamentalmente compreender o que a escola dizia que fazia e o que ela de fato fazia. A história da escola exige, como pressuposto, a apreensão desse contracanto... (Boto, 1997, v. 1, p. 13-4)

Em outras palavras, instituiu-se por anos uma distância entre discurso e realidade, e o primeiro nem sempre se traduzia no que, de fato, materializava-se no chão da escola. Daí a necessidade de se apreender o *contracanto*.

Recuperar o sentido do registro de forma cotidiana, à luz do que Alcântara (2020) nomeia de *reflexivo*, mediante a escrita do *Diário de Bordo*, propõe um rompimento de paradigma sobre a utilização da escrita como instrumento burocrático e prescritivo, propondo, dessa forma, uma avaliação contínua da prática docente.

O avanço dessa proposição é que a documentação escrita, ao se transformar em pedagógica, contribua na formação do sujeito, e que este assuma o papel de escritor e de leitor, que, ao produzir o registro, também faz uma autoavaliação, reflete, corrige percursos e identifica potências. O ato de escrever, sobretudo, exige coragem.

Le Goff (1990) assevera que o documento não é inofensivo. Ora, partindo desse princípio, a importância da escrita está intimamente ligada a determinadas ações na própria História. Nas palavras do autor:

> O documento não é inócuo. É antes de mais nada o resultado de uma montagem, consciente ou inconsciente, da história, da época, da sociedade que o produziu, mas também das épocas sucessivas durante as quais continuou a viver, talvez esquecido, durante as quais continuou a ser manipulado, ainda que pelo silêncio. O documento é uma coisa que fica, que dura, e o testemunho, o ensinamento que ele traz deve ser em primeiro lugar analisado, desmistificando-lhe o seu significado aparente. [...] Resulta do esforço das sociedades históricas para impor ao futuro – voluntária ou involuntariamente – determinadas imagens de si próprias. (Le Goff, 1990, p. 547)

Nesse sentido, Habermas (2013), ao se referir à ética, rememora que esta precisa estar refletida no discurso, a fim de que, à luz do que o autor nomeia de *verdade*, esteja implicada nas ações das escritas cotidianas.

Isso posto, entendeu-se importante eleger como sujeitos dessa escrita os docentes que atuam em escolas de Educação Básica de Educação Infantil e de Ensino Fundamental. Dessa forma, dez professoras contribuíram para nossas reflexões ao responderem um questionário. Tratou-se de um conjunto de perguntas cujo objetivo principal foi aferir a importância dada pelas professoras a respeito do registro cotidiano e de reflexões sobre o fazer docente.

Com base nessa proposta, as reflexões estiveram ligadas essencialmente no processo de escrita diária das professoras, procurando identificar qual é o impacto e a relevância desse registro em sua formação e prática docente.

Em um primeiro momento, as questões foram respondidas por dez professoras, cinco delas atuantes em uma Unidade Escolar de Educação Infantil e outras cinco, de Ensino Fundamental. A essas professoras, foram dados os nomes fictícios de flores. Optou-se por formular cinco questões, a fim de problematizar o papel da escrita no cotidiano docente e suas implicações no desenvolvimento do trabalho pedagógico, sendo a comanda principal falar da experiência docente em realizar registros utilizando o Diário de Bordo, abordando os seguintes aspectos autorreflexivos:

1. Tenho hábito de realizar registro todos os dias?
2. Considero meus registros reflexivos? Por quê?
3. Meus registros auxiliam em meu planejamento com as crianças? Em caso positivo, como?
4. Faço relação entre teoria e prática quando leio meus registros? Justifique sua resposta.
5. Avalie de 0 a 10 os aspectos que o motivam a escrever seus registros:
   a. atender à solicitação da equipe gestora;
   b. revisar a prática docente;
   c. gostar/ter facilidade em escrever;
   d. outro motivo; especificar.

As questões foram disponibilizadas em um formulário do Google, sem necessidade de identificação por parte da professora.

Os resultados serão apresentados em duas seções ao longo do capítulo, sendo a primeira intitulada *O ato de escrever cotidianamente: obrigação ou requisito?*, na qual se propõe, com base nas respostas, compreender como os professores vislumbram a escrita em sua prática diária. A segunda seção, intitulada *Já sei escrever, mas como interpreto?*, realiza uma discussão acerca da concepção que envolve a escrita reflexiva, salientando a importância da formação continuada como aliada nesse processo.

O ato de escrever cotidianamente: obrigação ou requisito?

> Todo dia, pela manhã, aquilo que assumimos, ao despertar, é peso da vida, a dificuldade de viver nesta ou noutra condição com esta fadiga, com esse desejo. O cotidiano é aquilo que nos prende intimamente, a partir do interior. É uma história a meio caminho de nós mesmos, quase em retirada, às vezes velada. [...] O que interessa ao historiador do cotidiano é o Invisível [...]. (Certeau, Giard e Mayol, 2003, p. 31)

Escrever, ao que parece, tem estado nas pautas pedagógicas de forma mais frequente, inclusive como orientação normativa, caso de algumas Secretarias de Educação, o que nos aponta para uma importante constatação: a escrita do docente não acontece de forma natural, nem mesmo é concebida como pré-requisito para o exercício do cargo, e, consequentemente, nisso, está posto o desafio.

Compreender as razões pelas quais se torna desafiador para o professor escrever a respeito da sua prática cotidiana no contexto do magistério traz em si um paradigma: se, por um lado, os professores, mais do que quaisquer outros profissionais, enxergam a potência da escrita, atrelada à leitura, como um instrumento fundamental e indispensável para o pleno exercícios da cidadania, haja vista que optaram por essa carreira, por outro, apresentam muita resistência em fazê-lo em seu dia a dia. A potência imbuída no ato de escrever, por vezes, fica em segundo plano, sob o discurso de não se ter tempo suficiente para isso ou, até mesmo, paradoxalmente, de não compreender a importância de tal ação.

Alcântara (2020, p. 107) realiza uma defesa da escrita cotidiana como uma aliada potente na formação docente ao afirmar que:

> Deveríamos nos questionar todos dias, uma vez que é necessário romper com ideias cristalizadas há muito na educação, que se descortinam em práticas execráveis, que não têm mais nenhum sentido social ou que se desenrolam desde a nossa própria educação, ensinando exatamente como aprendemos, tornando o ensino arcaico e pouco reflexivo.
>
> Posso afirmar que a escrita diária me coloca diante não só dos entraves político-sociais, mas, também, de meus equívocos, fracassos, dúvidas e certezas, tudo isso ainda reverberando com as dificuldades de estrutura física, social e familiar.

Dessa forma, a fim de compreender um pouco melhor como os professores lidam com essa dicotomia entre a importância da escrita e a realização desta no exercício do trabalho docente, as questões elaboradas com vistas a compreender, por meio do discurso, o que o professor pensa acerca da realização, ou não, da escrita, destaca-se a primeira questão, que aborda o hábito de escrever, nomeado *hábito de registro*. Das dez professoras que responderam à questão, três informaram que não têm o hábito cotidiano da escrita, todavia, 100% das professoras alegaram que seus registros são reflexivos. Na sequência, foi solicitado que justificassem por que tais registros seriam reflexivos. As respostas convergem para uma significação ao se propor a escrita cotidiana: a reflexão, como a afirmação da professora Gérbera:

> Por meio dos diferentes registros feitos e da escuta atenta das crianças, avalio e repenso meu fazer pedagógico, refletindo, assim, sobre minha prática. Dessa forma, vou atribuindo novos significados, experimentando diferentes maneiras de se fazer, incorporando novos elementos e, assim, aliando a teoria à prática, vou intensificando e melhorando meu trabalho a cada dia.

Considerando que a reflexão é parte integrante do trabalho do professor, destaca-se o fato de que 30% das professoras responderam que não realizam o registro de forma cotidiana. A professora Girassol explica que, apesar de não realizar o registro cotidianamente, ela consegue resgatar as ações ocorridas ao longo do trimestre.

> Apesar de o meu registro acontecer em um momento específico, como no final do trimestre, consigo resgatar o que aconteceu e sinto que fiz muitas tentativas, que investi no aluno, que fiz o melhor. Algumas vezes, reconheço as falhas e, certamente, se tivesse feito essa reflexão antes, poderia ter modificado muitas coisas. Tenho o hábito de realizar o registro do dia a dia e de atividades consideradas importantes pelas fotografias, tendo um registro interessante sobre o momento.

Como o objetivo desta escrita não é ser carregada de pré-julgamentos, mas, sim, de cunho científico, a fim de compreender as motivações dos professores e a significação que observam no ato da escrita, problematizamos a questão de não se perceber no registro uma forma potente de intervenção nas práticas. Ao longo das respostas, observamos que se evidencia a necessidade de compreender melhor por que devem escrever, tomando por exemplo a citação da professora Girassol:

> Agora, pude perceber que não faço parte do grupo de professores que registram. Não tenho o hábito de escrever sobre minha prática, o que acredito que deveria fazer mais vezes. Sou uma pessoa ansiosa e com milhões de ideias na cabeça; acabo querendo colocar em prática e deixando o registro escrito de lado.

Quando abordada a relação teoria e prática no fazer docente e as reflexões pertinentes, apenas a professora Rosa socializa que ainda não consegue fazer a relação na leitura de seus registros e acrescenta: "Não tenho como hábito fazer relação com teóricos e forma direta durante os registros, mas gostaria de aprender sobre essa possibilidade dentro do contexto".

As demais docentes discorreram sobre a relação que fazem ao registrar, fornecendo, assim, embasamento e aprofundamento do que está sendo proposto às crianças. Entre as escritas, destacamos:

> Teoria e prática são indissociáveis, uma vez que é a teoria que traz os subsídios para a prática cotidiana. Quando leio meus registros e reflito sobre a prática, inevitavelmente, remeto-me ao conhecimento teórico que a subjaz, dando o embasamento e a diretriz que permeiam meu trabalho e minha ação pedagógica. (Professora Gérbera)

> Toda prática se sustenta por uma teoria (ou algumas...) (Risos!) que a conduz. Ter clareza sobre quais as concepções que tenho e planejar propostas que dialoguem com essas crenças é fundamental para trazer coerência à ação pedagógica. (Professora Violeta)

Nesse sentido, defendemos que a formação continuada do professor contemple, também, momentos reflexivos, como assumimos com as crianças: que toda aprendizagem evoca os sentidos para o que se propõe. Para Alcântara (2020, p. 110):

> As verdadeiras transformações procedimentais passam por idas e vindas, demandam que as professoras e a coordenação avancem, recuem, reavaliem, replanejem e, por vezes, façam todo o caminho de novo.

"Fazer o caminho de novo", conforme asseverou Alcântara (2020), também se fez necessário na presente escrita, pois, ao identificar a resposta à pergunta acerca da contribuição da escrita reflexiva, chama a atenção que 40% das professoras não avaliem com nota máxima a qualificação da prática docente atrelada a elas. A proposta era que avaliassem de 0 a 10 os aspectos que motivam a escrever seus registros.

Observa-se, aqui, outro paradoxo, uma vez que 100% das professoras consideram a própria escrita reflexiva, porém, nem todas qualificam em nota máxima a prática docente, conforme o Gráfico 5.1.

Gráfico 5.1 – O papel da escrita na qualificação docente

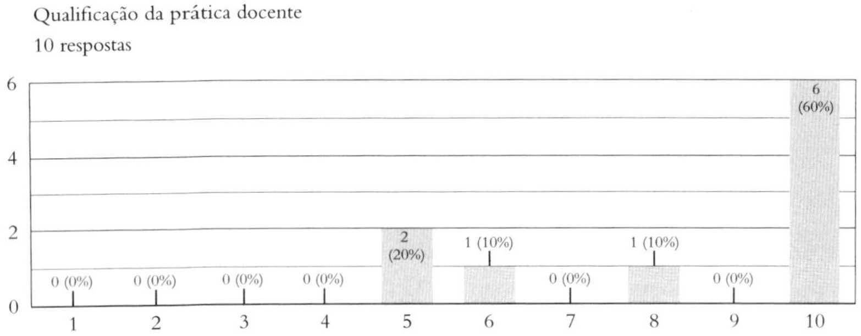

Ademais, no que tange a relacionar a escrita à solicitação da equipe gestora, propõe-se uma importante análise das motivações, indicando que ainda se localiza no ato de escrever uma imposição dada pelo sistema, e isso dialoga com o que foi tratado na introdução deste capítulo: o registro como instrumento formal, mas não necessariamente repleto de sentido.

Gráfico 5.2 – Aspectos motivadores da escrita de registros

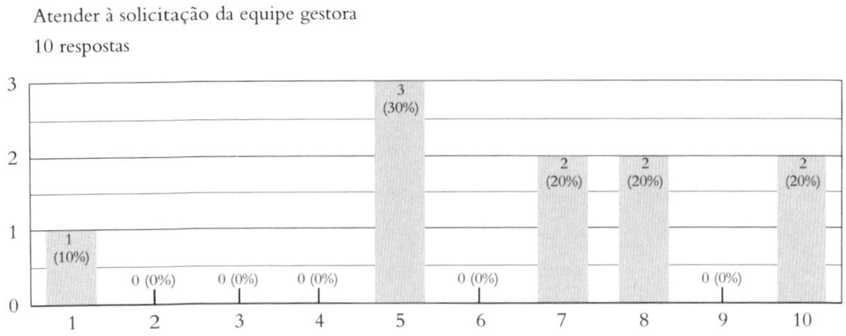

Todavia, cabe retomar que a escrita cotidiana é indispensável para que as intervenções sejam realizadas no âmbito formativo, ou seja, se, por um lado, é necessária formação para o pleno entendimento do sentido que ela propõe, por outro, a construção de uma escrita real, sem pré-disposição de "agradar" o interlocutor, torna-se fundamental para as intervenções pedagógicas necessárias. Nesse sentido, Alcântara (2020, p. 114) afirma:

> As proposições de intervenções da prática docente serão mais exitosas conforme as escritas dos relatos dos diários permitirem que a coordenação conheça as dificuldades do professor. Chegar a tal nível de desvelamento implica comprometimento ético, no qual as dimensões reflexão-ação se tornem indissociáveis.

Isso posto, considerando a complexidade de compreender o quanto o discurso e a realidade podem se mostrar dissonantes, cabe ressaltar, com esperança, à luz do que preconizou Paulo Freire (1996), que o comprometimento ético seja posto acima de outros interesses e que possa ultrapassar a cultura escolar, que atrela o registro a um instrumento normativo, prescritivo e, até mesmo, punitivo, transformando-o em um importante instrumento reflexivo e formativo, atribuindo-lhe novos significados e sentidos.

Já sei escrever, mas como interpreto?

> A viagem não acaba nunca. Só os viajantes acabam. E mesmo estes podem prolongar-se em memória, em lembrança, em narrativa. Quando o viajante se sentou na areia da praia e disse: "Não há mais o que ver", sabia que não era assim. O fim duma viagem é apenas o começo doutra. É preciso ver o que não foi visto, ver outra vez o que se viu já, ver a Primavera o que se vira no Verão, ver de dia o que se viu de noite, o Sol onde primeiramente a chuva caía, ver a seara verde, o fruto maduro, a pedra que mudou de lugar, a sombra que aqui não estava. É preciso voltar aos passos que foram dados, para repetir, e para traçar caminhos novos ao lado deles.
>
> É preciso recomeçar a viagem. Sempre.
>
> *José Saramago*

Iniciamos a escrita desta seção com o trecho do livro *Viagem a Portugal*, de José Saramago e, com isso, podemos fazer um paralelo com o que pretendemos discorrer a seguir, os percursos do registro docente, sendo esse um requisito do professor ou um processo de formação continuada?

Por vezes, deparamo-nos com os desafios no que se refere ao registro, como: O que escrever? Como escrever? Para *que* e para *quem* escrever? Como esse registro pode qualificar o fazer docente, repercutindo diretamente no cotidiano da escola?

Parafraseando o escritor português, "As reflexões não acabam nunca. Só para quem assim desejar que acabam". Os que acreditam na importância do registro e têm por hábito essa escrita sabem o quão valiosas são as reflexões diárias ou semanais (pois sabemos que a escrita diária ainda não é uma realidade para todos) para o fazer docente.

O registro, por sua vez, não deixa os detalhes se perderem na memória e, muitas vezes, caírem no esquecimento. Com ele, é possível retomar o que se fez, os percursos percorridos e refletir sobre as reflexões feitas. Trazendo, mais uma vez, Saramago (2009) para a conversa, "É preciso ver o que não foi visto, ver outra vez o que se viu já", e, parafraseando novamente o escritor, "ver e refletir a proposta sugerida para as crianças com outros olhos, ver e refletir o que se viu um dia o que se vira noutro, ver e refletir as falas das crianças e as hipóteses levantadas". E, como finaliza o trecho citado, Saramago traz à tona a importância de voltar ao que foi feito (passos dados), traçar novos caminhos e recomeçar, sempre... E, será que não é esse o caminho para o registro?

Com base nessa reflexão, podemos citar Alcântara (2015, p. 79-80), que traz contribuições sobre o ato de escrever:

> Não vemos possibilidades de mudança da tarefa docente sem uma postura crítica da parte de quem se dispõe a mudar! A postura crítica está intimamente ligada à capacidade de refletir sobre a própria prática. Quem não reflete dificilmente verá necessidade de mudança e, se houver mudança sem reflexão, só se mudará o ato mecanicista da execução, e não o significante do ato (que no fundo é o que está em jogo para nós).
>
> Reconhecemos o ato de escrever como uma tarefa complexa (é tida como tarefa complexa para todas as pessoas, até para famosos escritores), pois implica disposição

> de tempo, mobilizações cognitivas e, muitas vezes, reescritas. Contudo, a trajetória de escritor tende a ficar mais tranquila quanto mais vezes nos dispusermos a escrever; portanto, para a "tranquilidade" chegar, é necessário dar os primeiros passos, normalmente árduos.

Alcântara (2020), citando Perrenoud (2008), também destaca que a reflexão gerada pela escrita indica caminhos possíveis, além de identificar as causas prováveis de determinada situação não corresponder ao esperado:

> A formação em uma prática reflexiva não responde, como tal, à questão do sentido. No entanto, ela permite suscitar o problema, oferece algumas ferramentas e estimula uma forma de sensatez, a qual consiste em abandonar certezas. O profissional reflexivo vive na complexidade "como um peixe dentro d'água", ou pelo menos, sem revolta e sem nostalgia incurável do tempo em que tudo representava segurança. (Perrenoud, 2008, p. 63 *apud* Alcântara, 2020, p. 112-3)

Ainda sobre o registro, Alcântara (2015, p. 81) discorre sobre o registro diário, denominado *Diário de Bordo*:

> [...] com o objetivo de problematizar um pouco o fazer docente, recorremos à escrita do Diário de Bordo, pois acreditamos nas proposições de Leme (2011, p. 45) citando Bruner (1987): "a linguagem é uma tecnologia poderosa porque é capaz de comunicar e decodificar a realidade, libertando-nos da experiência imediata". (Alcântara, 2015, p. 81)

Madalena Freire (1996) discorre sobre a importância da observação e como o olhar precisa ser cuidado, evitando, assim, segundo a autora, um olhar cristalizado sobre os estereótipos que nos paralisam e, por vezes, cegam-nos. Seguindo com as reflexões da autora, destaca-se a ação do observador ao que está sendo observado e a importância de uma pauta escrita elaborada previamente para o momento da observação, visto que quem tudo quer observar, nada observa, por não ter o foco e se perder no contexto. Freire, M. (1996, p. 22) traz à luz a importância da reflexão sobre as ações:

> O ato de refletir é libertador porque instrumentaliza o educador no que ele tem mais vital: o pensar. Não existe ação reflexiva que não leve sempre a constatações, descobertas, reparos, aprofundamento. E, portanto, que não nos leva a transformar algo em nós, nos outros, na realidade.

Continuando, a autora elucida a importância e a função do registro escrito e da reflexão:

> Mediados pelo registro, deixamos nossa marca no mundo. Há muitos tipos de resgate, em linguagens verbais e não verbais; todas, quando socializadas, historificam a existência social do indivíduo. Mediados por nossos registros, reflexões, tecemos o processo de apropriação de nossa história, a nível individual e coletivo. [...]
>
> A escrita materializa, dá concretude ao pensamento, dando condições, assim, de voltar ao passado, enquanto se está construindo a marca do presente. (Freire, 2016, p. 23)

Ao que se refere ao registro, Ostetto (2015, p. 215) realiza importantes reflexões ao afirmar que:

> [...] é um espaço pessoal de anotações e observações, no qual o professor escreve e sistematiza a ação pedagógica vivida, construindo memória, deixando marcas da prática desenvolvida. Registrando, lança bases para a reflexão sobre o passado, para avaliar as suas ações, para rever o cotidiano educativo e o trabalho compartilhado com o grupo de crianças e, também, para reafirmar e projetar o futuro.
>
> Trata-se de um registro que é instrumento do trabalho pedagógico, documento reflexivo: configura-se, no exercício de registrar, um espaço no qual o professor pode marcar suas incertezas, assim como suas conquistas e descobertas, em cuja dinâmica pode apropriar-se do seu fazer.

Ambas as estudiosas asseveram a importância do registro no cotidiano da escola e, com isso, a qualificação do fazer docente. Nos registros, o docente vai marcando um percurso, com possibilidades de retomar posteriormente.

Porém, podemos dizer, diante do nosso percurso profissional e do que observamos, que nem todos os profissionais têm por hábito esse registro; costumam fazê-lo em situações específicas ocorridas no cotidiano escolar ou em alguma situação que podemos chamar de "extraordinária", na qual o registro é uma prática exitosa; ele é feito para marcar o momento, para deixar registrada a prática e, claro, é algo que faz bem recordar posteriormente. Em geral, nesses registros podemos encontrar a descrição do que foi proposto e fotografias tiradas no momento da proposta, para ilustrar o que foi escrito.

Não podemos esquecer também os registros específicos dos docentes ante as situações de observação de crianças em situações de acompanhamento. Nesse momento, geralmente, encontramos imagens da criança observada e o registro da proposta e interações que a criança fez; ainda nesse percurso, podemos citar o registro fílmico, que é muito comum, visto as especificidades desse registro para as observações posteriores.

Diante desse pressuposto, temos clareza que, diante das situações específicas, o docente sabe da importância do registro e que este contribui para as observações e os registros específicos. Também deixar registrado percursos positivos da turma contribui posteriormente com o relatório da turma e demais documentações pedagógicas necessárias para os diferentes segmentos.

Apontamos a formação continuada enquanto um caminho possível, com vistas à qualificação da prática, conforme assevera Lambstain e Silva (2017, p. 93):

> Daí a necessidade de formação continuada de professores, enfocando a reflexão constante de seu fazer pedagógico, observando-se os princípios da igualdade e da dignidade da pessoa humana, pois, diante dos desafios do cotidiano escolar, insuficiente é a boa vontade do professor, sendo indiscutível a necessidade da aprendizagem contínua [...]. A proposta (e desafio) é a reflexão do professor agora como aprendiz, e não apenas mediador do conhecimento.

Dessa forma, convoca-se não apenas o professor nesse processo de qualificação e de reflexão, mas também a gestão pedagógica como parceira mais experiente a mediar e, com isso, refletir conjuntamente acerca do ato da escrita e suas possibilidades ante a necessidade de mudanças nas práticas escolares, transformando o registro em um aliado potencial no processo formativo, validando-o para além de uma burocracia que, sabidamente, ao longo dos anos, não causou mudanças significativas em relação ao fazer pedagógico.

Considerações finais

Buscou-se, neste capítulo, refletir se os docentes têm por hábito o registro reflexivo como instrumento de qualificação do fazer docente, e, mais do que registrar o extraordinário, se deixam anotadas as suas lacunas e as suas observáveis a serem melhoradas; se refletem sobre o que foi feito e o que poderia ter sido feito na proposta realizada; se trazem à luz os pontos observados; se refletem sobre as falas das crianças nesse momento e, com isso, se repensam e replanejam os próximos percursos.

Comungamos de uma pedagogia participativa e, diante disso, pretendemos que a criança seja parte integrante e ativa do processo de aprendizagem. Os registros reflexivos e sistemáticos contribuem tanto para esse momento quanto para a formação continuada do docente que, na tríade reflexão *versus* ação *versus* reflexão, entra no processo que chamamos de *metacognição*: é a aprendizagem sobre o processo de aprendizagem, ou seja, analisar e avaliar como se conhece e, com isso, qualificar o fazer.

Sabemos o quanto o ato de escrever é realmente uma tarefa complexa, assim como cita Alcântara (2015), trazendo as questões de tempo, as mobilizações cognitivas e as reescritas. Podemos dizer, ainda, quando nos referimos aos docentes, que escrever sobre suas práticas e refletir sobre elas traz à tona as lacunas do fazer pedagógico, além da concepção de infância, que comungam. Nesse momento, podemos dizer que o dito e o não dito pelo professor caminham lado a lado.

Para os docentes, ainda surgem diferentes questões como: O que vou escrever? Como escrever? Para que vou escrever? Será que esses registros não se "voltarão" contra mim? Essas são algumas de muitas questões que fomos colhendo no nosso percurso como gestoras de escola e, com isso, podemos dizer que o ato de escrever (seja registro semanal ou diário), por vezes, é tido como uma "tarefa" burocrática, e não instrumento de qualificação docente e formação continuada.

O Diário de Bordo, assim como o nome indica, é a escrita diária das reflexões e da prática docente. Como documentação pedagógica, é um instrumento potente de ação formativa, pois, por meio da interlocução entre coordenação pedagógica e docente, as práticas e a concepção são desveladas e, mediante isso, reflexões e estudos são aprofundados.

Para essa escrita, é preciso ter disposição e, como citado, clareza da importância desses registros para além da burocratização. Nesse sentido, esperançamos.

Referências

ALCÂNTARA, Cristiano Rogério. *Coordenação pedagógica na infância*: a gestão dialogada com os registros. São Paulo: Phorte, 2020.

ALCÂNTARA, Cristiano Rogério. *Diário de bordo*: uma construção colaborativa rumo à pedagogia cultural. 2015. 276 p. Tese (Doutorado em Língua Portuguesa) – Pontifícia Universidade Católica de São Paulo, São Paulo, 2015.

BOTO, Carlota Josefina Malta Cardozo dos Reis. *Ler, escrever, contar e se comportar*: a escola primária como rito do século XIX português (1820-1910). 1997. p. 260. Tese (Doutorado em Educação) – Faculdade de Educação, Universidade de São Paulo, São Paulo, 1997. v. 1.

CERTEAU, Michel de; GIARD, Luce; MAYOL, Pierre. *A invenção do cotidiano*: 2. Morar, cozinhar. Tradução de Ephraim Ferreira Alves e Lucia Endlich Orth. Petrópolis: Vozes, 2003.

FREIRE, Madalena. (org.). *Observação, registro, reflexão*: instrumentos metodológicos I. São Paulo: Espaço Pedagógico, 1996. (Série Seminários).

FREIRE, Paulo. *Pedagogia da autonomia*: saberes necessários à prática educativa. São Paulo: Paz e Terra, 1996. (Coleção Leitura).

HABERMAS, Jürgen. *A ética da discussão e a questão da verdade*. São Paulo: WMF Martins Fontes, 2013.

LAMBSTAIN, Camila Aparecida; SILVA, Adriana Santiago. A importância do registro reflexivo na formação docente. *In*: VERCELLI, Ligia de Carvalho Abões; ALCÂNTARA, Cristiano Rogério. (org.). *Práticas pedagógicas e a formação continuada na educação infantil I*. Jundiaí: Paco, 2017. p. 87-98.

LE GOFF, Jacques. As mentalidades: uma história ambígua. *In*: LE GOFF, Jacques; NORA, Pierre. (org.). *História*: novos objetos. Rio de Janeiro: Francisco Alves, 1988.

LE GOFF, Jacques. *História e memória*. Campinas: Editora da Unicamp, 1990.

OSTETTO, Luciana Esmeralda. A prática no registro na Educação Infantil: narrativa, memória e autoria. *Revista @mbienteeducação*, v. 9, n. 2, p. 202-13, jul./dez. 2015. Disponível em: https://publicacoes.unicid.edu.br/index.php/ambienteeducacao/article/view/526/498. Acesso em: 10 dez. 2021.

SARAMAGO, José. *Viagem a Portugal*. São Paulo: Caminho, 2009.

Bibliografia consultada

ALCÂNTARA, Cristiano Rogério; VERCELLI, Ligia de Carvalho Abões. *Fazeres de professores e de gestores da escola da infância*: reflexões sobre cenas do cotidiano. Jundiaí: Paco, 2019.

[6]

Diário de Bordo: uma construção autoral

Andréia Vieira Pereira Braga
Inaiara Vechiatto Silva Kojima

O presente capítulo tem o intuito de colaborar com professores e gestores que tenham a intenção de avançar em seus fazeres docentes e de auxiliá-los, em prol da construção de práticas significativas oferecidas aos bebês e às crianças, por meio da escrita diária e reflexiva desses fazeres. Longe da ideia de prescrição, contaremos como está sendo o processo de ressignificação e de qualificação do nosso fazer pela escrita do Diário de Bordo.

Fazemos parte da Equipe Gestora da Emei Professor Carlos Humberto Volpon, da Prefeitura do Município de São Paulo, e temos conosco a parceria constante do diretor da Unidade, Marcelo Veccio Amado, o que possibilita o desenvolvimento de muitas ações. A escola está localizada no território de Sapopemba, na Diretoria Regional de Ensino (DRE) São Mateus, e o caminhar da nossa Unidade sempre considerou o registro como parte indissociável do processo formativo.

Nesse percurso, a gestão fez – e faz – a diferença, possibilitando propostas do grupo e ações educativas de qualidade, considerando que:

> [...] uma Pedagogia em Participação pautada nos princípios da gestão democrática sabe que todos os sujeitos, independentemente de cargos ou funções que exerçam, devem atuar de forma democrática, colaborativa e participativa, expondo opiniões, ouvindo e acolhendo propostas de outrem. (São Paulo, 2019, p. 189)

Sempre buscamos ter um olhar apurado e sensibilidade para perceber a necessidade do nosso grupo. Esse trabalho realizado em parceria começou a trilhar diferentes caminhos pelos novos estudos realizados pela Coordenadora Pedagógica Andréia, que trouxe a proposta de escrita diária sobre as práticas, e ficou claro que esse novo desafio traria avanço para o grupo. Apesar de todo o histórico de boas práticas e de registros da Unidade, ainda era empobrecida a reflexão sobre a prática com base na escrita.

O(a) leitor(a) vai acompanhar como ser autor da sua própria história envolve ter clareza das situações postas, vivenciá-las, criar novas possibilidades, refletindo e avançando, transformando a sua realidade e a do outro. Contaremos como o movimento dialógico do *fazer*, *pensar*, *repensar* sobre esse fazer e *propor* com base dessas reflexões tem possibilitado novas experiências e mostrado como o Diário de Bordo vem se tornando um instrumento de mudança potente para o grupo.

O cotidiano formativo e a construção da escrita diária

Aprendendo caminhos

O processo de construção do Diário de Bordo iniciou-se com a Gestão Pedagógica questionando o grupo sobre o pouco uso dos espaços externos da Unidade. Você, leitor(a), pode estar se perguntando: O que isso tem a ver com a escrita de Diário de Bordo?

Foi com base nesse estranhamento que propusemos a ressignificação dos espaços externos para a oferta de experiências enriquecedoras às nossas crianças, tornando o nosso Projeto Especial de Ação (PEA) materializado nas ações, ou seja, nossos estudos estavam ganhando forma na revitalização dos espaços, o que fez o grupo caminhar paralelamente com os avanços registrados.

Em um processo de construção e de qualificação do fazer, é necessária a seleção de observáveis que auxiliem, elencando, assim, o foco formativo de ação e de formação. A coordenação pedagógica estabeleceu como foco trabalhar as questões relacionadas à intencionalidade pedagógica no planejamento dos espaços, dos tempos, dos materiais usados nas interações com as crianças e no aperfeiçoamento do registro docente, saindo do registro em semanário para a escrita do Diário de Bordo. A pergunta, neste momento, que o(a) leitor(a) pode estar se fazendo é: Como foi esse processo?

Conforme Pinazza (2014, p. 118):

> Sem destituir as pessoas do que elas trazem de experiências de vida, de formação e de profissão, as teorizações permitem avançar na busca da solução de problemas e no esclarecimento de suas intenções no trabalho educativo. Os saberes científicos e os práticos têm seus próprios estatutos assegurados, mas confluentes (Zeichner, 1992, 1993; Schön, 1992, 2000). Eles legitimam a autoria das realizações das professoras, o que lhes permitem falar em valorização de seu trabalho, revelada na explicitação das tomadas de decisão e no fortalecimento do trabalho docente.

Não foi logo com a chegada da coordenadora à Unidade que as mudanças ocorreram como em um "passe de mágica", mas foi preciso, ao longo dos anos, fazer investimento formativo para chegar até onde chegamos, considerando a história do grupo, suas potencialidades e suas dificuldades, questionando os fazeres à luz dos documentos oficiais da Secretaria Municipal de Educação do município de São Paulo, da bibliografia voltada à concepção de uma escola centrada na Pedagogia da Infância, na

Pedagogia Participativa, ou seja, numa pedagogia centrada na concepção de uma escola que se fundamenta na estruturação de um contexto educativo democrático, em parceria com uma estrutura de trabalho cooperativo, no qual a construção das aprendizagens ocorre em circuitos de diálogo, de reflexão e de comunicação. Estes são aspectos fundamentais para que o coordenador pedagógico consiga êxito na formação em contexto, pois acreditamos que a formação engloba a própria gestão como parte desse processo também como aprendentes na formação no contexto de trabalho, aprendendo junto.

Estabelecer um foco formativo, elaborar um plano de ação com base na escuta e na participação dos docentes e respaldar a prática pedagógica em documentos que legitimem a ação e se apoiem em uma teoria são o caminho inicial para tornar a escola como um espaço reflexivo, como nos afirma José Pacheco (2014, p. 94), promotor do projeto da Escola da Ponte, em Vila das Aves, Santo Tirso (Portugal), quando diz que

> [...] aprender em comunidade significa passar de um sistema fragmentado de ensino para uma abordagem integradora do currículo, centrada em projetos, no aprender com o outro e na compreensão e transformação social. Cada comunidade desenha e vive seu currículo de forma singular e significativa.

E é com esse intuito que a gestão pedagógica, há mais de cinco anos, juntamente com o coletivo da Unidade, traça nova forma de caminhar por meio do registro da ação-reflexão-ação. É importante ressaltar que a intenção, desde o início, era a de que as professoras se reconhecessem como sujeitos de sua prática e de seu processo de conhecimento com base na reflexão sobre a prática e a conscientização das teorias que as sustentam, privilegiando-se o diálogo sobre o fazer, o como fazer e o por que fazer.

Nessa construção, é importante que as professoras conheçam o caminho a seguir, onde esperam chegar e como poderão fazer isso. Tanto a criança quanto o adulto e o próprio território são sujeitos ativos da aprendizagem. Por isso, ao longo desses anos foram feitos encaminhamentos essenciais para o avanço das práticas pedagógicas e aprendizagens, tanto para nossas crianças como para nós, profissionais da Educação.

Todas as propostas foram – e continuam sendo – discutidas e construídas pelo grupo, por meio do diálogo ético, da pesquisa e da reflexão, considerando que

> [...] uma das maiores premissas da metodologia colaborativa é a de que todos os membros do grupo que desenvolvem a pesquisa dessa perspectiva apreendem com o outro. Valorizar essas construções simbólicas é de suma importância para que o grupo se constitua em uma dimensão de aprendizado constante. (Alcântara, 2020, p. 66)

Diário de Bordo e o desdobramento de muitas ações

2019, a efetivação das mudanças...

A cada ano, iniciamos com um novo olhar para a formação com base na escuta, na observação, nos registros e nas reflexões realizadas no cotidiano do ano anterior. E, em 2019, não foi diferente. Iniciamos nos questionando acerca de: Como seriam as professoras que vieram para nossa Unidade? Que concepções têm? Como serão suas práticas cotidianas? Como vamos avançar em nossas propostas e, ao mesmo tempo, acolhê-las nesse processo? Como acolher, de fato, a equipe, as famílias e as crianças? Como fazer o grupo avançar em suas concepções e em suas práticas?

Com esses questionamentos em mente, fomos para as reuniões de organização realizadas pelas equipes da Divisão Pedagógica (Diped) da DRE São Mateus e nos deparamos com algumas mudanças conceituais e procedimentais significativas, que agregaram novos questionamentos para além de como acolher o grupo: Como seria esse registro do planejamento sob a forma de carta de intenções? Como incluir essa forma de planejar no plano de ação que havíamos pensado para formação em 2019? Como fazer o grupo refletir sobre essa mudança conceitual na forma de planejar? A grande mudança, nesse momento, veio acompanhada da *Orientação normativa SME nº 1*, de 06 de fevereiro de 2019, que trata de Registros na Educação Infantil, mudando conceitualmente a forma de planejar e registrar.

Diante de tantas dúvidas, nós, da equipe gestora, tivemos a certeza de que precisaríamos nos apropriar dessa mudança conceitual a respeito do planejamento sob a forma de carta de intenções, e foi exatamente este o nosso ponto de partida: apropriação *do fazer* a carta de intenções. Para receber o grupo no início do ano letivo, escrevemos uma carta para acolher a equipe em nossa primeira reunião de planejamento e, como já faz parte da nossa conduta como equipe gestora, nós também aprendemos, e esse foi o pontapé para que todos começassem suas próprias construções. Compartilhamos nossa carta com a intenção de que o leitor possa perceber o quanto o sentimento de pertencimento e de respeito prevalecem em nossas decisões, em nossas formações e em nossos encaminhamentos.

Carta de acolhimento da equipe gestora

> Caros(as) colegas,
>
> Hoje, precisamos conversar!!! Essa simples afirmação traz inúmeras possibilidades. Em geral, tendemos a pensar que há algo errado, que não haverá outra opção a não ser discutir de forma enfadonha. Poucas vezes se vê na conversa somente a possibilidade de compartilhar, de escutar, de aprender, de rever ideias ou de ter certezas. A conversa não é sobre certezas, mas, sim, sobre experiências; não é sobre técnicas e métodos, mas, sim, sobre abordagens; não é sobre condições limitadoras, mas, sim, sobre quais possibilidades é possível ter mesmo com elas.
>
> Entre outras coisas, não é só sobre conhecimento adquirido, mas também sobre produção de saberes.

O maior desafio é contar o que acontece, a sua história, pensar formas de organização que possibilitem a criação, os desafios e os avanços.

Olhar o cotidiano e poder ressignificá-lo a cada descoberta ou arranjo das nossas crianças; não deixar que o conhecimento seja soberano ao modo como a aprendizagem acontece, a como ela se constrói, aos caminhos que se traçam com a diversidade de relações, com a troca, com a pesquisa.

Apesar de toda subjetividade, todos os nossos saberes estão presentes em cada intenção, em cada proposta. A maior dificuldade é não saber o que virá dos nossos pequenos parceiros e, por isso, nem sempre saber o próximo passo. É o medo de nos sentirmos vulneráveis, mas também o prazer da curiosidade e da descoberta.

Estamos acostumados a reproduzir saberes e comportamentos. Propor situações nas quais temos o controle e, com certeza, produzir saberes, possibilitar descobertas dá trabalho, dá medo e, muitas vezes, frustra. Lembrem-se, neste momento, do prazer que sentimos numa conquista, na euforia da descoberta e na satisfação de ver o outro crescer.

Nós, da equipe gestora, muitas vezes atados por legislações e papeladas, perdemos parte desse processo.

Sabemos exatamente que não é fácil e que há inúmeras variáveis que dificultam o trabalho, frustram as expectativas e, também, o planejamento. Vemos como vocês se dedicam, em todos os segmentos, e constroem situações, propostas e parcerias que só acrescentam ao desenvolvimento das crianças.

> Cabe a todos nós, que somos parte desse processo, olhar com novos olhos, arriscar, buscar, refletir, avaliar, reconsiderar, entre outros verbos que caberiam aqui.
>
> É preciso, antes de qualquer coisa, sentir, acolher o outro e a si mesmo, porque inovar dá medo, crescer tem suas dores e criar tem seus encantos.
>
> Surpreenda-se!
>
> *Equipe Gestora*
> *2019*

A carta foi acolhida pelo grupo e, então, começamos a construção das cartas, com receio, com estranheza, mas com coragem. Todos, gestão, docentes e quadro de apoio, escreveram suas próprias cartas, que, em reunião posterior, foram lidas coletivamente.

A materialização do processo

As discussões para a construção do Projeto Político Pedagógico (PPP) e do PEA de 2019 iniciaram com as questões para abordagem do planejamento e do registro das ações sob a forma de carta de intenções, como citado, e essas discussões fizeram o processo acontecer de forma positiva e gradativa, pois já vínhamos discutindo as propostas da Secretaria Municipal de Educação (SME) em nosso horário formativo, propostas essas que sempre buscamos abraçar e implementar em nosso contexto, considerando nossa identidade e toda a história construída ao longo do tempo. As ações e os projetos a serem desenvolvidos estavam à luz das mesmas questões elencadas na construção das cartas:

O QUÊ? PARA QUÊ? COMO? QUANDO? ONDE? COM QUEM?

Surgiu, assim, o tema do PEA: *Currículo em processo com foco na intencionalidade pedagógica*, tendo a clareza de que a intencionalidade pedagógica no planejamento dos espaços, dos tempos, dos materiais e das interações entre as crianças e o aperfeiçoamento do registro, saindo do semanário ao Diário de Bordo, seriam a nossa meta principal. Demos continuidade à revitalização dos espaços: construindo coletivamente o Parque Sonoro, dando continuidade ao Projeto Verdejando, com a horta suspensa, o jardim sensorial, a utilização dos materiais de largo alcance, fortalecimento das ações com o Conselho Mirim, e, em paralelo a todas essas ações e de maneira interligada, ocorreram às discussões que fundamentaram a construção do nosso Diário de Bordo, culminando numa mudança significativa dos usos dos espaços e dos materiais, ou, melhor dizendo, das propostas realizadas com *e* para as crianças.

Retomamos essa trajetória formativa e materializada, pois ela contextualiza o trabalho que acontece hoje e dá sentido a ele, além de ter proporcionado vivências riquíssimas de construção coletiva com alcance nos avanços profissionais de cada educador(a), e esse movimento foi acompanhado e sentido no Diário de Bordo de cada professor(a). Mediante a formação contínua e as devolutivas feitas pela coordenação pedagógica, os fazeres e a apropriação dos novos espaços foram sendo intencionalmente vividos.

Um dos mais importantes papéis do coordenador pedagógico é coordenar os processos de formação com os professores, de acordo com o PPP da escola, usando os princípios e as concepções que pautam a Educação Infantil, ou seja, cabe ao coordenador propor situações formativas que levem à colaboração, à participação e à reflexão para uma educação de qualidade.

Com esse intuito, ao discutirmos o redimensionamento do nosso PPP, chegamos à conclusão de que era o momento de avançarmos em nossos registros pedagógicos, visto que já era prática em nossa escola, o registro no semanário, e que este já não atendia as necessidades do grupo. Desse modo, partimos para a proposta da construção autoral do Diário de Bordo.

Após a decisão de tornar o Diário de Bordo nosso instrumento de registro para avançar em nossas propostas pedagógicas, a coordenadora pedagógica, considerando a homologia de processos entre as situações formativas dos professores e das crianças, decidiu escrever seu próprio Diário de Bordo, pois, se desejamos e pressupomos que as crianças sejam protagonistas e ativas na construção do conhecimento, precisamos assumir que o professor também o será. Necessitamos de práticas formativas reflexivas, e não meramente transmissivas e burocráticas. Assim, a gestão pedagógica foi em busca de material formativo que abordasse a temática sobre Diários de Bordo, e a tese do Cristiano Alcântara: *Diário de bordo: uma construção colaborativa rumo à Pedagogia Cultural* (2015), foi a base teórica para essa construção. Nessa tese, encontramos o ponto de partida, pois, quando desconhecemos as trilhas que nos levarão ao local onde queremos chegar, precisamos de um norte que nos indique os caminhos a seguir.

Com base na leitura desse documento, foram alicerçados os questionamentos para a construção de um registro que não fosse meramente burocrático e que possibilitasse a reflexão sobre a ação e a ampliação do fazer pedagógico, partindo das necessidades e das possibilidades apresentadas pelas crianças. Escrever, ler, refletir, apontar sugestões reflexivas por meio das devolutivas da coordenadora pedagógica foi o caminho determinante para que o Diário de Bordo, como instrumento de registro, cumprisse o seu papel: auxiliar as professoras a olharem para suas práticas e avaliarem seu fazer, propondo novas ações.

Escrever diariamente e refletir sobre as propostas têm sido a nossa busca! Inicialmente, registrando a rotina diária e algumas observações consideradas significativas, observando e registrando as falas das crianças. Na leitura dos Diários, foi perceptível que o grupo estava avançando, porque, muitas vezes, os projetos realizados partiam das professoras, e, mediante nossas discussões, rodas de conversa, leituras, análises de propostas, registros das professoras, devolutivas, começamos a perceber a mudança: os projetos passaram a surgir das crianças, e suas curiosidades, as vozes infantis passaram a ser valorizadas...

E, assim, fomos para essa escuta mais atenta, que, hoje, já permeia a maioria das propostas e dos projetos. Estamos neste caminhar. Nossa escola já trabalhava por meio de projetos, mas que partiam das professoras, e, hoje, podemos dizer que já são enriquecidos com as propostas de direcionamentos vindas das interações com nossas crianças. A nosso ver, um grande avanço, que só ocorreu por termos iniciado essas discussões e a escrita do Diário de Bordo.

A continuidade durante a pandemia de Covid-19

Terminamos 2019 com as expectativas costumeiras, as retomadas, as reflexões, os avanços nos fazeres que foram construídos ao longo do ano, e, então, veio a pandemia de Covid-19. Dessa maneira, nosso segundo ano de escrita de Diário de Bordo foi em meio à pandemia e fizemos um movimento para manter essa escrita de forma qualificada e reflexiva, agora, não mais das ações diretamente realizadas com as crianças na escola, mas com base em todo o material disponibilizado nesse período para formação, bem como sobre as propostas a serem encaminhadas e postadas às famílias, além do próprio processo formativo que estava sendo vivenciado. Um trabalho árduo, mas de muitas discussões coletivas e adequações à nova realidade.

No entanto, tivemos um grande avanço em relação ao Diário de Bordo: a interlocução entre a coordenação pedagógica e as professoras. Naquele momento, a necessidade dos encontros virtuais possibilitaram momentos de formação que não cabiam no nosso cotidiano "normal". As trocas, as formações, a escuta, a fala e a escrita compartilhada entre os pares foram extremamente enriquecedoras. Ainda que a mudança do cotidiano, as angústias reais da sobrevivência e a busca dessa nova forma de "fazer educação" fossem angustiantes, tivemos um grupo colaborativo e competente nesse fazer.

Uma dessas parcerias destacou-se e culminou na participação de nossas professoras no XI Colóquio de professores que escrevem sobre a sua prática diariamente – organizado pelo Grupo Colaborativo de Estudos e Pesquisa da Formação Continuada Docente (GCOL). As professoras fizeram um trabalho em parceria e colaboração de propostas para as crianças em 2020 e, também, a articulação das escritas e das reflexões em seus Diários de Bordo, em conjunto com a coordenação pedagógica. O Diário de Bordo foi o instrumento mais potente para esse grupo de professoras poder estruturar reorganizar e refletir esse caminhar com as famílias e a coordenação.

A importância que o Diário de Bordo ganhou desde o início do processo e esse fazer tornaram-se permanentes. Materializá-lo ao(à) leitor(a) enriquece e clareia essa interlocução intrínseca na leitura e na escrita de um cotidiano vivo que é o chão da escola. Por isso, em meio a tantos Diários, foi muito árduo trazer para este artigo um trecho que exemplificasse a potência do instrumento. Para sermos justas com nosso grupo de professoras, uma vez que todas tiveram momentos de avanços que poderiam ser compartilhados aqui, selecionamos um trecho do diário da própria coordenadora pedagógica com a devolutiva feita pela assistente de direção, que elucida o quanto todos os segmentos comprometidos no processo formativo passam pelos questionamentos e pelos desafios em busca de alcançar a metacognição, entendendo que

> [...] a metacognição como processo da aprendizagem é o conhecimento dos próprios produtos cognitivos, isto é, o conhecimento que o sujeito tem sobre seu conhecimento. O aprendiz, na busca de regular os processos cognitivos, depara-se com atividades que o desafiam, levando-o à aprendizagem. (Beber, Silva e Bonfiglio, 2014)

E pensando sobre o seu fazer, modificando-o, planejando e voltando a pensar sobre ele, sempre com a possibilidade de ir além. A leitura dos trechos a seguir elucida o processo.

Diário de Bordo – Andréia

São Paulo, 05 de agosto de 2020

Fim de férias!!! Hora de recomeçar e de voltar ao trabalho, e não há como voltar sem antes planejar o que fazer daqui em diante.

Escrevo o Diário de Bordo, ou pelo menos achava que escrevia, mas, diante de tudo o que venho aprendendo com o Cristiano no curso, não há como não refletir como está sendo este meu fazer. Como ele próprio diz: "O erro não é ruim; ruim é não reconhecer o erro, o que precisa melhorar"...

Eu sempre tive – e tenho – essa concepção de que, a cada dia, vamos aprendendo e aprimorando os nossos fazeres, e é com essa intenção que escrevo o meu Diário.

Depois da última aula sobre Diário de Bordo, fiquei extremamente incomodada, e, lógico, como não poderia ser diferente, junto da angústia, veio a sua irmã, a ansiedade: O que fazer? Como melhorar esta escrita? Qual é realmente a minha intenção ao escrever o Diário de Bordo? Foi, então, que cheguei à conclusão de que este meu ensaio de Diário de Bordo no primeiro semestre não era nada mais do que um apanhado geral de tudo o que realizei durante este período pandêmico, para justificar meu trabalho remoto. Isso me causou um pouco de decepção, afinal, foi um tremendo trabalho reunir toda esta documentação, que resultou na organização de quatro, olha, quatro pastas de portfólio recheadas de documentos produzidos, guardados, impressos, enfim, alguns relatos também e, no finalzinho do semestre, quando já estava quase louca, fui tentando refletir sobre toda esta "LOUCURAAA!"

Bem, mas não adianta agora chorar pelo leite derramado. Comprometo-me comigo mesma tentar usar este recurso para melhorar minha prática como coordenadora e, assim, conseguir fazer meu grupo avançar cada vez mais em propostas adequadas e respeitosas às nossas crianças. Outra coisa que estou tentando, mas ainda creio que levará um tempo, é deixar de passar a limpo meus registros. Acabo fazendo anotações diárias e tenho que vir para o computador digitar, porque me incomodam a letra feia, os erros ortográficos, a estética do documento, sem contar o fato de que, quando estou digitando, vou relembrando de tudo o que fiz e já refletindo sobre. Sei que dá muito trabalho fazer isso e percebo que muitas professoras do meu grupo estão nessa mesma situação de digitar seu Diário. Por um lado, é bom, já que fica mais fácil o compartilhamento, fica um documento salvo que pode ser a qualquer momento recuperado (creio ser esse o motivo também de fazê-lo digitado); por outro lado, muitas vezes, demanda tempo demais e acaba atrasando a construção do Diário. De todo modo, mais uma reflexão a fazer...

Acabada essa pequena introdução, vamos para o meu dia: pela manhã, apesar de hoje não ser o meu plantão na Unidade, fui à escola para conversar com a Inaiara e planejar algumas ações para este segundo semestre. Caminhamos pela escola, após receber o material e os Equipamento de Proteção Individual (EPIs), que o diretor comprou para organização de uma possível volta às aulas presenciais em setembro. Andamos pela Unidade pensando na possível reorganização dos espaços para atender aos protocolos de atendimento presencial indicados nas discussões ocorridas para planejar o retorno: na sala de referência, dispor o mobiliário em meio círculo; reorganizar os brinquedos, deixando uma quantidade menor e aqueles que sejam laváveis; cobrir as prateleiras com o TNT; disponibilizar papel-toalha e álcool em gel para cada professora, mas, com certeza, ainda vamos ter muito ainda o que planejar e repensar.

Em seguida, conversamos sobre a nossa escrita em dupla, do artigo para o livro com o grupo do GCOL, sobre o Diário de Bordo.

Inaiara deu a seguinte sugestão para iniciarmos este texto: "É possível iniciar o texto articulando sobre como os parceiros da gestão percebem que o grupo tem condições e demonstra necessidade de avançar, sobre a importância do diálogo entre gestores para possibilitar os fazeres. Desse ponto, parte-se para seus encaminhamentos, para a construção do Diário de Bordo e de como o(a) profissional também sentiu necessidade de se colocar como construtor(a) do seu próprio Diário".

Eu gostei muito da sugestão, e, aí, definimos tentar começar por esse eixo. O tema que inicialmente decidimos foi: *Diário de Bordo: uma construção autoral*.

São nossas primeiras ideias e conversas e como me conheço e conheço bem a Ina, ainda vamos ter muitas coisas para conversar e alinhar, afinal, eu quero escrever todos os detalhes, e ela consegue sintetizar muito bem minhas ideias... Parceria das boas! Tenho aprendido muito!

Durante o dia, fui atendendo o grupo, esclarecendo dificuldades, lendo os planos de intencionalidade. Percebo que o grupo já está bem engajado nesta nova forma de trabalho e já consigo atender a outras demandas para além dos esclarecimentos de dúvidas.

Resolvi dar continuidade à leitura dos Diários de Bordo das professoras. Tinha estabelecido o propósito de ler durante as minhas férias, mas estava mentalmente muito cansada e precisava de tempo para essa leitura. Vou retomar devagar, anotar alguns pontos que posso abordar coletivamente; outros mais específicos, farei em forma de devolutiva individual.

Termino hoje com esta frase de Clarice Lispector:1 "Que ninguém se engane só se consegue a simplicidade através de muito trabalho".

São Paulo 06 de agosto de 2020

"Bom dia, flor do dia!" Assim começo meu dia e espero terminá-lo com a mesma alegria que o inicio.

Inicio o dia dando continuidade à retomada de tudo o que fiz até aqui para planejar a minha ação de continuidade. E volto a dizer que não me sai da cabeça as falas do Cristiano no curso do último sábado. Parece que ele estava falando para mim, tamanho foi o efeito de sua provocação a fim de refletir sobre esta escrita.

Lendo o meu relato de ontem, quero voltar a estas perguntas para tentar me direcionar nesse novo semestre: O que fazer? Como melhorar esta escrita? Qual é realmente a minha intenção ao escrever o Diário de Bordo?

Vou começar com "O que fazer?". Creio que preciso estabelecer novas intenções para este semestre, então, vou retomar a leitura das minhas cartas de intenções e replanejar com base nisso, já que, agora, também já passei por aquele turbilhão que foi o trabalho remoto. Parece que passou um trator, uma máquina que tirou nosso chão e que não sabíamos aonde ir. Na verdade, o incômodo maior era a respeito de como respeitar a infância num sistema EAD. Aos poucos, fomos nos acalmando, estudando, pesquisando, analisando o material elaborado pela SME, Trilhas de Aprendizagens para a Educação Infantil, e fomos percebendo que, sim, existia uma possibilidade de planejarmos, de oferecermos um apoio para as famílias. Sei que não conseguiríamos atender a todos. Conversando com o meu grupo,

[1] Lispector, Clarice. *A hora da estrela*. Rio de Janeiro: Rocco, 1998. p. 11.

esse fato foi o mais difícil de aceitar, e, na tentativa de conseguir chegar a todos, as professoras resolveram usar o WhatsApp. Creio que esse foi o melhor caminho, pois assim conseguimos ter notícias das crianças, de como elas estavam. Claro que não temos o 100% tão desejado, mas já melhorou muito a interação até aqui.

Voltando – para não perder meu foco de hoje –, preciso pensar em como fazer um movimento mais reflexivo. O primeiro passo é escrever minha carta de intenções, mas, para isso, preciso reler as avaliações que pedi no final do semestre, ler os Diários de Bordo e levantar aspectos que precisam ser esclarecidos mediante formação. Preciso iniciar escutando o grupo, suas angústias nesse momento, suas necessidades, enfim, vou retomar pela escuta e, com base nela, buscar formações que supram essas necessidades.

Além da carta de intenções, preciso confessar que, nesse tempo, não estabeleci uma rotina, então, fui trabalhando como máquina: aparecendo as demandas, resolvia-as, via *lives*, planejava reuniões, mas sem parar e pensar naquilo tudo.

Preciso, nessa volta:

- Estabelecer uma rotina que contemple:
  - ✓ fazer uma agenda de compromissos profissionais e pessoais (confesso: meu âmbito pessoal ficou para escanteio);
  - ✓ ler os *e-mails* diariamente;
  - ✓ acompanhar o grupo diariamente;
  - ✓ preparar as pautas formativas e as reuniões coletivas;
  - ✓ reservar um tempo para estudo;
  - ✓ participar das reuniões formativas de Diped, Naapa[2] e Cefai;[3]
  - ✓ fazer plantão na Unidade;
  - ✓ escrever o Diário de Bordo DIARIAMENTE;
  - ✓ ler os Diários de Bordo e fazer devolutivas;
  - ✓ encaminhar documentos para a supervisão.

Primeiros passos:

- Reler as avaliações.
- Escrever a carta de intenções.

Nossa!!! Vou sobreviver...

---

[2] Núcleo de Apoio e Acompanhamento para a Aprendizagem.

[3] Centro de Formação e Acompanhamento à Inclusão.

Devolutiva

Andréia,

Hoje, criei coragem e terei a ousadia de escrever uma devolutiva para você! Há alguns anos, tenho acompanhado o seu trabalho e vejo diariamente a dedicação e a competência que você tem. Neste ano, estamos enfrentando juntas algo inesperado, exaustivo e desafiador: a educação em meio à pandemia.

Conseguimos chegar até aqui, e avalio que chegamos com muita qualidade! Como você sempre faz, mais uma vez, surpreendeu-me quando, mesmo diante toda esta situação, não voltou atrás na escrita e na construção do Diário de Bordo com o grupo! Nós duas temos plena clareza de que a condução de todo o trabalho seria muito mais simples e fácil se voltássemos atrás, mas sabemos, também, que seria uma perda irreparável no nosso caminhar com o grupo. Então, já era hora de contribuir para o seu fazer, como já havia me comprometido tantas vezes e não fiz por "n" motivos. Um deles, a nossa proximidade e parceria, que permitia que eu lhe dissesse interviesse nas ações no dia a dia. Isso me fez ser relapsa com nossos combinados, pois sei que o Diário de Bordo só será um instrumento vivo e potente se houver essa troca; ele se concretiza pelo olhar do outro.

O que vejo quando "olho" o seu diário é uma evolução na sua escrita, em suas reflexões e na clareza de suas intenções para com você, para com o grupo, para com as nossas crianças. É perceptível que toda a sua "ansiedade" em conhecer sobre o tema está dando frutos, e, fazendo a leitura hoje e retomando pela memória a leitura dos Diários do ano passado, fica nítido o caráter reflexivo em suas propostas. Suas ações são cada vez mais pertinentes, porque consideram os fazeres docentes, porque você ESCUTA com ouvidos de "sentir" o que as pessoas precisam, quais são as angústias delas; você consegue perceber e acreditar que elas podem ir além...

Pude ver, também, o que já conversamos inúmeras vezes... Você faz coisas demais! Não que elas não sejam necessárias, mas a sua demanda é alta demais para a qualidade que você imprime em seus fazeres. Quando leio, penso que você só consegue porque consegue ver a situação, analisá-la, organizá-la para continuar dando conta. A burocracia é realmente cruel, mas será que precisa dar conta de tudo mesmo durante todo o tempo? Muitas demandas não poderiam ser partilhadas com o grupo? Assim como propôs a professora Célia, *outros agrupamentos não poderiam sugerir lives formativas? Se o grupo for levado a propor, ele se comprometeria ainda mais? Seria mais leve para você? Teria mais tempo?*

Conhecendo bem nossas parcerias, sei que não seria tranquilo nas primeiras vezes, pois "autocrítica" é um ponto fraco de grande parte do grupo, mas também é um ponto forte, porque, com ele, vem uma preocupação com a qualidade, com a estética, com os seus fazeres e com a percepção que o outro tem sobre tudo isso.

Tenho lá minhas dificuldades em ações contínuas, mas, como seu par e com tudo o que aprendo e cresço por meio dessa convivência, comprometo-me em compor seu Diário com minhas singelas devolutivas. Espero que elas cumpram seu papel... Que a desafiem e a façam avançar sempre! Fique à vontade se quiser digitar meus "garranchos", mas estou para caneta e papel assim como as crianças estão para brincar, ou como este dia chuvoso está para essa leitura deliciosa do seu Diário de Bordo.

Para mim, a escrita manual retrata meus pensamentos originais e, quando digito, passando a limpo, "vou tratando os dados", então, hoje, para você, vai minha escrita inspirada nos seus fazeres.

Experimente! Isso pode facilitar a sua vida e estará disponível sempre que quiser!

Com carinho,
Ina

***

Percebemos, nesses registros, a importância do pensar sobre o pensar, do pensar sobre o fazer, como citamos algumas vezes ao longo do capítulo e como "partes" desse processo que acontece em nossa escola. Acreditamos que o trabalho colaborativo, a busca por conhecimento e o pertencimento a um grupo viabiliza inúmeros avanços, que vão permitindo uma educação de qualidade oferecida a nossas crianças. Essa interação entre os pares nos fortalece e nos leva à pesquisa constante para fundamentar nossos fazeres.

Acreditando nisso, trazemos Imbérnon (2011, p. 82), que diz,

> Quando os professores trabalham juntos, cada um pode aprender com o outro. Isso os leva a compartilhar evidências e informações e a buscar soluções. A partir

> daqui, os problemas importantes das escolas começam a ser enfrentados com a colaboração entre todos, aumentando as expectativas que favorecem os estudantes e permitindo que os professores reflitam sozinhos ou com os colegas sobre os problemas que os afetam.

Essa articulação encontra alguns obstáculos diários, e "fazer" o Diário de Bordo, a sua leitura e a devolutiva permitem que a interlocução e a colaboração entre pares aconteçam, culminando em boas práticas.

Considerações finais

Neste capítulo, trouxemos a importância do trabalho colaborativo da equipe gestora, articulando a gestão pedagógica à administrativa, de modo a apoiar e garantir que a formação se dê de forma permanente e participativa. Buscamos relatar como o processo se desenvolveu, destacando a importância de o coordenador pedagógico ter a clareza do seu foco formativo, considerando as necessidades do grupo e desenvolvendo seu fazer, de maneira democrática, por meio da escuta, da observação e do registro diário.

> Gestores que lideram uma equipe que pensa, dialoga e tem uma atitude reflexiva em relação a sua própria prática também não são neutros, ao contrário, trazem em suas ações, valores, conhecimentos, concepções que precisam ser identificados, revelados, ditos. (Alcântara e Borges, 2019, p. 184)

Não é um caminho fácil de ser percorrido. Confrontar a prática e rever propostas têm sido a nossa meta e, hoje, sabemos que não há receitas prontas, mas as pessoas esperam por isso. Depois de alguns anos nessa construção, sentimos que há muitas coisas a fazer, a melhorar, mas percebemos o quanto já avançamos. Não há o certo nem o errado nesse fazer; o imprescindível é realizar o registro das ações cotidianas e refletir a respeito, dispondo-se à mudança quando necessário. Um fazer contínuo, e é preciso vivê-lo, fazer parte dele: experimentar, conhecer, para saber o que ainda não sabemos. Quando retomamos nossa trajetória, vemos que uma das maiores dificuldades foi começar, justamente porque não há receitas; é um caminho autoral.

Nem tudo são flores. No caminho, há, sim, muitos espinhos, que sinalizam os melhores trajetos por meio de ações baseadas na teoria *versus* prática cotidiana *versus* diálogo ético, e é possível passar por eles sem muitas dores. Ter a intencionalidade clara é fundamental e fortalece o vínculo e o sentimento de pertencimento do grupo que compartilha um propósito, propiciando que o cotidiano vivenciado por adultos e crianças seja saudável e construtivo. Os vínculos que envolvem a colaboração jamais serão antagônicos ao profissionalismo e à formação dos educadores. Essa será uma experiência contínua, gradativa e enriquecedora, produzindo educação de qualidade para as nossas crianças.

Referências

ALCÂNTARA, Cristiano Rogério. *Coordenação pedagógica na infância*: a gestão dialogada com os registros. São Paulo: Phorte, 2020.

ALCÂNTARA, Cristiano Rogério. *Diário de bordo*: uma construção colaborativa rumo à pedagogia cultural. 2015. 276 p. Tese (Doutorado em Língua Portuguesa) – Pontifícia Universidade Católica de São Paulo, São Paulo, 2015.

ALCÂNTARA, Cristiano Rogério; BORGES, Ana Lúcia. O papel da gestão escolar em face da documentação pedagógica produzida por professores da educação infantil. *In*: ALCÂNTARA, Cristiano Rogério; VERCELLI, Ligia de Carvalho Abões. (org.). *Fazeres de professores e de gestores da escola da infância*: reflexões sobre cenas do cotidiano. Jundiaí: Paco, 2019.

BEBER, Bernadétte; SILVA, Eduardo; BONFIGLIO, Simoni Urnau. Metacognição como processo da aprendizagem. *Revista Psicopedagogia*, v. 31, n. 95, p. 144-51, 2014.

IMBÉRNON, Francisco. *Formação docente e profissional*: formar-se para a mudança e a incerteza. São Paulo: Cortez, 2011.

LISPECTOR, Clarice. *A hora da estrela*. Rio de Janeiro: Rocco, 1998. p. 11.

PACHECO, José. *Aprender em comunidade*. São Paulo: SM, 2014.

PINAZZA, Mônica Appezzato. *Formação de profissionais de educação infantil em contextos integrados*: informes de uma investigação-ação. 2014. 409 p. Tese (Livre-docência) – Faculdade de Educação, Universidade de São Paulo, São Paulo, 2014.

SÃO PAULO (Município). Secretaria Municipal de Educação. Coordenadoria Pedagógica. *Currículo da cidade*: educação infantil. São Paulo: SME/Coped, 2019.

SÃO PAULO (Município). Secretaria Municipal de Educação. Orientação normativa SME nº 1 de 06 de fevereiro de 2019. *Diário Oficial da Cidade de São Paulo*: São Paulo, SP, ano 64, n. 25, p. 15-18, 07 fev. 2019. Disponível em: http://www.docidadesp.imprensaoficial.com.br/NavegaEdicao.aspx?ClipID=298cba0fb95f5cffd416a8bb731fe7c9&PalavraChave=instru%ufffd%ufffdo+normativa. Acesso em: 13 dez. 2021.

Bibliografia consultada

SÃO PAULO (Município). Secretaria Municipal de Educação. Diretoria de Orientação Técnica. Orientação normativa nº 01: avaliação na educação infantil – aprimorando os olhares. São Paulo: SME/DOT, 2014.

SÃO PAULO (Município). Secretaria Municipal de Educação. Diretoria de Orientação Técnica. *Currículo integrador da infância paulistana*. São Paulo: SME/DOT, 2015.

Parte III

Diário de Bordo da gestão escolar: diálogos entre a escrita do(a) coordenador(a) pedagógico(a) e a do(a) orientador(a) pedagógico(a)

[7]

As contribuições das narrativas reflexivas na gestão escolar

Edileusa Aparecida da Silva Mammana

Tatiana Macedo Dias

Eu não sou você
Você não é eu
Mas somos um grupo, enquanto
Somos capazes de, diferenciadamente,
Eu ser eu, vivendo com você e
Você ser você, vivendo comigo.
Madalena Freire

Assim como nos inspira Madalena Freire (1992) sobre a convivência, a partilha e a aprendizagem constante uns com os outros, propomos ao leitor que venha partilhar e vivenciar conosco a experiência desta leitura, considerando as diferentes possibilidades de inspirar e de refletir sobre a atuação da gestão escolar e os diversos desafios que nos acercam no dinamismo desse cotidiano e seus diversos agentes.

Propomos discorrer nosso percurso em relação aos estudos e às práticas cotidianas por meio de registros reflexivos, os quais denominamos aqui como *narrativas reflexivas*, pois dialogamos com nossa escrita, com o interlocutor, com os teóricos, com nossos grupos de atuação. Assim, não há verdades absolutas no nosso fazer, mas, sim, a busca constante por qualificá-lo. Compreendemos que essas narrativas reflexivas são instrumentos potentes de encontros com nossas percepções, ações, necessidades, coerências e incoerências, proposições, bem como nas ideias de Jarra (2013), em que há inúmeras possibilidades do narrar, as quais necessitamos experienciar, como cita:

> As narrativas como possibilidades de aproximações com a experiência, como abertura e inspiração para outras narrativas. [...] Narrar é fabular. A narrativa possui um enredo que traz em seu bojo o sentido das coisas narradas. Costuma ser viva e perpassada de emoção. Embora se utilize de conceitos, não é algo meramente conceitual; as narrativas contêm afetos, sentimentos e, por isto, têm um caráter seminal: afetam, despertam outros sentimentos e paixões em quem as narra e em quem as lê. (Jarra, 2013, p. 55)

Nesse sentido, a narrativa nos permite ressignificar a experiência individual e coletiva, corroborando com processos formativos em que as fabulações conjecturam individualidades, identidades com base nas relações com o outro e com o grupo.

Nossas narrativas: "Você não é eu, mas somos um grupo"

Somos pesquisadoras e estudiosas do nosso fazer, membros do Grupo Colaborativo de Estudos e Pesquisa da Formação Continuada Docente (GCOL), e atuamos como diretora escolar e orientadora pedagógica em uma escola pública municipal do ensino fundamental (anos iniciais) no Grande ABC Paulista. Nossa trajetória está alicerçada na escola pública, pois estudamos e nos formamos no chão dessa escola, e é esse lugar que defendemos. Uma escola pública de qualidade, que acolhe a todos e a cada um, na qual buscamos fazer o trabalho formativo com qualidade, impulsionando-nos a sempre buscar o melhor em nosso fazer e para com o grupo com o qual atuamos.

Mas por que narrar reflexivamente? Por que realizar esse registro diariamente? Como essa escrita pode auxiliar o(a) diretor(a) escolar na construção e efetivação coletiva do Projeto Político Pedagógico (PPP) da escola? Como essas narrativas podem auxiliar o(a) orientador(a) pedagógico(a) e/ou o(a) supervisor(a) escolar no acompanhamento do PPP? Nessa abordagem, permitimo-nos lançar voos por meio dessas perguntas e ir compreendendo as contribuições deste instrumento – a narrativa reflexiva – e de suas possibilidades de interações e deslocamentos em nossas atuações.

Nossas narrativas reflexivas vão nos guiando a analisar o nosso fazer, a relatar e a refletir sobre esse fazer, a partilhar o nosso saber e o nosso não saber, assim como corrobora Arroyo (2010, p. 54):

> Podemos aprender a ler, escrever sozinhos, podemos aprender geografia e contar sozinhos, porém, não aprendemos a ser humanos sem a relação e o convívio com outros humanos que tenham aprendido essa difícil tarefa.

Não aprendemos a ser educadores, formadores sem a convivência com os profissionais da educação, as famílias, os educandos que nos impulsionam a qualificar o nosso fazer. O registro diário nos auxilia a refletir sobre o trabalho desenvolvido. Contudo, a escrita nos desnuda, como afirma Freire (1996, p. 44):

> Mas escrever, registrar não é fácil... Dá muito medo, provoca dores e até pesadelos. A escrita compromete. Obriga o distanciamento do produtor com o seu produto. Rompe a anestesia do cotidiano alienante.

Ao nos convocarmos para responder às questões: "Por que narrar reflexivamente?", "Por que realizar esse registro diariamente?", também convidamos nossos(as) leitores(as) a se indagarem e, dessa perspectiva, compreendemos que narrar reflexivamente nossa atuação diária constitui-se uma documentação e, portanto, um instrumento de análise, de avaliação e de ressignificação. O contexto da gestão escolar diário é repleto de diversas mediações. Ao registramos esse cotidiano, possibilitamo-nos romper com imediatismos, ou seja, passamos a deixar de ter uma atuação impetuosa e encontramos possibilidades de atuar com análise, com rigorosidade metodológica, com proposições mais coletivas e com corresponsabilidades. É possível citar que, comumente, o(a) diretor(a) escolar procura analisar a caracterização de sua comunidade escolar, articulando suas necessidades, suas expectativas, para, então, avançar nas propostas do PPP. Contudo, ao refletir diariamente sobre essa caracterização e sobre as proposições realizadas, esse(a) profissional consegue realizar uma análise de prioridades, de relações favoráveis e desfavoráveis ao alcance dos objetivos coletivamente traçados, bem como identificar novas necessidades formativas e de organizações que inevitavelmente surgem no cotidiano escolar.

Em relação à atuação do(a) orientador(a) pedagógico(a), narrar diariamente o seu fazer fornece a dimensão do acompanhamento das escolas, as ações envolvendo o coletivo, da perspectiva de rede, e o individual, em cada Unidade Escolar e/ou cada membro da equipe gestora, com quem esses profissionais mais atuam no dia a dia. Outra ação que qualifica esse acompanhamento do trabalho é a possibilidade de dialogar com as narrativas do(a) diretor(a) escolar, pois isso possibilita acompanhar as ações pedagógicas e administrativas da escola.

Dessa forma, as narrativas reflexivas nos provocam pensar sobre nossos cotidianos, o que compõe e alicerça nossas ações. Além disso, ter um interlocutor para nossas narrativas nos auxilia a olhar com distanciamento, porque o outro provoca-nos, questiona-nos, desafia-nos, ajuda-nos a enxergar nossas práticas e a qualificá-las.

Ressaltamos que nós, as autoras, realizamos a prática de narrativas reflexivas diárias sobre nossa atuação na gestão escolar, mediante a elaboração dos Diários de Bordo. Em nosso caso, a orientadora pedagógica é a interlocutora do Diário de Bordo da diretora escolar, com uma periodicidade quinzenal da leitura desse Diário, elaborando devolutivas com apontamentos também reflexivos, que auxiliam e possibilitam qualificar a gestão escolar.

Na gestão escolar, a diretora corrobora com a formação dos diversos segmentos que compõem a equipe, por exemplo, a formação continuada com professores, com inspetores e com auxiliares de educação, a composição dos grupos que compõem os órgãos colegiados da Unidade Escolar. Também vivencia um cotidiano que perpassa pela articulação da equipe para a tomada de decisões coletivas, pela efetivação das proposições do PPP e, portanto, pela necessidade constante de coerência entre o pensar e o fazer na escola. Dessa perspectiva, entendemos que o papel da direção escolar é a mediação do processo de ensino-aprendizagem, isto é, a essência da sua função é o ato pedagógico, conforme as ideias de Paro (2015, p. 25):

> [...] a dicotomia que às vezes se estabelece entre administrativo e pedagógico como se o primeiro pudesse estar em concorrência com o segundo, como quando se diz que o pedagógico deve preceder, em importância, ao administrativo. Na verdade, se o administrativo é a boa mediação para realização do fim, e se o fim é o aluno educado, não há nada mais administrativo do que o próprio pedagógico, ou seja, o processo de educá-lo.

As narrativas da diretora escolar evidenciam as observações dos processos formativos, as necessidades das equipes, a diversidade de concepções reveladas nas cenas do cotidiano escolar, as expectativas dos diversos agentes, a organização dos espaços e as relações estabelecidas entre os sujeitos. No Diário de Bordo, também são registrados os avanços e os desafios da gestão escolar em relação aos processos de ensino-aprendizagem; por exemplo:

Trecho do Diário de Bordo de 2018 de Tatiana Macedo Dias

Hoje, encerramos o dia com a situação comunicativa do projeto Cantando e Aprendendo. Nós, educadores, estávamos nos bastidores, olhando o quanto as crianças se revelavam pertencentes à linguagem teatral, fazendo aquele teatro de sombras. Quanto protagonismo nessa experiência de tanto sentido e significado para elas, para todos nós! Ali, a concretização de escolhas dos pequenos, de percurso de apropriação cultural. Essa escola é viva e, ao me despedir de uma das crianças, tive essa certeza, quando, então, ela se virou e me disse:

– Hoje é o dia mais feliz da minha vida!

Isso me faz acreditar que os objetivos do nosso PPP, nossas escolhas, nossos esforços têm sido direcionados para o que precisam ser.

O exercício de viver, de narrar e de refletir tem proporcionado assertividade em novas atuações, como o constante aprofundamento em estudos, a organização curricular da escola com base em projetos didáticos que são escolhidos pelas crianças e a organização da rotina escolar com propostas de organização de agrupamentos de crianças por temas de interesse delas próprias. Essas e outras ações decorrem de diversas reflexões diárias, bem como das relações que se constroem na convivência diária, no viver e no sentir a escola, que está em constante construção. Isso tudo constitui essas narrativas, e vice-versa.

É importante citar que a construção das narrativas reflexivas da diretora escolar perpassou por diferentes momentos. Num primeiro momento, a construção do registro consistia em uma lista descritiva de atuações do seu cotidiano, bem como em tópicos de proposições e de encaminhamentos elaborados com base na análise dessa lista. Num segundo momento, essa construção compreendeu a necessidade de suas reflexões e de análise diante da lista descritiva estarem registradas, possibilitando revisitá-las na construção de proposições coletivas e em outros tempos. Nesse ponto, então, tornou-se notável o diálogo entre as reflexões, as ações e as proposições, ou seja, a necessidade de interrogar-se no seu fazer diário e de encontrar subsídios teóricos que dialogassem com suas interrogações e suas proposições, como nesse trecho do Diário de Bordo da diretora escolar, em que cita:

Trecho do Diário de Bordo de 2019 de Tatiana Macedo Dias

> *Na constante reorganização do nosso PPP, temos duas dimensões sempre presentes: a reorganização dos tempos e dos espaços de aprendizagens e o fomento de dispositivos de reconfiguração das práticas, mediante a formação continuada consistente, com a socialização das práticas, a sistematização e a avaliação do percurso. Mas, nessa nova leitura, interrogo-me: O que, para que e como inovar? Esse livro mexeu comigo... Pacheco (2019) me levou a refletir que, após a Quarta Revolução Industrial, ainda vivemos práticas escolares predominantes centradas no professor, a aula ainda existe. É necessário pensar: No que inovamos? A serviço de que e de quem inovamos? Nós realmente inovamos? Olhar nosso PPP como objeto de estudo é essencial, necessário, urgente! Encontrar seu ineditismo, construir nossa carta de princípios e de acordos de convivência. Os estudos têm me apontado um longo caminho a percorrer.*

Evidenciamos em nossa análise que nossas narrativas reflexivas diárias se tornam objeto de estudo. Portanto, ao construí-las, ao exercitá-las sistemática e diariamente, elas nos possibilitam constituir elementos de estudo da nossa atuação, além de evidenciarem a necessidade e o desejo da busca por referências e inspirações teóricas no nosso fazer cotidiano, para nos deslocarmos e, assim, transformá-lo.

Contudo, outro elemento constitui esse deslocamento: as interlocuções estabelecidas por meio das devolutivas dessas narrativas reflexivas. Essas devolutivas estabelecem um diálogo formativo, no encontro do outro com a reflexão narrada, um momento em que a narrativa não é destruída, mas provocada a se transformar, em comunhão com a transformação da própria prática.

Nossas interlocuções: "Você ser você, vivendo comigo"

Registrando o nosso fazer, vamos vivenciando a partilha de formar o outro e de nos formar. Dessa maneira, entendemos que as devolutivas escritas e orais vão ampliando e qualificando o acompanhamento do acompanhamento. O que é isso? Como se dá essa ação? Nas nossas reflexões, tentamos compreender o que ocorre na escola e como acompanhar o fazer dos outros profissionais que trabalham na ação formativa, por exemplo, o modo de acompanhar, de discutir, de refletir sobre o acompanhamento do trabalho do(a) educador(a) e de fazer intervenções que, por sua vez, levam-no a refletir sobre o fazer dele(a).

E é pensando sobre o nosso fazer, refletindo, discutindo que ocorre a ação da metacognição, de acordo com Placco e Souza (2006, p. 57):

> A ação metacognitiva nos convoca a "olhar-nos de dentro para fora" e também "de fora para dentro". Como penso? Como venho pensando? E abre possibilidades de intervir no caminho do pensamento e, consequentemente, em nosso processo de aprendizagem.

Nesse sentido, narrar e refletir diariamente é olhar de dentro para fora e de fora para dentro, conectando-nos com os nossos saberes e não saberes, nossos fazeres e não fazeres, nossas certezas e incertezas. É trilhando nosso caminho formativo que vamos nos constituindo profissionais da Educação.

A orientadora pedagógica, como interlocutora das narrativas reflexivas da diretora escolar, realiza as devolutivas dessas narrativas. De acordo com o que temos estudado e pesquisado, realizar uma devolutiva implica compreender que ela faz parte do processo formativo, portanto, perpassa pelo planejamento, pela análise, pelo foco de observação, pelas contribuições teóricas e práticas, possibilitando deslocamentos e construção de novos saberes e fazeres no outro, ou, ainda, permite reafirmar as certezas em suas atuações. Partilharmos a seguir trechos de uma devolutiva, em que é possível observar os momentos em que a orientadora vai fortalecendo princípios e ações transformadas na escola, trazidos nos registros da diretora:

Trecho da Devolutiva, feita por Edileusa Aparecida da Silva Mammana, ao Diário de Bordo de 2018 de Tatiana Macedo Dias

Situação comunicativa no teatro: apesar da tensão, do questionamento se vai dar tempo, se vai dar certo, é um momento lindo. A meu ver, perfeito, e indico que continue. (Risos!)

Avaliamos que a devolutiva escrita é fundamental, porque baliza a nossa reflexão, possibilita releituras, consultas em diversos tempos e espaços, em que as necessidades formativas também consideram outras relações de sentido e de significado. Apontamos que há momentos nos quais a pauta escrita auxilia a objetividade da interlocução, mas o diálogo também pode ser lançado como estratégia. Essa devolutiva oral nos ajuda a dar continuidade de pensar sobre o nosso fazer e acolhe subjetividades instantaneamente, o que, por vezes, também é importante. Novamente, convocamos Placco e Souza para dialogarem conosco ao nos mostrarem que:

> O papel do professor/formador no processo de aprendizagem do adulto implica: apontar, mostrar, provocar, para que este se aproprie, cada vez mais, de suas maneiras de aprender, saber e fazer, tornando-se capaz de exercer seu papel de maneira mais autônoma e consciente e, quem sabe, transformadora. Requer ainda do formador reconhecer a importância de seu papel na formação do outro, da atenção e disponibilidade para com o aprendiz, da intenção nas ações e persistência. (Placco e Souza, 2006, p. 58)

Algo que percebemos ao longo desse percurso de narrativas reflexivas é a necessidade da utilização de diversas linguagens na composição dessas devolutivas, ou seja, a música, a poesia, a literatura, a arte são essenciais no processo de interlocução. Essas linguagens possibilitam ampliar sentidos e significados e, portanto, são facilitadoras do processo de autocompreensão e de compreensão do outro. É possível observar que, a seguir, nos trechos da devolutiva do Diário de Bordo, Mammana inicia fazendo relação com a poesia *Tempo*, de Viviane Mosé (Especial..., 2017), que foi disparadora na ação de interlocução.

Trecho da Devolutiva, feita por Edileusa Aparecida da Silva Mammana, ao Diário de Bordo de 2019 de Tatiana Macedo Dias

> O tempo anda passando o pé, dando rasteira, jogando para o alto!!! E chegamos ao mês 9! Que loucura... Mas 'bora, que o trabalho vai até dezembro, e, quando fecharmos os olhos, estamos em 2020.
>
> Ficamos muito tempo sem nos falar, mas ler o Diário de Bordo me dá ideia de que sua cabeça funcionou bastante. (Risos!)
>
> Vou fazer a devolutiva por tópicos, mas sei que não darei conta de tudo por escrito.

Também citamos aqui um dos momentos em que a devolutiva oral foi realizada pela orientadora pedagógica, no qual foi importante o planejamento permeado pela devolutiva escrita, garantindo o resgate das experiências vividas, narradas e refletidas. Além disso, foi utilizada a linguagem musical como metáfora para novas análises e novos encaminhamentos. Na construção desse diálogo entre a diretora e a orientadora pedagógica, verificamos o estreitamento das parcerias, para qualificar o PPP. Nesses momentos, a escuta sensível foi estabelecida e contribuiu para que a diretora escolar pudesse elaborar novas estratégias na articulação e na mediação dos desafios de seu fazer.

As devolutivas da orientadora pedagógica suscitaram interrogativas na diretora escolar, que passou a refletir e narrar sobre essas indagações em seu diário de bordo. Alguns questionamentos feitos pela orientadora nas devolutivas:

Trecho da Devolutiva, feita por Edileusa Aparecida da Silva Mammana, ao Diário de Bordo de 2019 de Tatiana Macedo Dias

> *Olhando para o todo da escola, o que gostaria de qualificar? Em relação aos observáveis, qual foco? Tudo, não vai dar. Como pensa o acompanhamento do acompanhamento?*

Essa ação de diálogo narrativo entre as devolutivas intitulamos *devolutiva da devolutiva* e avaliamos que, nesse momento, a relação com a narrativa reflexiva nos levou a vivenciar o que também elucidam Placco e Souza (2006, p. 57): "A metacognição é uma atividade mental em contínuo processo de construção, que permite ampliar as possibilidades de autocompreensão e de compreensão do outro".

Constatamos que a *devolutiva da devolutiva* contribui para o resgate de alguns focos de reflexão e de registro, que precisam ocupar destaque na formação e na atuação da gestão escolar. Assim, são utilizadas no planejamento das reuniões com a equipe gestora, elencando as prioridades a serem retomadas, bem como nas reuniões com os diversos segmentos da escola, no atendimento às famílias, na organização dos espaços e dos materiais da Unidade Escolar.

Nessa abordagem das narrativas reflexivas diárias e das interlocuções sistemáticas das devolutivas realizadas, percorremos um período em que as *devolutivas das devolutivas* ocorriam de forma subjetiva, ou seja, algumas novas reflexões eram narradas em tempos subsequentes à devolutiva inicial, à medida que novos sentidos e significados se colocavam. Entretanto, tivemos um momento em que essas devolutivas proporcionaram um novo processo de diálogo, caracterizado por uma interlocução objetiva, na qual a necessidade de dialogar com a devolutiva ficou evidente. Em nossa análise dos Diários de Bordo, constatamos que a devolutiva *O pulso ainda pulsa* (*O pulso*, 1990), assim intitulada pela orientadora pedagógica, criou a *devolutiva da devolutiva* com uma nova caracterização. Nessa *devolutiva da devolutiva, Pulsa, Pulsa, Pulsa...*, dessa forma intitulada pela diretora escolar, o diálogo instantâneo com a devolutiva inicial é realizado, estabelece-se a construção de uma nova narrativa reflexiva em contato com a devolutiva, que não tem por objetivo prioritário narrar as novas cenas do cotidiano escolar, mas enfatiza a relação de sentido e de significado entre o narrado e o refletido, mediados pela interlocução, ou seja, a narrativa é o próprio processo de formação vivenciado, os deslocamentos construídos com o outro, como citado na própria devolutiva da devolutiva:

Trecho do Diário de Bordo de 2019 de Tatiana Macedo Dias (Devolutiva da devolutiva)

> *Entramos em um momento de necessidade de outra interlocução... Isso é importante registrar, faz parte dessa parceria profissional que estamos construindo. Esse instrumento vem ganhando mais funcionalidade, tanto pelas relações de nossos estudos no GCOL, como pela interlocução das devolutivas que venho tendo. Entre diversos aspectos, quero destacar: há assertividade em suas leituras e em suas intervenções (neste instrumento e in loco). Nessa última devolutiva, você aponta para aspectos importantes que me trouxeram diversas reflexões e contribuições sobre o acompanhamento do acompanhamento...*

Conforme observamos, as interlocuções são permeadas por diversos processos de construção e também se transformam em novas narrativas reflexivas. Destacamos que, ao vivenciarmos as *devolutivas das devolutivas*, evidenciamos a partilha de novas inspirações e de referências bibliográficas, ampliamos as possibilidades de trocas teóricas e práticas, compartilhamos momentos transformadores da nossa própria atuação, contribuímos para a busca de proposições diante dos novos desafios profissionais e fortalecemos a parceria de trabalho, com objetivo de qualificar a educação pública para todos e para cada um.

Esses processos reflexivos, as narrativas, as interlocuções foram contribuindo para o acompanhamento do todo da escola, seja no administrativo, seja no pedagógico. Utilizando como estratégia essa forma de acompanhamento, foi possível à orientadora pedagógica acompanhar o trabalho individual e coletivo da equipe gestora, pois todos foram convidados a escrever e a partilhar com a orientadora pedagógica suas narrativas reflexivas com devolutivas individuais. Essa estratégia auxiliou na coordenação das reuniões coletivas com a equipe diretiva, pois, ao planejar os encontros, foi possível discutir todas as demandas da escola, considerando as atribuições de cada um. A seguir, nos trechos da devolutiva do Diário de Bordo, Mammana fala de ajustes no atendimento às famílias e da parceria necessária da equipe gestora nessa ação:

Trecho da Devolutiva, feita por Edileusa Aparecida da Silva Mammana, ao Diário de Bordo de 2019 de Tatiana Macedo Dias

> *Joana coloca que, depois do que ocorreu, alguns ajustes foram feitos na escola. A principal alteração foi no planejamento do atendimento às famílias, pois as reuniões precisam ter objetivos claros. Gostei de ter colocado que as reuniões precisam ter tempo estipulado, entre 30 e 60 minutos, para focalizar o que é principal.*
>
> *Você coloca que é preciso envolver Joana nas discussões, porque tem assuntos que ela pode tomar a decisão sem ferir princípios e diretrizes. Avalio que esse envolvimento é fundamental, e dá a ela um lugar de importância no latifúndio que lhe cabe.*

Na citação, a orientadora pedagógica leva sua interlocutora, a diretora, a refletir sobre a divisão das demandas do trabalho na escola. No entanto, essa tomada de decisão precisa ser seguida de reuniões semanais da equipe gestora para discutir, planejar e encaminhar todas as ações administrativas e pedagógicas da escola, sem sobrecarregar ninguém, e para que todos saibam sobre o trabalho que precisa ser efetivado. Dessa forma, as interlocuções podem contribuir, individual e coletivamente, com a equipe de gestão e com toda a equipe escolar. Elas podem suscitar reflexões que se estendem a toda a equipe, contribuindo para as transformações necessárias na construção e na efetivação do PPP, com o qual todos têm responsabilidades e corresponsabilidades.

Nossas aprendizagens: "Eu ser eu, vivendo com você, e você ser você, vivendo comigo"

Neste capítulo, discorremos sobre a abordagem da diretora escolar e da orientadora pedagógica e seus processos formativos por meio das narrativas reflexivas, partilhando o percurso de dúvidas, trocas, estudos e aprendizagens trilhadas. Nesse sentido, alçamos voos e convidamos o(a) leitor(a) a percorrer nossa análise crítica, contínua e inacabada sobre o pensar, o refletir e o questionar o próprio fazer. Nossas provocações suscitam as relações cotidianas do espaço escolar, vivenciado por todos os que atuam nesse ambiente, convivem nele e o integram, portanto, todos os que vão se compondo e auxiliando a composição de seus grupos no exercício de ser e estar na escola.

Consideramos que nossa análise evidenciou nossas narrativas reflexivas como instrumento potente em nosso processo de formação, proporcionando-nos análise crítica, rigorosidade metodológica, sistematização, novas buscas por referenciais e tomada de consciência dos nossos deslocamentos e de nossas transformações individuais e coletivas. Inspiramo-nos e esperamos ter inspirado a todos(as) e a cada um na criação de estratégias e de instrumentos potentes de reflexão e de transformação, compreendendo que, entre as inúmeras possibilidades existentes, há que se integrar a perspectiva da ação-reflexão-ação, da documentação, da memória, da constância e da periodicidade ao narrar e ao realizar interlocuções sobre a narrativa, de modo que o narrar reflexivamente se torne indissociável da atuação diária na escola.

Entre as inúmeras aprendizagens que realizamos nesse percurso, enfatizamos aqui que utilizando as narrativas reflexivas, vamos qualificando o trabalho, assim como reafirmando que a formação ocorre pelo diálogo, pela confiança, pela parceria. Dowbor (2008, p. 51) fala sobre a parceria consigo e com o outro:

> [...] sem desejo de ser, sem clareza do porquê quero ser par com o outro, sem generosidade, sem curiosidade pelo querer e sentir do outro, sem respeito a ele, sem querer bem, não consigo ser par com ele nem, por conseguinte, encontrar par nele, porque talvez eu não esteja sendo par comigo mesmo!

E essa parceria construída em alicerces de confiança, de compromisso, de estudos teóricos, de generosidade pedagógica nos leva a continuar discutindo, refletindo, qualificando o nosso fazer.

Referências

ARROYO, Miguel Gonzalez. *Ofício de mestre*: imagens e autoimagens. Petrópolis: Vozes, 2010.

DOWBOR, Fátima Freire. *Quem educa marca o corpo do outro*. São Paulo: Cortez, 2008.

FREIRE, Madalena. O que é um grupo? *In*: GROSSI, Esther Pillar; BORDIN, Jussara. *Paixão de aprender*. 8. ed. Petrópolis: Vozes, 1992. Disponível em: https://www.famema.br/famema/ensino/pdd/docs/oqueeumgrupo.pdf. Acesso em: 22 dez. 2021.

FREIRE, Madalena. *Observação, registro, reflexão*: instrumentos metodológicos I. São Paulo: 1996.

JARRA, Silvana Lapietra. *Metáforas, memórias e narrativas – Aproximações e distâncias na formação de professores*: uma análise de narrativas de professores de Artes do Programa Redefor. 2013. Dissertação (Mestrado em Artes) – Universidade Estadual Paulista, São Paulo, 2013.

ESPECIAL Nietzsche Viviane Mosé Café Filosófico. [*S.l: s. n.*], 2017. 1 vídeo (42 min). Publicado pelo canal Viviane Mosé. Disponível em: https://www.youtube.com/watch?v=mxoa4HMT3SY. Acesso em: 13 dez. 2021.

O PULSO. Intérprete: Titãs. Compositores: A. Antunes, M. Fromer e T. Bellotto. *In*: Õ Blésq Blom. Intérprete: Titãs. Rio de Janeiro: Warner Music Brasil, 1990. 1 CD, faixa 7 (3 min).

PACHECO, José. *Inovar é assumir um compromisso ético com a educação*. Petrópolis: Vozes, 2019.

PARO, Vitor Henrique. *Diretor escolar*: educador ou gerente? São Paulo: Cortez, 2015.

PLACCO, Vera Maria Nigro de Souza; SOUZA, Vera Lucia Trevisan de. *Aprendizagem do professor adulto*. São Paulo: Loyola, 2006.

[8]

Diário de Bordo: uma possibilidade de interlocução entre o coordenador pedagógico e a orientadora pedagógica

Cristiano Alcântara
Solange Santana dos Santos Fagliari

Este capítulo tem como objetivo apresentar recortes da prática vivenciada pelos autores: Cristiano, como coordenador pedagógico, e Solange, como orientadora pedagógica, no ano de 2013, em uma escola pública de um município na região metropolitana de São Paulo.

Ambos almejamos socializar um percurso formativo e de acompanhamento das práticas docentes, além de narrar a interlocução tecida por meio da escrita entre estes dois atores.

Gostaríamos de partilhar um "detalhe" (se é que assim pode ser chamado) com os nossos leitores: Qual pessoa usar na escrita deste capítulo? Parece óbvia a escolha pela terceira pessoa do singular, afinal, demonstra distanciamento e se aproxima mais de um texto acadêmico. Contudo, estamos narrando uma prática de interlocução. Há algo mais distante do que não estar implicado na escrita?

Escrever a quatro mãos, num primeiro momento, parece muito atrativo e facilitar o caminho, mas quem já precisou fazê-lo sabe que não é bem assim... E, veja, os autores têm princípios e conceitos bem aproximados, porém, o estilo de escrita, a forma de desenhar e de materializar as ideias seguem caminhos diversos. Se bem percorrido, o caminho ganha relevo, possibilidades e nuances, o que esperamos que tenha acontecido com este texto.

Cristiano narra

Nos idos de 2013, como coordenador pedagógico, eu era muito novo na função: tinha três anos de prática, desempenhados numa escola de iniciação profissional, que ministrava cursos na área de Imagem Pessoal (cabeleireiro, manicure, depilação). Nunca havia sido professor de Educação Infantil, muito menos coordenador nesse tipo de escola.

Meu grande mobilizador para assumir esse desafio de coordenar professoras da Educação Infantil foi o fato de saber que a diretora dessa Unidade desejava ter um coordenador pedagógico que soubesse acerca de seu fazer. Assim, antes de eu sair da escola da Imagem Pessoal, num processo de remoção, fui conhecer a escola e a diretora: saí positivamente impactado. Percebi que sairia do isolamento do cargo, afinal, teria uma interlocutora para minhas questões pedagógicas e, o mais significativo, teria respaldo para implementar o Diário de Bordo com as professoras.

As professoras inicialmente ficaram impactadas, tanto pelo fato de terem que escreverem diariamente como por terem um coordenador pedagógico muito presente no cotidiano delas. Movimentos que trouxeram certos desconfortos me apresentaram a necessidade de registrar com mais afinco os meus fazeres de coordenação. Sentia a necessidade de entender os meus fazeres. Nessa época, ainda não sabia que o Diário de Bordo também me apresentaria os meus não saberes.

Se o Diário de Bordo servia para evidenciar os fazeres, os saberes e não saberes docentes, não poderia ser diferente no que se tratava em relação aos conhecimentos da coordenação pedagógica. Foi uma experiência ímpar escrever o Diário de Bordo no cargo de coordenador pedagógico, porém, nada se comparou ao privilégio que foi receber devolutivas sistematizadas da orientadora pedagógica.

Solange narra

Torna-se pertinente elucidar que o cargo de orientador pedagógico, nessa rede pública de ensino, tem as mesmas atribuições que aquelas destinas a esse profissional em grande parte dos municípios de nosso país. É comumente designado como supervisor escolar.

Apesar de, historicamente, a ação de supervisão escolar privilegiar o acompanhamento de ações administrativas, visando à uniformização e à universalização de processos, nesse município, há uma cultura de trabalho construída pela equipe de orientação pedagógica[1] e outros atores que buscaram constituir alternativas de atuação com vistas a contribuir com a qualificação do cotidiano escolar e com as práticas ali desenvolvidas.

Em relação às atribuições desse cargo, além das que se referem à orientação e à supervisão das Unidades Escolares, das equipes gestoras, dos profissionais e, quando necessário, da comunidade escolar, esse profissional também tem um rol de atribuições que incidem sobre a formação, ou seja, ele necessita realizar e acompanhar as ações formativas com o intuito de que elas oportunizem a reflexão sobre a teoria e a prática, de modo a qualificar a educação. O acesso a esse cargo é realizado via concurso público, o que propicia uma estabilidade e, por conseguinte, que se construa uma identidade profissional, bem como os conhecimentos para que consigam realizar o que está preconizado em suas atribuições.

O fato de ser uma profissional concursada e atuar como orientadora há mais 20 anos me permite identificar que vivenciei uma multiplicidade de experiências e de estudos, com os quais construí conhecimentos sobre

[1] Além da equipe de orientação pedagógica, esse município tem uma equipe multidisciplinar que atua no acompanhamento às escolas composta por: assistentes sociais, fonoaudiólogos, psicólogos, terapeutas ocupacionais e fisioterapeutas.

essa prática do acompanhamento, que tem interface com uma multiplicidade de atores: a equipe de orientação técnica, as equipes gestoras, as(os) professoras(res), os auxiliares de educação, as equipes de apoio, e os gestores públicos.

Cada profissional que faz parte da equipe de orientação pedagógica é responsável pela orientação e pela supervisão de um conjunto de escolas, e, por meio do acompanhamento, necessita apropriar-se e mapear paulatinamente as culturas escolares que se constituem nos diversos cotidianos escolares. Utilizamos o conceito de cultura escolar como o "conjunto de teorias, ideias, princípios, normas, pautas, rituais, inércia, hábitos e práticas-formas de fazer e pensar mentalidades e comportamentos-sedimentados ao longo do tempo" (Viñao Frago, 2001, p. 33).

Tinha experiência, sabia como exercer a orientação pedagógica e, no meio do caminho, apareceu um Diário de Bordo.

Um convite à leitura do Diário de Bordo do coordenador pedagógico

Solange continua sua narrativa

Assim, no ano de 2013, iniciei o acompanhamento a um conjunto de escolas e entre estas, uma pré-escola, doravante denominada Tatiana Belinky[2] (Borges, 2015). As pré-escolas desse município têm diversos momentos para que seja realizada a formação continuada, sendo: 3 horas semanais de horário de trabalho pedagógico coletivo (HTPC), 5 horas semanais de horário de trabalho pedagógico (HTP) e reuniões pedagógicas diluídas ao longo do ano.

[2] Nome fictício.

Tomando como base minha experiência profissional como orientadora pedagógica, constato que o primeiro ano de acompanhamento a uma escola é bastante complexo, em virtude de convocar todos os atores que viverão essa prática relacional a terem uma abertura, para que, de fato, esse trabalho se institua com qualidade. Para tanto, torna-se vital uma predisposição por parte da orientadora pedagógica em buscar conhecer e apropriar-se do percurso dessa escola, e, como uma profissional que tem um "olhar externo", colocar-se em uma posição de parceria, com vistas a qualificar as práticas de gestão e, consequentemente, as pedagógicas, a fim de contribuir com as questões que envolvam as relações dessa escola com a comunidade e com a Secretaria de Educação, bem como zelar para que os princípios legais de uma educação pública, laica e com qualidade social se materializem.

E, em relação a equipe gestora, torna-se necessária uma predisposição no sentido de compartilhar os êxitos e os impasses que a Unidade Escolar vive quanto às práticas pedagógicas, às administrativas, às questões que envolvem a comunidade ou às formas como se instituem as relações entre as diversas equipes que atuam na escola (equipe gestora, educadores e equipes de apoio).

Nesse acompanhamento, necessitaremos desvelar se comungamos e defendemos os mesmos princípios e as mesmas concepções de trabalho da perspectiva de construirmos, como citado, uma educação pública com qualidade social. Assim, paulatinamente, essa relação de trabalho vai se constituindo – ou não.

Em relação à escola Tatiana Belinky, foi possível identificar que nossos processos de trabalho se constituíram rapidamente, e, ao me debruçar sobre meus registros de acompanhamento, pareceres técnicos e outros documentos, identifico que, em meus acompanhamentos durante as idas à escola, a equipe gestora socializava comigo além dos problemas que emergiam do cotidiano,[3] sobre como estava transcorrendo o plano formativo, os projetos que emergiam, os "movimentos do grupo" nas escritas do Diários de Bordo, bem como, as resistências exteriorizadas por algumas professoras que se incomodavam em realizar o registro diário, ainda que tal escrita faça parte de suas atribuições.

Avalio que a chegada do coordenador pedagógico em 2013 foi de extrema relevância nessa Unidade,[4] e identifiquei que ele apresentava muita clareza sobre o seu papel. Em parceria com a diretora e com a assistente de direção, buscaram vivenciar, com o grupo, um plano formativo, considerando o contexto da época.

Com base nas Diretrizes Curriculares Nacionais para a Educação Infantil (Brasil, 2009), nas publicações acadêmicas e no debate que envolve a educação coletiva de bebês e crianças, a equipe gestora dessa escola delineou um plano formativo com o intuito de propiciar reflexões e de ressignificar as práticas vivenciadas no ambiente escolar. Para tanto, além de utilizar os diversos momentos formativos, o coordenador pedagógico realizou um árduo investimento com a equipe docente, a fim de que as práticas fossem diariamente *escritas*.

À época, o desafio era o de desconstruir a visão restrita de um currículo que "listava conteúdos" a serem transmitidos às crianças, trazendo à luz uma compreensão mais ampla, em consonância com o que preconizam as Diretrizes Curriculares Nacionais para a Educação Infantil:

> Art. 3º O currículo da educação infantil é concebido como um conjunto de práticas que buscam articular as experiências e os saberes das crianças como os conhecimentos que fazem parte do patrimônio *cultural, artístico, ambiental, científico e tecnológico*, de modo a promover o desenvolvimento integral das crianças de 0 a 5 anos de idade. (Brasil, 2009, grifo nosso)

---

[3] Relatavam os problemas estruturais, pois a escola necessitava de reformas, visto que o prédio apresentava rachaduras e outros sérios problemas em sua estrutura; questões com professores que colocavam a integridade das crianças em risco; casos de vulnerabilidade, entre outros.

[4] A escola em questão vivera inúmeras trocas de coordenadores pedagógicos, seja pelos processos de remoção, seja por exonerações dos coordenadores.

Assim, em consonância com as Diretrizes Curriculares Nacionais para a Educação Infantil (Brasil, 2009), esse plano formativo era composto por uma ampliação do repertório cultural do professor, por estudo e por reflexões sobre a prática, além de um breve momento de informes.

Uma das primeiras ações desse coordenador recém-chegado à escola foi a de propor ao grupo um desafio de romper com a prática de utilizar projetos e atividades de anos anteriores e de tecer as propostas de trabalho considerando os estudos, e, com base em seus observáveis e na escuta das crianças, as docentes buscassem identificar o que interessava aos pequenos. Solicitou que elas escrevessem diariamente sobre seus observáveis. O intuito era o de que, com o tempo, o Diário de Bordo se tornasse um instrumento de reflexão pessoal das professoras e que as auxiliasse a reprojetar sua prática docente, além de propiciar um diálogo compartilhado entre elas e o coordenador pedagógico.

O coordenador pedagógico também realizava o que solicitava às professoras, uma vez que ele também tinha o seu Diário de Bordo e, em dado momento, convidou-se a realizar a leitura desse instrumento.

Sabemos que a escrita diária não é tarefa simples, mas concordamos com Bruner (2001) quando nos explica que:

> [...] o importante a reter é que, por não "vir naturalmente", temos que aprender o pensamento narrativo assim como o pensamento lógico-matemático. Para que as narrativas se tornem produção de significado, "é preciso trabalho de nossa parte – precisamos lê-la, produzi-la, analisá-la, entender seus mecanismos, sentir seus usos, discuti-la". (Bruner, 2001, p. 44-5)

Cabe elucidar que, nessa época, já atuava como orientadora havia 13 anos e, no transcorrer desses anos, tinha realizado formação com diretores, vice-diretores, coordenadores pedagógicos, havia lido desde devolutivas de diversas coordenadoras pedagógicas até planos, registros e relatórios de professores, mas foi a primeira vez que um coordenador me solicitou a leitura de seus registros diários reflexivos, que constavam em seu Diário de Bordo, diário este que narrava e desvelava, entre outros aspectos, a sua atuação na coordenação pedagógica.

Em uma de minhas primeiras escritas, externalizei a ele que essa ação era algo novo para mim e que havia tomado a tarefa como "uma conversa escrita".

Cristiano narra

Aqui, vale um "aparte de minha parte" como coordenador: ao longo da minha carreira docente, tentei escrever Diários de Bordo, nunca encontrei um coordenador pedagógico que se dispusesse a ler, seja por ter muita coisa escrita, seja porque não sabiam o que fazer com o conteúdo apresentado, seja pela junção das duas coisas.

Ao me tornar um coordenador, a primeira coisa que ansiei foi ser o interlocutor que nunca encontrei, porém, como recomendar a fazer algo que eu não fazia? E continuei a escrita do meu Diário de Bordo, agora, no cargo de coordenação, mas sem um interlocutor.

Encontrar uma orientadora pedagógica que, além de valorizar minha escrita, começasse a lê-la de forma sistemática e me oferecesse devolutivas foi a minha maior oportunidade profissional (e pessoal) de validar algo que eu compreendia em fazer com as professoras: ser um par avançado. No entanto, eu nunca havia vivenciado, e se, hoje, ouso pensar na publicação do meu Diário de Bordo como um todo, muito se dá pela construção profissional que efetivei por meio da escrita e das devolutivas que recebi. Isso não pode ficar circunscrito a mim e à orientadora pedagógica.

Nessa experiência de receber devolutivas, compreendi muito do incômodo que as professoras me narravam, de dizerem que era uma grande frustação ao lerem no início o que eu apontava, quando não, motivo de "raiva". Conduto, passado o choque inicial das colocações, o que ficava era a percepção de alguém que viu coisas que elas não tinham a possibilidade de ver. Solange sempre foi de gentileza e cuidado ímpares com as palavras, que, preciso admitir, nem sempre tive ao escrever para as professoras que coordenei, mas, mesmo com todo esse cuidado, as suas devolutivas me desestruturaram.

Hoje, após muitos estudos, erros, sistematizações, pesquisas, cursos ministrados, escrita de artigos, capítulos de livros e livros em si, posso afirmar, sem o menor receio de me equivocar e brincando de forma poética: se a devolutiva foi verdadeira, reviravoltas nos seus conceitos precisam acontecer. E essas reviravoltas acontecerão, independentemente de a devolutiva ser escrita de forma mais direta ou mais amorosa. Trata-se muito mais de uma questão sobre como esse instrumento nos convoca à reflexão do que da forma como é escrito.

De volta à Solange

Em um de nossos primeiros diálogos, escrevi, como orientadora:

Devolutiva, feita por Solange Santana dos Santos Fagliari, ao Diário de Bordo do coordenador pedagógico Cristiano Rogério Alcântara – 14 de fevereiro de 2013

> [...] Tenho que compartilhar com você: que alegria encontrar alguém [...] que trabalha de forma metódica, faz análises, agrupa as falas em categorias [...]. Espero que este seja apenas o início. A educação precisa de bons professores, coordenadores, gestores escolares e públicos, orientadores, supervisores etc.

O Diário de Bordo do coordenador pedagógico delineou-se como um rico documento, no qual dialogávamos metodicamente e identifiquei que conseguia me aproximar com mais rapidez e profundidade sobre o cotidiano daquela escola, das propostas de trabalho, bem como da dinâmica de trabalho da equipe gestora. A escrita do Diário descortinava o "movimento daquele coletivo" os avanços e os incômodos externalizados por algumas profissionais, incômodos estes absolutamente naturais, pois ressignificar o trabalho, rever concepções e lidar diariamente com a tarefa de refletir sobre o fazer docente, com o intuito de atuar de uma perspectiva participativa, não é tarefa fácil, conforme elucidam as devolutivas a seguir:

Devolutiva, feita por Solange Santana dos Santos Fagliari, ao Diário de Bordo do coordenador pedagógico Cristiano Rogério Alcântara – 14 de fevereiro de 2013

Avalio ser de extrema relevância vocês explicitarem ao grupo os pressupostos de trabalho. Em seu registro, você traz a "leitura" que fez de alguns elementos do grupo: os silêncios, as resistências e os sentimentos de opressão.

Penso que um exercício interessante a ser desenvolvido por quem coordena é o de perguntar, por exemplo:

– Helena e Maria [professoras], o que as oprimiu?

Ter a escuta primeiro e, depois, entrar com a sua fala de que tudo seria negociável. Assim, você vai tendo a dimensão de qual é, de fato, a real questão.

Devolutiva, feita por Solange Santana dos Santos Fagliari, ao Diário de Bordo do coordenador pedagógico Cristiano Rogério Alcântara – 15 de fevereiro de 2013

Nesse seu registro, aparece a articulação que vocês, equipe gestora, vêm construindo. Também é interessante, com base no que já foi estudado. Eu sugeriria que não se preocupem com a quantidade de leituras, mas escolham textos que fundamentem, leiam e discutam sobre como operacionalizar o dia a dia, por exemplo: Como consideramos os conhecimentos das crianças? Como fazemos mediação? O que é dar autonomia para as crianças? Que mediação fazemos quando as crianças estão em atividade?

Avalio ser de extrema relevância destacar que, além das criteriosas leituras que o coordenador realizava das escritas das professoras, ele também fazia observações das práticas, apresentava uma metodologia de acompanhamento nos HTPs, e suas análises, reflexões e mediações eram escritas em seu Diário.

Identifico, em minha experiência profissional, que essa ação, a de o coordenador pedagógico realizar observações das práticas dos professores nos diversos momentos do cotidiano escolar e dialogar com base nessa observação, ainda é muito frágil, e são raros os que realizam de maneira sistemática tal observação e tematização na prática docente, pois, por vezes, a discussão centra-se exclusivamente nas crianças, sem que sejam abordadas a prática pedagógica e as propostas, ou seja, a organização do espaço, do tempo, das relações e dos materiais. O coordenador Cristiano apresentava uma metodologia de observação e de trabalho, e não se "desviava" da essência de sua tarefa. Ademais, não podemos deixar de explicitar que a diretora também teve um papel relevante ao propiciar todas as condições para que ele realizasse sua tarefa.

De volta ao Cristiano

Solange toca num ponto central para mim, e que demorei muito tempo para perceber. O foco da escrita do Diário de Bordo é o fazer docente; lemos e sabemos de muitos equívocos que as pessoas estão cometendo ao dizer que o Diário de Bordo se presta a registrar os fazeres infantis. A descrição dos fazeres infantis não é o maior motivo de ser do Diário de Bordo, mas, sim, a narrativa das escolhas procedimentais. Afinal, esse movimento narrativo que auxilia na compreensão da constituição profissional docente.

Aqui, vale uma reparação: como os professores lidam com bebês e crianças, é inevitável que haja narrativas de observáveis infantis, contudo, estou chamando a atenção para o fato de que a razão de ser do Diário de Bordo não é narrar as pesquisas infantis, pois, para tanto, há outros registros, mas, sim, sua função é, de forma muito aprofundada, explicitar os critérios de escolha docente para propor determinados contextos.

Logo, em relação à fina percepção de Solange ao narrar que, quando eu estava em sala, observando os fazeres docentes, meu foco não se desviava para as ações infantis, posso, hoje, afirmar que era o embrião de algo que, naquela época, eu não sabia nomear: a busca pela profissionalização docente em sua essência.

A ação coordenadora precisa ser norteada em sua essência na busca de relações e atitudes que profissionalizem os fazeres docentes. Não podemos continuar a perpetuar em nossas Unidades Educativas comportamentos caseiros, atitudes alicerçadas nos achismos, nos: "*eu prefiro assim*"; "*eu aprendi assim*"; "*eu sempre fiz assim*" (parafraseando *Modinha para Gabriela*, 1975); e outros "eus" que não chegam perto de ver e assumir a escola como um *locus* de saber e de profissionalização, em que os momentos coletivos são oportunidades primorosas de avanço da compreensão coletiva do que realizamos.

Esta seção se iniciou com a Solange descrevendo os três momentos formativos que ocorriam na unidade, e, vejam, até mesmo o HTP, que, teoricamente, seria individual, pode – e deve – ter um tratamento coletivo, ou, ao menos, de uma perspectiva de respeito e aprofundamento no âmbito individual com o que se discute coletivamente.

Fala-se muito da necessidade de se constituir uma profissionalização da ação docente, porém, são poucos os textos que tratam disso, com destaque à produção da professora e pesquisadora Vera Placco. Reconheço que não era o seu foco de pesquisa, e, por isso, não chegou ao ponto de demonstrar exemplos cotidianos dessa construção. O debate dos textos de Placco ou dos livros que organizou emergem de uma ou outra proposição, não houve um estudo para destacar elementos do cotidiano de forma sistematicamente aprofundada. E os registros do Diário de Bordo propiciam essa possibilidade.

Solange retoma a narrativa

Sobre a observação em sala, cabe trazer à cena o que Amelia Gambetti (Gandini, 2016), uma experiente professora de Reggio Emilia, narrou sobre as vivências que teve com Loris Malaguzzi e Carla Rinaldi, com vistas a aprimorar o seu desenvolvimento profissional. Elucida o quanto a ferramenta da observação propiciou o referido desenvolvimento, e que, além de ser observada por seus formadores, relata que "observávamos o que cada um de nós fazia ao mesmo tempo que éramos observados" (Gandini, 2016, p. 176).

Neste relato de Gambetti, podemos identificar que, utilizavam a observação de forma recíproca, ou seja, os professores eram observados por seus formadores, mas também observavam e analisam a prática de outros professores. A observação é avaliada como uma poderosa ferramenta para o crescimento profissional e também ressaltam a relevância do papel do coordenador pedagógico como um profissional com competência técnica e mediadora (Gandini, 2016).

No Diário do coordenador, observei que, já no mês de fevereiro, trouxe-me elementos no que se refere ao mapeamento das reais necessidades de investimento formativo, seja no âmbito coletivo da escola, seja no individual:

Devolutiva, feita por Solange Santana dos Santos Fagliari, ao Diário de Bordo do coordenador pedagógico Cristiano Rogério Alcântara – 22 de fevereiro de 2013

> *Muito interessante a sua ação de transitar pela escola e observar momentos da rotina. Essas duas ações estão lhe fornecendo muitos elementos sobre como, de fato, são geridas as práticas pedagógicas. Gostei muito da mediação que você fez com as crianças da professora Maria mostrando sua foto em Foz do Iguaçu [...]. Essas ações podem servir como uma diretriz para futuras práticas, porém, como você observou, a atividade se encerrou na atividade. E, em muitas situações, quem está em atividade é o professor, e não a criança. A atividade da criança torna-se "receber informações". Esse exercício de analisar quem está em atividade e qual é a atividade do professor e do aluno é interessante, pois, às vezes, identificamos que as crianças nem sempre têm um papel ativo no processo.*

À medida que lia o Diário de Bordo, e íamos tecendo nossos diálogos escritos, fomos identificando que esse instrumento foi mudando o seu formato. Vale ressaltar que, em um dos momentos, o coordenador fez uma análise com base na leitura dos Diários de Bordo das 14 professoras e identificou pontos que precisaria acompanhar individualmente com algumas delas e outros que abordaria com o grupo. Ele destacou em seu Diário: a necessidade de o professor estar atento para propiciar critérios de escolha das crianças e perguntar a elas o porquê daquela escolha; sobre a necessidade de ampliar os elementos nas brincadeiras e a relevância do ato de planejar; escreveu sobre a necessidade de que as propostas fossem "interligadas" e o quão relevante seria a realização de pesquisas para aprofundar o que as crianças estavam fazendo, por exemplo, na horta. Os excertos extraídos do Diário de Cristiano elucidam essa análise:

Diário de Bordo do coordenador pedagógico Cristiano Rogério Alcântara – 17 de junho de 2013

O primeiro deslumbre de conhecer deve ser do professor!

Os projetos que os professores estão deslumbrados para conhecer são os que rendem melhores trabalhos!

Há salas usando a escrita para troca de cartas ou de desenhos, uma forma contextualizada de fazer uso do registro (pictórico ou escrito), de maneira a potencializar a utilização desse instrumento.

Saber o ponto no qual desejamos chegar nos permite ouvir as crianças e deixá-las nos indicar o caminho! Helena e Patrícia [duas professoras da escola] narram e escrevem como parece incrível como as coisas vão se encaixando!

Ver a alegria das crianças ao observarem o crescimento das plantas e, mais importante ainda, o contentamento que vocês demonstram na hora de observá-las é a maior prova de que estamos no caminho certo.

Qualificar as atividades diversificadas com a introdução de materiais não estruturados é a nova meta a ser perseguida nesta escola! O uso dos brinquedos estruturados não garante "mais qualidade" nos processos simbólicos.

Ao viver essa experiência de ler o Diário de Bordo do coordenador pedagógico, tive o privilégio de acompanhar e me encantar com o processo vivenciado por algumas professoras, que compreenderam que o protagonismo não é apenas da criança. Passaram a entender a relevância da intencionalidade educativa e de seu papel em ofertar vivências que propiciassem às crianças a ampliação de seu conhecimento de mundo.

A esse respeito, a teoria histórico-cultural nos ensina que o processo de aprender envolve o triplo protagonismo, ou seja, os professores, a criança e a cultura ocupam um papel relevante. Nesse sentido, a cultura como fonte das qualidades humanas precisa estar disponível às crianças, com o intuito de atraí-las e de criar novas necessidades de conhecimento.

Dessa forma, os professores são os responsáveis por organizar o ambiente educativo (Pederiva, Costa e Mello, 2017) e por reprojetar com base na escuta das crianças.

Retornando ao Diário de Bordo do coordenador pedagógico, ele evidencia em sua escrita suas mediações com o objetivo de ampliar o acesso à cultura e a construção de conhecimento das crianças:

Diário de Bordo do coordenador pedagógico Cristiano Rogério Alcântara – 13-17 de junho de 2013

> *Entreguei à professora Helena* ***o jornal Folha de São Paulo****, no qual havia a matéria falando sobre o falecimento da autora Tatiana Belinsky. Com a chegada da Ana [a diretora], conversamos sobre a escrita dos relatórios, o ponto em que desejamos que o grupo chegue e como chegarmos até ele.*
>
> *Voltei para a minha sala e comecei o caderno de observações! O ponto central para a escrita de um bom relatório, como ficou claro para o grupo, é a necessidade de se ter vários observáveis. (grifo meu)*

O Diário foi se transformando no decorrer dos meses, e, na primeira quinzena de abril, tomou outra forma. Em uma de minhas devolutivas, escrevo que apreciei a nova organização, na qual tudo se integrava: as pautas de HTPC, os registros dos HTPs e os resumos da semana, aos quais faço um destaque, pois, nesse resumo, o coordenador fazia uma análise da escrita do grupo e produzia um texto, que operava como uma fotografia, e mostrava ao grupo o momento em que a escola se encontrava. Identificamos, nesse ponto, que não basta apenas o professor ser um profissional reflexivo, mas o coordenador também necessita operar nesse sentido, fazendo uso de processos metacognitivos.

Cristiano retoma a escrita

O fascinante de se estudar profundamente sobre algo se desvela aqui em sua máxima potência! Em todos os grupos que coordenei, após a minha leitura dos Diários de Bordo da equipe, sempre me ficava uma indagação: só eu sei de tudo isso! Só eu li tudo isso! Não é justo ninguém mais saber o que temos aqui... E ainda sem saber bem, nem o porquê, fui produzindo textos que chamei de *devolutivas gerais ao grupo*.

Normalmente, de forma semanal, nunca deixei passar mais de 15 dias. Em Alcântara (2020), explico e apresento um semestre desses textos. Em um capítulo da obra citada, gostaria de evidenciar que operei a materialização da comunidade de aprendizagem, nos termos do conjunto da obra de Francisco Imbernón, mesmo sem saber, e, naquele tempo, ainda não havia lido tão profundamente as suas obras.

Mostrar o protagonismo docente, partilhando os acertos e os equívocos, de forma ética, sistemática e padronizada, foi essencial para a conquista e a compreensão de novas atitudes profissionais. As professoras foram compreendendo e admitindo a si e às outras que poderiam ir cada vez mais longe. Sair do superficial, mergulhar numa compreensão do seu fazer.

Há alguns estudos que falam sobre o fazer tácito docente, mas desconheço algum trabalho que fale acerca do fazer tácito da coordenação pedagógica ou pesquise sobre o tema. Contudo, a escrita deste capítulo não deixa de ser um reconhecimento de muito do que o meu fazer inicial de coordenador pedagógico teve de tácito.

Reconheço que a interlocução com a Solange foi vital para o que fosse tácito se tornasse explícito com o tempo e se transformasse em sistemático com os anos e as muitas pesquisas realizadas. Dessa perspectiva, entendo o porquê da minha escolha de trazer esse período de seis meses para a minha tese. Não precisava, tinha dados e muito material do período anterior de coordenação para compor a tese, mas foram tão importantes para a minha constituição profissional esses meses nessa escola, com os diálogos com a direção e a orientação pedagógica, que foi impossível não incorporar ao texto final.

Hoje, em 2021, consigo ver diversos embriões do que vim a pesquisar, lecionar cursos, fundar como grupo de estudo e pesquisa nesses fazeres tácitos de 2013.

Solange retoma

Assim, com a reorganização do Diário de Bordo citada anteriormente, passo a ter nesse instrumento também a escrita dos professores, pois eram eles os responsáveis pelo registro do HTPC, e, no dia 17 de junho de 2013, a professora responsável pelo registro escreve:

Diário de Bordo do coordenador pedagógico Cristiano Rogério Alcântara – Registro de HTPC realizado por uma professora

> *O coordenador pedagógico trouxe devolutivas sobre os Diários de Bordo, retomando as escritas de algumas professoras para somar à prática das outras [...]. Ele falou sobre a importância de utilizarmos as atividades diversificadas para observarmos as crianças[...]. Quanto ao tamanho dos relatos, avaliou que deveriam ser repensados. Por que em alguns dias o relato é extenso, e, em outros, não? O que o professor tem deixado de olhar para que esse dia não mereça ser relatado?*

Conforme é possível perceber, esse instrumento nos ofertava dados reais do cotidiano, e podemos citar como exemplo um dia no qual, por meio dessa escrita, o coordenador registrou que, ao transitar pela escola, observava que, em determinado horário, via as mesmas propostas em salas diferentes, o que nos revelava que um conjunto de professoras apresentava práticas marcadas por uma rotina mecanizada, mas também conseguimos identificar, no transcorrer dessa escrita, que outras práticas se abriam a inúmeras possibilidades, e encontramos registrado, por exemplo, que o coordenador participou de uma roda na qual as crianças cantavam uma música japonesa e observou em outras salas o interesse das crianças pelos fenômenos da natureza, pela meteorologia, pelas pinturas monocromáticas, entre outros.

Conversamos por meio da escrita sobre o problema de quando a rotina se torna repetitiva, e, portanto, necessita tornar-se objeto de estudo.

Devolutiva, feita por Solange Santana dos Santos Fagliari, ao Diário de Bordo do coordenador pedagógico Cristiano Rogério Alcântara – 27 de fevereiro de 2013

> Você escreveu que "entrar sempre no mesmo horário mostra sempre a mesma coisa" e o limita. [...] Esse é um assunto que, a meu ver, precisa ser tocado. Será que não dá para fazer a agenda de um jeito diferente? A rotina pode ser construída com as crianças? Elas podem escolher ao menos uma atividade durante o dia? Ou não? São conduzidas? Dúvidas! A gente pode conversar sobre isso em uma de minhas idas.

Sobre essa questão, Pinazza (2014) nos auxilia a compreender que a experiência não pode ser confundida com mera atividade e que não basta inserirmos várias atividades ou ocupações para as crianças na escola sem pensá-las no âmbito de uma organização progressiva de informações e de ideias.

Alcântara (2015) explana em detalhes sobre a complexidade vivenciada nesse processo, no qual os profissionais implementaram uma jornada de escrita diária.

E teríamos outros diversos exemplos que poderiam ser explanados neste capítulo, mas podemos apreender dessa experiência que ler o Diário de Bordo do coordenador pedagógico demonstrou-se uma profícua vivência e evidenciou a relevância desse ator coordenador pedagógico, que precisa operar como um potente mediador na implementação da formação continuada.

E, como nos alerta Christov (2003), essa formação continuada necessita contribuir para que o coletivo atualize seus conhecimentos, analise as mudanças nas práticas e atribua direções esperadas a essas mudanças. Por meio dessa experiência, corroboramos que esse instrumento propiciou uma interlocução pautada em dados reais sobre as práticas pedagógicas e da gestão e, por conseguinte, forneceu elementos para a minha atuação, pois o cotidiano e a rotina instituída diariamente em nossas escolas precisam ser objeto de estudo.

Considerações finais

Podemos afirmar que escrever diariamente não é uma tarefa fácil, e, quando se está numa função gestora, pode ser ainda mais complexa. Afinal, a relação entre o registro e a projeção do que se faz com ele na ação docente é mais imediata. Não estamos, em hipótese nenhuma, afirmando que não seja possível e recomendável que se faça um Diário de Bordo gestor, o que estamos admitindo é que será mais trabalhoso e difícil encontrar um leitor.

O coordenador pedagógico demonstrou que fazia parte de sua prática escrever Diários de Bordo, a qual continuou realizando durante sete anos nesse cargo. Nesse percurso, encontrou apenas uma orientadora pedagógica como leitora de seus escritos. Entre quem desempenha a função de orientadora ou de supervisora, há quem possa pensar que "perder tempo" lendo os escritos dos coordenadores pedagógicos é quase um "crime". Mal sabem que, se desejam mesmo compreender a cultura escolar de uma Unidade, o Diário de Bordo do coordenador pode ser uma excelente estratégia.

Viver essa experiência na orientação pedagógica foi de extrema relevância e, por meio dela, foi possível identificar que a leitura do Diário de Bordo do coordenador pedagógico possibilitou uma rápida e estruturada aproximação com a cultura escolar daquela Unidade, com as práticas pedagógicas e as mediações do coordenador. Não foram apenas as professoras que escreviam, mas ele também, que realizava o que a elas solicitava. E, por meio dessa vivência, podemos comprovar a importância de empreendermos esforços para que as escritas de Diários, as leituras e as devolutivas se concretizem no cotidiano escolar.

Como coordenador pedagógico, é muito gratificante conseguir observar nas escritas os avanços dos mundos comunicacionais que observados nos registros das professoras (Alcântara, 2015). Isso, sem contar o privilégio que foi ter a interlocução com a orientadora, que ajudou a avançar e a reconsiderar muitos aspectos, como ficou muito claro, a nosso ver, os itens que foram sendo agregados ao Diário de Bordo do coordenador pedagógico cujos trechos foram disponibilizados ao longo deste capítulo.

Muitos desses novos elementos foram aparecendo para dar conta de demandas e de sugestões que a orientadora pedagógica sinalizava. Isso comprova a importância da interlocução, e, longe de ser um mero detalhe responder as demandas solicitadas, por meio dessa necessidade de resposta, permite aprofundar os processos metacognitivos.

Afinal, esse acompanhamento e essa experiência comprovou a importância que tem um interlocutor, ou seja, um profissional que, de fato, oferte uma devolutiva, faça uma análise do que leu e devolva ao escritor validações, questionamentos, problematizações e indicações, com vistas a qualificarmos, cada vez mais, as práticas que enlaçam nossos bebês, nossas crianças bem pequenas e nossas crianças pequenas.

Referências

ALCÂNTARA, Cristiano Rogério. *Diário de bordo*: uma construção colaborativa rumo à pedagogia cultural. 2015. 276 p. Tese (Doutorado em Língua Portuguesa) – Pontifícia Universidade Católica de São Paulo, São Paulo, 2015.

ALCÂNTARA, Cristiano Rogério. *Coordenação pedagógica na infância*: a gestão dialogada com os registros. São Paulo: Phorte, 2020.

Borges, Ana Lúcia. *Gestão na escola de educação infantil*: ressignificação das práticas e mudança na cultura escolar. 2015. 145 p. Dissertação (Mestrado em Educação) – Universidade Nove de Julho, São Paulo, 2015.

Brasil. Ministério da Educação. Conselho Nacional de Educação. Câmara de Educação Básica. Resolução nº 5, de 17 de dezembro de 2009. Fixa as Diretrizes Curriculares Nacionais para a Educação Infantil. *Diário Oficial de União*, Brasília, seção 1, p. 18, 18 dez. 2009. Disponível em: http://portal.mec.gov.br/index.php?option=com_docman&view=download&alias=2298-rceb005-09&category_slug=dezembro-2009-pdf&Itemid=30192. Acesso em: 15 dez. 2021.

Bruner, Jerome. *Fabricando histórias*: direito, literatura, vida. São Paulo: Letra e Voz, 2001.

Christov, Luiza Helena da Silva. Educação continuada: função essencial do coordenador pedagógico. *In*: Bruno, Eliane Bambini; Almeida, Laurinda Ramalho; Christov, Luíza Helena da Silva (org.). *O coordenador pedagógico e a educação continuada*. 2. ed. São Paulo: Loyola, 2003.

Gandini, Lella. O professor observador: a observação como uma ferramenta recíproca do desenvolvimento profissional. Uma entrevista com Amelia Gambetti. *In*: Edwards, Carolyn; Gandini, Lella; Forman, George. *As cem linguagens da criança*: a experiência de Reggio Emilia em transformação. Tradução de Marcelo de abreu Almeida. Revisão técnica de Maria Carmem Silveira Barbosa. Porto Alegre: Penso, 2015.

Modinha para Gabriela. Intérprete: Gal Costa. Compositor: D. Caymmi. *In*: *Gabriela*: trilha sonora original. Intérprete: Vários. Rio de Janeiro: Som Livre, 1975. 1 CD, faixa 7 (4 min).

Pederiva, Patrícia Lima Martins; Costa, Sinara Almeida da; Mello, Suely Amaral. Uma teoria para orientar nosso pensar e agir docentes na educação infantil. *In*: Costa, Sinara Almeida da; Mello, Suely Amaral. (org.). *Teoria histórico-cultural na educação infantil*: conversando com professoras e professores. Curitiba: CRV, 2017.

Pinazza, Mônica Appezzato. *Formação de profissionais de educação infantil em contextos integrados*: informes de uma investigação-ação. 2014. 409 p. Tese (Livre-docência) – Faculdade de Educação, Universidade de São Paulo, São Paulo, 2014.

Viñao Frago, Antonio. Fracasan las reformas educativas? *In*: Sociedade Brasileira de História da Educação (SBHE) (org.). *Educação no Brasil*. Campinas: Autores Associados, 2001.

Bibliografia consultada

DEWEY, John. *Democracia e educação*: uma introdução à filosofia da educação. São Paulo: Cia Editora Nacional, 1959.

Posfácio

A escrita como registro de pensamento

Abordar o trabalho docente de uma perspectiva que valorize o registro reflexivo, como faz a proposta do livro *Diário de Bordo: instrumento de transformação de professores e gestores da Educação Básica*, envolve o particular compromisso de trazer contribuições, com bastante qualidade, para nos colocarmos em nossa tarefa diária de sermos professores, experienciando, assim, o registro como uma maneira de não naufragar no devastador, caótico e, às vezes, enfadonho dia a dia que cada professor e cada coordenador vive em uma escola.

O Diário de Bordo, como seu nome indica, é um caderno no qual os "convidados", no caso, professores, coordenadores, diretores e orientadores, podem encontrar todas as informações sobre as atividades organizadas.

Relacionar o Diário de Bordo com a reflexão contínua sobre nosso "fazer" é o que propõe este livro. Sem dúvida, uma das chaves para entender a importância que tem o ato de escrever para materializar nosso pensamento e, também, como ação que desafia as teorias.

Para fazê-lo, os(as) autores(as) reúnem conceitos acerca do Diário de Bordo, aliados à valiosa experiência exibida em uma série de instrumentos de sua autoria dentro de contextos educativos.

Gostaria de me deter no início do livro, em que se materializa um Diário de Bordo, no qual se pode observar esse diálogo pedagógico que se dá entre Patrícia (a professora) e Cristiano (o coordenador pedagógico).

Antes de me deixar levar pelo foco dessa proposta para educar respeitando a infância, creio ser propício pensar nas profundas relações que se estabelecem entre um professor e um coordenador nessa tarefa, em que as trocas se dão com base na própria prática.

A leitura do Diário de Bordo de Patrícia revela, meticulosamente, sua tarefa e a de seu grupo de crianças. Cada registro se diferencia do outro. Essa singularidade nos é mostrada com clareza e se evidencia nas ações realizadas pela docente no seu modo de atuar e de narrar cada dia de forma mais rica, em que se faz perguntas, que a interpelam, que a afetam, que a comovem.

Ademais, valoriza a escuta do coordenador (nesse caso, Cristiano), que interpreta o que foi dito no Diário e atua de modo profissional e amigável, fazendo Patrícia, a professora, ver a proeminência, o valor, a importância de seus atos, bem como refletir sobre seu fazer, seu não fazer e o porquê dessas ações. Situações que sempre acontecem na beleza da vida cotidiana da aula.

As reflexões se mostram como um espelho, no qual o professor se vê e, com base na observação, recupera a curiosidade e o desafio de criar algo, de ter novas experiências, de potencializar seus saberes profissionais e de refletir sobre as boas perguntas feitas pelo coordenador.

Fazer, criar, descobrir, escutar, relacionar, interpretar, atuar são ações que, rapidamente, são projetadas no trabalho com as crianças.

Escrever seu Diário de Bordo e lê-lo é uma maneira de voltar no tempo, de pensar de novo, de recuperar o esquecido, de dar gênese a seu estilo próprio de narrar, fruto de sua própria experiência e de suas descobertas.

Compor um Diário de Bordo é um verdadeiro desafio, que nos faz pensar no sentido de ensinar e de aprender como uma forma de entender a educação.

O Diário de Bordo, como cita a segunda parte da obra, é um instrumento metodológico que organiza a prática pedagógica, não só do professor, mas também do coordenador.

Todo ato educativo nos obriga a refletir sobre nossas práticas pedagógicas cotidianas e habituais, focalizando a reflexão e a criação, entendendo que o bom ensino requer que um professor sensível esteja ao lado das crianças, que ele teça, dia a dia, a trama de seu fazer com o grupo, que não se deixe levar pela "moda pedagógica" do momento, que registre diariamente e, com base nesse registro, delineie um planejamento polissêmico, nem simples nem estéril, pois é disso que seu grupo de crianças precisa.

Concluirei meu texto com uma citação do poeta romano Horácio: "*Sapere aude*" ("atreva-se a ser sábio"), que nos leva à ideia de desenvolver o esforço de pensar, e eu acrescentaria: "atreva-se a ser melhor, um professor pensante, reflexivo, não só atuante". Dê-se tempo para observar, escutar cada criança, cada grupo de crianças com que compartilha seu dia. O Diário de Bordo é uma ferramenta fundamental para se iniciar nessa ousadia de pensar, porque o ato de escrever não é nada além de uma forma de pensamento.

Alejandra Dubovik

Professora de Educação Infantil especialista em trabalho com crianças até 3 anos de idade. Fundadora (1998) e diretora institucional do Jardim de Infância Fabulinus e da Escola Primária e Secundária Antonio Berni, em General Pacheco, na Argentina.

Sobre os(as) autores(as)

Adriana Santiago Silva

Mestranda em Educação pela Universidade Federal de São Paulo (Unifesp), Especialista (*lato sensu*) em Neuropsicopedagogia e Docência do Ensino Superior pela Faculdade da Aldeia de Carapicuíba (Falc). Graduada em Letras pela Faculdade São Bernardo (Fasb) e em Pedagogia pela Universidade Bandeirante de São Paulo (Uniban). Diretora escolar do Ensino Fundamental do município de São Bernardo do Campo. Participante do Grupo de Estudos e Pesquisa: Infância, Cultura e História (Gepich) desde 2019 e do Grupo Colaborativo de Estudos e Pesquisa da Formação Continuada Docente (GCOL) desde 2016.

E-mail: drisantiago29@gmail.com

Alessandra Silva de Assis de Siqueira Pinto

Professora da Secretaria Municipal de Educação de São Paulo. Graduada em Psicologia pela Universidade São Judas Tadeu (USJT) e em Pedagogia pela Universidade de Ribeirão Preto (Unaerp). Pós-graduada em Gestão Escolar pela Faculdade Batista de Minas Gerais (FBMG). Atualmente, compõe a Divisão Pedagógica da Diretoria Regional de Educação Penha como formadora de educadores da Educação Infantil (desde 2019). Participante do GCOL desde 2017.

E-mail: alejoripe@gmail.com

Ana Lúcia Borges

Doutoranda pela Universidade Estadual Paulista (Unesp), *campus* de Marília. Mestra pela Universidade Nove de Julho (Uninove). Especialista em Educação Infantil pela Universidade Metodista de São Paulo (Umesp) e em Gestão Escolar pela Universidade de São Paulo (USP). Pedagoga pela Umesp. Diretora de Escola no município de São Bernardo do Campo e vice-líder do GCOL.

E-mail: anazangeralamoborges@gmail.com

Andréia Vieira Pereira Braga

Pós-graduada em Africanidade (*lato sensu*) pela Faculdade de Conchas (Facon) e em Psicomotricidade (*lato sensu*) pela Faculdade Brasil (FAB). Extensão universitária em Ciências Sociais e Educação pela Facon. Graduada em Pedagogia pela Universidade da Cidade de São Paulo (Unicid). Coordenadora pedagógica titular na Prefeitura de Município de São Paulo. Membro do GCOL desde novembro de 2019.

E-mail: drekarol@uol.com.br

Camila Aparecida Lambstain

Especialista (*lato sensu*) em Ética, Saúde e Valores na Escola pela Escola de Artes, Ciências e Humanidades da USP (EACH-USP) e em Neuropsicopedagogia pela Falc. Graduada em Pedagogia pela Universidade do Grande ABC (Uniabc) e em Letras pela Faculdade Editora Nacional no São Caetano do Sul (Faenac). Coordenadora pedagógica na Educação Infantil no município de São Bernardo do Campo. Participante do GCOL, desde 2016.

E-mail: calambstain@gmail.com

Cristiano Rogério Alcântara

Doutor pela Pontifícia Universidade Católica de São Paulo (PUC-SP), atualmente, faz pós-doutorado por essa instituição. Mestre pela Escola de Comunicação e Artes da USP (ECA-USP). Graduado em Pedagogia pela Centro Universitário Anhanguera Santo André (Uni-A) e em Letras pela Universidade de Franca (Unifran). Coordenador pedagógico na Prefeitura Municipal de São Paulo e líder do GCOL.

E-mail: cralcantara@uol.com.br

Edileusa Aparecida da Silva Mammana

Especialista em Gestão Pública pela USP. Pedagoga pelo Centro Universitário Fundação Santo André (FSA). Orientadora pedagógica de uma Secretaria de Educação do Grande ABC Paulista.

E-mail: edileusa.mammana@gmail.com

Inaiara Vechiatto Silva Kojima

Pós-graduada em Neuropsicopedagogia (*lato sensu*) e extensão universitária em Gestão Escolar pela Faculdade de Educação São Luís. Graduada em Pedagogia pela Centro Universitário Herminio Ometto (FHO-Uniararas) e em Psicologia pela Universidade São Marcos. Professora de Educação Infantil e de Ensino Fundamental I da Prefeitura do Município de São Paulo. Atua como assistente de direção nessa rede de ensino desde janeiro de 2017. Membro do GCOL desde novembro de 2019.

E-mail: inavechiatto@gmail.com

Luciana Dias Simões

Pós-graduada em Docência do Ensino Superior, em Direito Educacional e em Psicopedagogia. Graduada em Pedagogia, em Letras e em História. Professora de Educação Infantil e Ensino Fundamental I na Prefeitura do Município de São Paulo. Membro do GCOL.

E-mail: lusimoes78@gmail.com

Matilde Aparecida da Silva Franco Campanha

Especialista em Educação Infantil pela Universidade Metodista de São Bernardo do Campo. Graduada em Letras (Português-Inglês) pelas Faculdades Integradas de Ribeirão Pires (Firp) e em Pedagogia pela Uniban. Formação em Magistério. É coordenadora pedagógica na Prefeitura Municipal de São Paulo. Membro do GCOL desde 2019.

E-mail: matildefranco78@gmail.com

Patrícia Marques

Pós-graduada em Psicopedagogia e em Educação Infantil pela Uniban. Graduada em Pedagogia pela Faculdade de Educação da USP. Professora de Educação Infantil em rede municipal de ensino.

E-mail: patmarquesdias@hotmail.com

Rúbia Armelini de Freitas

Mestra em Educação pela Unifesp. Tem Licenciatura Plena para séries iniciais pela USP. É Bacharela em Direito pela Faculdade de Direito de São Bernardo do Campo. É coordenadora pedagógica no Município de São Bernardo do Campo e professora na Universidade Phorte. Membro do GCOL desde 2016.

E-mail: r.armelini@gmail.com

Simony de Lena Dotto

Coordenadora pedagógica da Secretaria Municipal de Educação de São Paulo. Mestra em Artes pela Unesp. Atualmente, compõe a Divisão Pedagógica da Diretoria Regional de Educação Penha como formadora de educadores da Educação Infantil (desde 2017). Participante do GCOL desde 2020.

E-mail: simonydotto@gmail.com

Solange Santana dos Santos Fagliari

Mestra em Educação pela USP. Habilitada na área de Deficiência Mental pela USP. Tem experiência profissional como professora de Educação Infantil, de Educação Especial e como orientadora pedagógica da Educação Especial, da Educação Infantil e do Ensino Fundamental.

E-mail: solange.fagliari@saobernardo.sp.gov

Tatiana Macedo Dias

Especialista em Psicopedagogia Institucional pela Faculdade Polis das Artes, Pedagoga pela Uniban, Cientista Social pelo FSA. Atuou como orientadora de estudos do Programa Nacional de Alfabetização na Idade Certa – Língua Portuguesa e Matemática (do Ministério da Educação – MEC) pela Universidade Federal de São Carlos (Ufscar)/ e pela Universidade Estadual de Campinas (Unicamp) (2013-2015). Diretora escolar de escola pública na região do Grande ABC Paulista. Também atua como professora e curadora pedagógica em cursos da educação superior pelo Instituto Unimundo.

E-mail: tatydiaz@gmail.com

Vanessa Takigami Alves

Mestra em Educação e graduada em Psicologia pela Umesp. Graduada em Pedagogia pelo Centro Universitário Claretiano de Batatais. Formação em Magistério (1995). Especialista em Educação Infantil. É professora da Prefeitura do Município de São Bernardo do Campo. Atualmente, está na função de diretora de seção da Educação Infantil, na Secretaria de Educação de São Bernardo do Campo. Membro do GCOL desde 2016.

E-mail: vanessa.takigami@gmail.com

SOBRE O LIVRO
Formato: 16 x 23 cm
Mancha: 11,2 x 17,4 cm
Papel: Offset 90g
nº páginas: 304
1ª edição: 2022

EQUIPE DE REALIZAÇÃO
Assistência editorial
Liris Tribuzzi

Edição de texto
Gerson Silva (Supervisão de revisão)
Roberta Heringer de Souza Villar (Preparação do original e copidesque)
Fernanda Fonseca (Revisão)

Editoração eletrônica
Évelin Kovaliauskas Custódia (Capa, projeto gráfico e diagramação)
Melissa Kovaliauskas Custódia (Diagramação)

Fotografia
EasternLightcraft/iStock (Imagem de capa)

Impressão
Edelbra Gráfica